亚洲研究丛书

东盟、中国与印度：大转型

ASEAN, PRC, and India:
The Great Transformation

亚洲开发银行
亚洲开发银行研究院 /编

张成智 /译

社会科学文献出版社
SOCIAL SCIENCES ACADEMIC PRESS (CHINA)

本书根据亚洲开发银行研究院（东京）2014 年版本译出。

亚洲开发银行和亚洲开发银行学院联合研究

目录
CONTENTS

背景方框、图、表目录

背景方框

图

表

前　言

近年来，东盟（ASEAN）、中国和印度（三者合称为 ACI 经济体）成为全球经济的动力。尽管这三大发展中经济体并没有形成任何机构团体，但是它们彼此接壤，面临共同的机遇和挑战。如果能妥善面对挑战、处理风险，它们有潜力迎来一个大转型。大转型将改善这些国家的居民生活质量，促进包容、平衡且绿色的增长，给 ACI 经济体、整个亚洲乃至世界带来显著的进步。

《东盟、中国与印度：大转型》一书梳理了这些经济体在未来二十年的前景和所面临的挑战，分析了东盟渐趋融合的经济，以及中国和印度的国民经济。本书涉及这三个经济体的内部动态、相互之间的依存度，以及与亚洲其他国家和全球经济的关系。鉴于这三个经济体的规模、较高的增长率和不断上升的相互依存度，本研究对其截至 2030 年的前景保持乐观预测。同时，本研究也指出，鉴于大量不可预测的因素，其他不那么乐观的结果也有可能发生。

为了将人民生活质量提高至与其经济发展相一致的水平，ACI 经济体必须处理一系列挑战，本研究重点突出了这些挑战，例如：通过创新和新技术提高生产力、建立知识型经济和社会、建设无缝连接的基础设施网络、管理关键资源（比如能源、食品和水资源）、保护环境、应对气候变化、改革并发展金融业、打造区域内和世界范围内的新型关系以深化融合与合作。随着 ACI 迈向全球经济事务的前沿，它们必须准备在世界事务中担任领导角色，并向本区域和全球提供公共物品。本研究建议实行一些国家和区域政策来处理这些问题，从而在 ACI 经济体内，乃至在世界其他国家和地区培育和平、稳定、和谐的关系。

本研究在亚行各部门负责人组成的指导委员会的指导下，由亚行和亚行研究院合作完成，河合正弘（Masahiro Kawai，亚行研究院前院长兼 CEO）和拉贾格·M. 纳格（Rajat M. Nag，亚行前常务董事长）担任指导委员会的联合主席。来自亚洲和世界其他地区的学者、研究人员和专家为本研究的实施作出了贡献。我对本书各章节的撰写人员以及背景文章的作者所付出的卓越努力深表感谢，对来自亚行研究院和亚行内外的顾问、审校、讨论人员和编辑谨致谢忱。希望本研究对亚洲乃至全球的决策者、研究人员、公民社会和私营企业有所裨益。

大转变有可能实现，但是它需要向包容、绿色、知识型的增长模式转变。只要敢于大胆想象，采取适当的战略和政策，依靠高质高效的制度和政府管理，推行更深入的区域和全球合作，ACI 国家将有望提高亚洲乃至全世界的生活品质，迎来一代人的经济增长。

中尾武彦

亚洲开发银行行长

序

————⋇⟨❀⟩⋇————

在过去的几十年，亚洲经济发展的成功故事闻名遐迩。该地区拥有多个世界最大最具活力的新兴经济体，如东盟、中国和印度（三者合称为ACI经济体）。相比世界经济发展速度，它们增长迅速，并正在打造比以往更加紧密的经济联系。经济政策、地理环境及其制度可以解释其成功秘诀。贸易和经济一体化，尤其是供应链网络的迅速发展，一直是其经济增长的推动力。

然而，随着收入水平的提高，维持可持续性、包容性的增长所面临的挑战也在增加。亚洲出口型发展模式极大地依赖于发达国家的需求，主要是美国和欧洲的需求，但是自从全球金融危机以来，发达国家的经济逐渐放缓，而亚洲经济体的规模已经使得它们要在海外市场上赢得更多份额变得更加艰难。亚洲经济体必须发展出一种更加依靠内需和区域需求的新型增长模式。同时，亚洲的增长已经给环境、食品和水资源带来了前所未有的压力，其发展还造成了日益恶化的收入不平等，这对政治稳定是一个潜在的威胁。亚洲经济体需要推行持续的政策，以避免掉入众所周知的"中等收入陷阱"。

在此背景之下，针对东盟、中国和印度的前景和所面临的关键挑战，亚行与亚行研究院合作开展了一项长期的前瞻性研究。本研究审视了影响这些经济体未来前景的一系列紧迫问题，如增长的潜力与挑战、包容性增长和生活质量、生产力和技术变化、环境可持续性、金融，以及区域合作与融合。研究的结论认为大转型有可能实现，亚洲经济体如果能实现向包容、绿色、知识型的增长模式转变，就将获得积极的结果。研究还描绘了一系列政策和制度，以促进实现转变。

内生型、自给自足型的增长模式转变需要将重点放在提高生产力的要求上。这不仅包括提倡技术创新和扩散，还包括创造适合新公司发展的环境，因为正是它们将在新产品和服务中采用创新技术。这要求金融发展上升到更高的阶段，包括提高创业公司的融资能力。由于新公司通常规模较小，完善中小企业的融资准入将是该战略的一个关键。这要求采取相关的行动，比如发展风险投资、众筹（如家乡信托投资基金）、信用市场数据库（如日本的中小企业信用风险数据库）等。中小企业和创业公司由于经营的不稳定性，通过银行贷款融资往往比较困难。

把中产阶级发展壮大是在该地区生成更多最终需求的关键一步。更大的金融包容性将有助于实现更多更好的机会均等。它同时也能提升金融系统的能力以支持经济发展，这是因为这些国家相当部分的人还缺乏基本的银行储蓄和贷款途径。类似邮政储蓄这样的机构有助于实现这一目标。发展住房信贷尤其值得关注。要缩小中产阶级和富裕阶层的差距，就要为中产阶级提供体面的住房，政府为穷人提供住宅也有助于消减不平等，亚洲国家的住房政策需要得到进一步研究。为中产阶级提供理财教育可帮助家庭和小微企业妥善投资、将业务经营得更加成功。扩大教育、发展人力资本是另一个关键要素。

在亚洲大部分地区，基础设施的发展往往落后于经济发展。在运输、通信、能源等领域，亚洲有巨大的基础设施需求，但这不能仅依靠公共财政解决。有的国家也许需要硬基础设施，而有的也许需要医疗保健、教育、儿童保健、老年护理等软基础设施。这些同样要求金融市场和机构进一步发展，包括当地政府金融和民间金融，它们可以帮助经深入分析后证明有投资价值的项目筹得资金。基础设施投资的项目评估也要求提供课程学习和最佳范例。

采用低碳绿色增长战略也有助于 ACI 经济体走上可持续发展的道路。ACI 经济体可以通过合作来保障能源、食品和水资源安全，通过控制温室气体和其他污染物排放来应对气候变化。

希望本研究有助于更好地理解作为亚洲未来经济发展先锋的新兴经济体，并激发如何制定政策解决不断涌现的有关发展问题的新鲜思考。

吉野直行

亚洲开发银行研究院院长

致　谢

————❦❦————

本研究在亚洲开发银行各部门负责人组成的指导委员会的指导下，由亚洲开发银行和亚洲开发银行研究院合作完成，Masahiro Kawai（亚洲开发银行研究院前院长兼 CEO）和 Rajat M. Nag（亚洲开发银行前常务董事长）担任指导委员会的联合主席。Biswa Nath Bhattacharyay（亚洲开发银行研究院前院长特别顾问）原担任项目经理，他负责协调本研究直至退休，其职由 Ganeshan Wignaraja（亚洲开发银行研究院研究部主任）继任。Peter A. Petri（布兰迪斯大学）担任本书筹备工作的首席顾问。

指导委员会成员还包括亚洲开发银行营业部和知识部的领导，他们是：Iwan J. Azis, Philip C. Erquiaga, Klaus Gerhaeusser, Juan M. Miranda, Sultan H. Rahman, Changyong Rhee, Kazu Sakai, Kunio Senga, Robert F. Wihtol 以及姚先斌等。

另外设立了外部顾问组提供建议。顾问组成员有：Isher Judge Ahluwalia（印度国际经济关系研究委员会），Richard N. Cooper（哈佛大学），Peter Drysdale（澳大利亚国立大学），Masahisa Fujita（经济贸易工业研究所），Robert Z. Lawrence（哈佛大学），林毅夫（北京大学），Vikram Nehru（卡内基国际和平基金会），Surin Pitsuwan（泰国国立法政大学），Euston Quah（新加坡南洋理工大学）和余永定（中国社会科学院）。

工作小组由 Biswa Nath Bhattacharyay 负责协调，其成员包括 Jörn Brömmelhörster、Bruno Carrasco、Jesus Felipe、Jayant Menon、Eric Sidgwick、Emma M. Veve、万广华、Shahid Zahid 等，他们审阅了背景文献和章节初稿。

各章节撰写者分别是林毅夫和 Peter A. Petri（第一章：大转型），Peter

A. Petri（第二章：增长的前景与挑战），庄巨忠、Yoko Niim 以及 Jesus Felipe（第三章：包容性增长和生活质量），Biswa Nath Bhattacharyay 和 Shujiro Urata（第四章：生产率和增长的引擎），Venkatachalam Anbumozhi 和 Biswa Nath Bhattacharyay（第五章：能源、水资源和环境管理），Iwan J. Azis、Mario B. Lamberte 以及 Peter Morgan（第六章：未来金融转型），Suman Bery 和 Michael G. Plummer（第七章：区域合作和全球合作），Biswa Nath Bhattacharyay（第八章：结论和建议）。庄巨忠负责撰写基线增长预测，Biswa Nath Bhattacharyay、Peter Engardio 以及 Peter A. Petri 负责撰写实施概要。

对本研究作评论的专家有 Maria Socorro Bautista, Giovanni Capannelli, Ryu Fukui, Neeraj Jain, Jong Woo Kang, Takashi Kihara, Mario B. Lamberte, Wouter T. Lincklaen - Arriens、刘民权、Sabyasachi Mitra、Jae - Ha Park，以及 Ramesh Subramaniam。Peter Engardio 是经济学主审校和技术编辑，Ainslie Smith 是书稿编辑，Robert Davis 负责协调本书的出版，Boon Loong Ngiang 负责协调书稿的筹备出版以及技术更新，Curtis Christophersen 负责封面设计，Jenny Balboa、Shanawez Hossain、Mustafa Moinuddin 以及 Jacinta Bernadette I. Rico 等参与协助研究和管理工作，特此致谢。

本研究受益于 24 篇顶尖学者的背景文章（见附录）。在北京、马尼拉、新德里和东京召开了四次讨论会，促成了决策者、学者和私营部门专家对背景文章和本书章节初稿的交流讨论。北京的讨论会与中国社会科学院联合举办，新德里的讨论会则与印度国际经济关系研究委员会合办。

关于本研究

自 20 世纪 60 年代以来，亚洲令人瞩目的经济表现和转变意味着全球经济活动的中心正向亚洲转移，尤其是向亚洲主要新兴经济体转移，比如东盟[①]、中国和印度（三者合称为 ACI）。

虽然这些主要的新兴亚洲经济巨人之间没有形成任何机构团体，但是它们仍然是规模庞大的经济体和市场。2010 年，它们占世界总人口的 47%，按购买力平价计算，它们的国内生产总值占全球总额的 23.5%。这三大发展中经济体彼此接壤，面临共同的机遇和挑战。三者的贸易、投资、生产、基础设施都已经显著融合，在未来数十年，还将进一步融合。因为其规模、较高的增长率和不断上升的相互依存度，三大经济体值得作为一个整体来研究。

最近，受亚行委托的一项以《亚洲 2050：实现亚洲世纪》为题的关于亚洲增长前景的长期研究报告表明，到 2050 年，亚洲主要新兴经济体将实现接近发达国家程度的繁荣（Kohli，Sharma，and Sood，2011）。然而，这并非绝对，因为要实现这一目标还需要克服若干重大挑战，应对些许重大风险。《亚洲 2050：实现亚洲世纪》为亚洲尤其是东盟、中国和印度如何应对挑战提供了许多真知灼见，而本书则主要关注该地区主要新兴经济体截至 2030 年的发展和转变的前景和所面临的挑战。在此期间，ACI 各国政府要采取适当的改革政策和措施，以应对各种发展挑战、风险和外部因素。

发端于美国的 2008 年全球金融危机和始于 2009 年的欧债危机已经影响了 ACI 各国的经济增长，尤其是出口方面。尽管它们的经济和金融体系依

---

① 包括文莱、柬埔寨、印度尼西亚、老挝、马来西亚、缅甸、菲律宾、新加坡、泰国和越南。

然健全，表现稳健，但是出口的大幅下滑以及高波动性的资本流入已经构成了巨大的挑战。金融动荡还削弱了消费者和投资者的信心。ACI 各国谨慎的短期政策必须受到赞扬。但是，为了推动经济发展，它们还必须重点关注投资和中期改革。受金融危机和欧债危机影响，发达国家经济的不稳定性已经把 ACI 经济体推向了世界的前沿，期待它们扮演全球经济的引擎。因此，研究 ACI 经济体的增长和发展十分重要。

本研究还审视了 ACI 经济体增长和发展的推动力，以及影响其发展的多种因素，探索了 ACI 各国之间的联系，以及这种联系对全球竞争与合作的影响。展望 2030 年，本书建议在国家和区域层面采取适当的政策和战略，打造一个平衡、包容、可持续、有弹性的 ACI 经济体，培育一个更加和平、稳定、和谐的区域。本书指出，如果这些国家不能成功处理所面临的主要挑战和风险，那么它们要想在 2030 年取得巨大转变，依然要面临许多不确定因素。

亚行研究院和亚行合作完成了本项研究。本研究提出：

＊提升区域增长的稳定性和内生性，促进区域平衡发展。

＊采取有效措施，实现社会和环境可持续发展。例如：促进包容性发展，提升生活品质；妥善处理经济和社会不平等问题；培育知识型经济和社会；有效管理自然资源；有效应对环境和气候变化，促进绿色增长等。

＊有弹性的经济能够有效抵御全球性、区域性和国内的危机和风险。

另一个题为《东盟 2030：打造无边界的经济共同体》的相关研究报告，由亚行研究院携手东盟秘书处和亚行东南亚分部共同完成。该研究审视了有可能决定未来二十年东盟经济发展命运的关键因素。

《东盟、中国与印度：大转型》一书各章节及背景文章经过了国际专家、亚行及亚行研究院员工的起草、审校和评论。

本研究的主持人和区域智库，如中国社会科学院、印度国际经济关系研究委员会，合作举办了讨论会，陈述了背景文章和本书章节初稿，获得了来自专家学者、业界精英和决策者的有益反馈。

第一章用四个关键维度确认并揭示了大转型的范围和前景，这四个维度包括经济繁荣、生活质量、资源和环境管理，以及通过区域和全球合作打造更强大的全球体系。本章还讨论了实现大转型所需的更广范围的政策行动问题。

第二章讨论了 ACI 经济体到 2030 年的增长和发展的前景和所面临的挑

战，这将为实现大转型所需的政策行动提供指导。本章基于不同情况预测了主要的经济社会参数，如经济增长、2010 年价格和购买力平价发展水平、城镇人口、极端贫困率、中等收入人口规模、基于不同场景的消费和投资等。此外，通过模拟可计算的一般均衡模型，本章审视了威胁增长的主要风险，譬如中等收入陷阱、ACI 国家和发达国家生产率增长的显著放缓、食品和其他商品价格上涨、排放物增加、对分配不平衡的担忧、ACI 主要出口市场的贸易保护主义等。

第三章考察了在包容性增长和生活质量上的成就和差距。包容性增长是指经济增长须伴随着经济机会的均等，生活质量指的是低收入人群就业机会、商业机会，以及医疗保健、交通运输、电力设施、教育、正式的银行系统等基本服务的获得。本章还对包容性增长确定了概念框架，为 ACI 经济体提供了政策议程建议。

第四章探索了提高生产率的途径，以及为制造业、服务业和农业的增长创造新引擎的方法。本章尤其考察了扩大深化区域生产网络和供应链，重振农业、实施贸易和外国投资自由化，技术升级与创新，以及改善基础设施和实现互联互通的前景。

第五章分析了关键资源在当前和未来的消耗趋势和模式，比如能源和水资源的消耗及其对环境带来的挑战。本章分析了 ACI 经济体之间应如何开展区域和全球合作，以确保能源和水资源安全，以及通过施行控制排放、采用低碳绿色增长的政策共同迈向可持续发展的明天。

第六章考察了金融业在 ACI 经济体中的发展现状和前景趋势。本章还探讨了金融业在 ACI 未来快速转型过程中的作用，尤其是在推动货物和服务贸易、将区域和全球储蓄有效地投资于基础设施和工业发展、提高金融包容性、提供丰富创新的金融工具等方面。本章还提出了要加强金融业发展融合，并指出区域和全球合作对于培育稳定的金融体系具有的重大作用。

根据 ACI 经济体不断扩大的经济规模、不断增加的相互依存度以及新区域主义的新兴结构，第七章审视了区域和全球合作与融合的新要求，以及在贸易、金融、环境、经济和社会等方面实施高效制度和政府管理的需求。

最后一章指出了 ACI 作为一个整体所面临的共同挑战，以及 ACI 每个国家所面临的特定挑战，提出了国家和区域优先政策，并为应对上述挑战提出了明确的政策建议。

缩　写

英文缩写	英文全称	中文译名
ABF	Asian Bond Fund	亚洲债券基金
ABMI	Asian Bond Markets Initiative	亚洲债券市场倡议
ACI	ASEAN, the People's Republic of China, and India	东盟、中国与印度
ACU	Asian currency unit	亚洲货币单位
ADB	Asian Development Bank	亚洲开发银行
ADBI	Asian Development Bank Institute	亚洲开发银行研究院
AEC	ASEAN Economic Community	东盟经济共同体
AEF	Asian Environment Fund	亚洲环境基金
AFSD	Asian Financial Stability Dialogue	亚洲金融稳定对话
AFTA	ASEAN Free Trade Area	东盟自由贸易区
ALTID	Asian Land Transport Infrastructure Development	亚洲陆地交通基础设施发展
AMRO	ASEAN + 3 Macroeconomic Research Office	东盟 + 3 宏观经济研究办公室
APEC	Asia-Pacific Economic Cooperation	亚太经济合作组织
ASEAN	Association of Southeast Asian Nations	东盟
ASEAN + 3	ASEAN plus the People's Republic of China, Japan, and the Republic of Korea	东盟 + 中国、日本和韩国
ASEAN + 6	ASEAN plus Australia, the People's Republic of China, India, Japan, the Republic of Korea, and New Zealand	东盟 + 澳大利亚、中国、印度、日本、韩国和新西兰
ASEAN + 8	ASEAN plus Australia, the People's Republic of China, India, Japan, the Republic of Korea and New Zealand, the Russian Federation, and the United States	东盟 + 澳大利亚、中国、印度、日本、韩国、新西兰、俄罗斯联邦和美国
APAEC	ASEAN Plan of Action on Energy Cooperation	东盟能源合作行动计划
ASP	ASEAN surveillance process	东盟监督进程
ASEM	Asia-Europe Meeting	亚欧会议

续表

英文缩写	英文全称	中文译名
BAU	business as usual	一切照常
BIMP-EAGA	Brunei Darussalam-Indonesia-Malaysia-The Philippines East ASEAN Growth Area	文莱-印度尼西亚-马来西亚-菲律宾东盟东部增长区
BIMSTEC	Bay of Bengal Initiative for Multi-Sectoral Technical and Economic Cooperation	孟加拉湾多部门技术经济合作计划
CEPEA	Comprehensive Economic Partnership for East Asia	东亚全面经济伙伴关系
CGE	computable general equilibrium	可计算的一般均衡
CGIF	Credit Guarantee and Investment Facility	信用担保与投资基金
CMIM	Chiang Mai Initiative Multilateralization	清迈倡议多边化协议
CO_2	carbon dioxide	二氧化碳
EAFTA	East Asia Free Trade Area	东亚自由贸易区
EMEAP	Executives' Meeting of East Asia-Pacific Central Banks	东亚及太平洋中央银行行长会议组织
ERPD	Economic Review and Policy Dialogue	经济评论与政策对话
EU	European Union	欧盟
FDI	foreign direct investment	外国直接投资
FSB	Financial Stability Board	金融稳定委员会
FTA	free trade agreement	自由贸易协定
FTAAP	Free Trade Area of the Asia Pacific	亚太自由贸易区
G20	Group of Twenty	二十国集团
GATS	General Agreement on Trade in Services	服务贸易总协定
GATT	General Agreement on Tariffs and Trade	关税及贸易总协定
GDP	gross domestic product	国内生产总值
GMS	Greater Mekong Subregion	大湄公河次区域
HDI	Human Development Index	人类发展指数
IEA	International Energy Agency	国际能源署
ILO	International Labour Organization	国际劳工组织
IMF	International Monetary Fund	国际货币基金组织
IMT-GT	Indonesia-Malaysia-Thailand Growth Triangle	印度尼西亚-马来西亚-泰国增长三角区
IPR	intellectual property rights	知识产权
IT	information technology	信息技术
kWh	kilowatt-hour	千瓦时(度)
LAC	Latin America and Caribbean	拉丁美洲和加勒比
Lao PDR	Lao People's Democratic Republic	老挝人民民主共和国
MENA	Middle East and North Africa	中东和北非
MFN	most favored nation	最惠国

续表

英文缩写	英文全称	中文译名
MNC	multinational corporation	跨国公司
Mtoe	million tons of oil equivalent	百万吨油当量
NIE	newly industrialized economy	新兴工业化经济体
NTB	nontariff barrier	非关税壁垒
OECD	Organisation for Economic Co-operation and Development	经济合作与发展组织
PPP	purchasing power parity	购买力平价
PRC	People's Republic of China	中国
PROGRESA	Programa de Educación, Salud y Alimentación	教育健康营养计划
R&D	research and development	研发
RCEP	Regional Comprehensive Economic Partnership	区域全面经济伙伴关系协定
RPN	regional production network	区域生产网络
SMEs	small and medium-sized enterprises	中小企业
SPI	Social Protection Index	社会保障指数
TFP	total factor productivity	全要素生产率
TI	technology index	技术指标
TIS	trade in services	服务贸易
TPP	Trans-Pacific Partnership	跨太平洋伙伴关系协定
UN	United Nations	联合国
UNDP	United Nations Development Programme	联合国开发计划署
UNESCAP	United Nations Economic and Social Commission for Asia and the Pacific	联合国亚洲和太平洋经济社会委员会
UNFCCC	United Nations Framework Convention on Climate Change	联合国气候变化框架公约
UK	United Kingdom	英国
US	United States	美国
USPTO	United States Patent and Trademark Office	美国专利商标局
WHO	World Health Organization	世界卫生组织
WTO	World Trade Organization	世界贸易组织

实施概要

亚洲新兴经济体——东盟十国、中国和印度——正处于历史转型期，这将大幅改善30亿人的生活标准，让数以亿计的百姓摆脱贫困。大转型将进一步促进区域融合，并将影响全世界。

在本研究中，这些国家虽被合称为ACI，但是它们实际上并没有形成一个机构组织。不过，它们彼此接壤，经济规模巨大、活力十足，同时也面临共同的机遇和挑战。它们的贸易、投资、生产、基础设施都已经显著融合。到2030年，它们的总产量将增加三倍，按购买力平价计算，三者的国内生产总值将占全球总额的接近40%。这样的经济规模将超越欧盟和美国的总和。到2030年，中国将成为高收入国家，其人均收入将达到约26000美元（按照2005年购买力平价计算）。东盟和印度将更加接近高收入国家的标准，其人均收入预计将分别为12000美元和11000美元左右。考虑到发达经济体所面临的挑战，ACI国家可能会成为全球经济发展的主要引擎，其发展将影响世界经济活动的各个方面。即便按照市场价格，ACI经济体占世界投资的份额将从2010年的24%增加到2030年的38%，而消费则从11%提高至27%。到2030年，其储蓄总额将占到全球储蓄总额的40%，对全球国内生产总值增长的贡献将超过一半。ACI经济体集消费者、生产者和投资者于一身，将有助于创造货物和服务的主要新市场，并大幅扩大创造新知识的人才和资金池。作为国际机构中颇具影响力的成员，它们可能重新塑造应对从能源、环境到金融稳定和安全等一系列全球挑战的举措。

但是这一切都还是未知数。要实现大转型的巨大潜能，ACI各国就必须在艰难的宏观经济环境和棘手的资源、环境风险下保持经济增长。而且，仅仅快速增长依然是不够的。增长的质量以及惠及人口的程度也同样重要。本研究发现，在以下方面 ACI 各国面临共同的挑战：

* 通过包容性增长为所有人提供经济机会；
* 保持生产力水平的提高与创新；
* 资源和环境管理；
* 加强金融业和宏观经济管理；
* 促进区域和全球的合作与融合；
* 加强政府治理，提高政府可信度，改善制度效率。

全球经济充斥着经济和金融下滑的风险，贸易和金融政策冲突不断，自然资源和食品价格不断上涨，环境和气候不断恶化，ACI 必须在这样的环境下实现这些目标。这些危机组合将形成最糟糕的情况，将使 ACI 的经济增长率降低 2.5%，并低于 6.9%（按购买力平价计算）的基线预测。

尽管如此，本研究对 ACI 经济体实现大转型的潜力依然乐观。该地区拥有良好的资源、专业知识和政策选择来应对可能面临的挑战。但这样做需要具有凝聚力的社会和明智的政策。这要求 ACI 国家内部和各国之间有值得信任的政治领导层，以及有效的协作决策框架，还要求 ACI 经济体和世界其他国家保持密切合作。

这对 ACI 经济体的政府治理来说是一个严峻的挑战。要保持长期稳定发展，就必须进行巨额投资，跨越多个政策领域，包括制度和金融创新、基础设施建设、人力资源以及创新能力建设等。最根本的一点，政府要保持自信、信息通畅，在指导决策上拥有广泛的公众支持。本研究总结了政府赢得并维持公众信任的方法，以帮助政府妥善应对在许多政策方面不断涌现的挑战。

通过包容性增长为所有人提供经济机会

ACI 经济体准备在提高人民生活品质上获得空前的进步。到 2030 年，大约 6 亿人将脱离赤贫（赤贫是指按照 2005 年的美元汇率计算，每天的生活费用仅相当于 1.25 美元或者更少），并使赤贫人口占 ACI 国家总人口的比例减少至不足 1%。同时，中产阶级（每天生活费用介于 10 美元至 100 美元之间的群体）占总人口的比例在东盟提高至 64%，在中国提高至 79%，在印度则是 69%。到 2030 年，超过 20 亿 ACI 国家的居民将跻身全球中产阶级行列，这个数字大约相当于 ACI 现在的人口总和。[①]

然而，尽管总体上取得了进步，贫富差距近年来却在不断扩大，该区域的居民获得公用设施、交通运输、金融服务、医疗保健和教育等基本服务的渠道依然有限。尽管 ACI 是强大的区域经济发展中心，但仍然有很多人与经济增长引擎若即若离，这或许是因为地理位置偏僻闭塞，或许是因为技能缺乏，也或许是因为很少有机会找到高薪且稳定的工作。经济不平等和排斥问题仍然十分严重。

无论发展多么快速，基于市场的经济增长本身并不可能解决所有问题。它不会减少收入不平衡，不能消除社会排斥现象，不会提供足够的公共服务，也不能给每个人创造高薪的机会。而这些涵盖广泛的进步正是经济发展的终极目标，因此，除非这些广泛的目标一一实现，否则发展难以被视为成功。而且，在经济增长的利益分配上存在的巨大系统分歧也必然将破坏社会凝聚力和政治稳定。

本研究认为，提高生活品质、填补收入和社会鸿沟是 ACI 国家高度优先考虑的政策，在许多国家甚至是最优先的政策。这些目标的实现将有助于利用经济增长的好处，缓解可能破坏稳定的紧张关系。重要的一点是，它还将帮助政府获得持续不断的公众支持，以顺利实施效率高但难度大的政策，从而维系经济发展。

为了实现这一优先政策，本研究提出了"包容性增长"框架，对 ACI 地区的发展战略提供参考。该框架包含以下三大政策支柱：（1）通过高速、广泛、可持续的增长，创造生产性就业机会；（2）通过对教育、技能发展、医疗保健的投资，创造公平的竞争环境，消除社会排斥，妥善处理政府治理软弱的问题，从而扩大机会均等；（3）建立社会保障体系，防止赤贫，降低经济的脆弱性。如果有效推行上述框架，将能显著提高 ACI 国家的增长质量。

保持生产力水平的提高与创新

在未来几十年，ACI 国家经济快速增长的推动力将发生巨大变化。一是

---

① 原文如此。但根据世界银行 2014 年统计数据，中国人口达 13.64 亿，印度人口 12.95 亿，东盟人口 6.01 亿，三者人口总和远超过 20 亿。——译者注

因为发达国家的经济增长放缓和国际贸易关系中的潜在压力。二是因为随着生产力水平的提升，工资也随之增长。三是因为随着该区域曾经快速增加的年轻工人的老年化，中国、新加坡、马来西亚和其他东盟国家的人口红利即将结束。

这些趋势将使 ACI 国家完成维持经济高速增长的任务变得更加艰难，但并非没有可能。该区域生产力水平和全球技术前沿之间的差距依然巨大，因此追赶的潜力依然十分可观。但是持续的发展需要付出巨大而艰辛的努力，以维持储蓄、改善投资环境，并加速创新。一般而言，ACI 国家需要重点关注那些有望帮助它们避免"中等收入陷阱"的政策，中等收入陷阱曾经将处于相似发展水平的多个国家绊倒。

出口导向型发展模式下的生产力水平增长在过去往往依靠引进或吸收外国技术。在未来，增长将日益依赖区域内部需求，生产力的提高需要更多地依赖区域自身的制度、能力和资源。

相对低工资的经济体将因为区域内发达国家的成本压力而享受好处，这一点在农业和标准化制造业中尤为典型。这些因素将促使一部分工业从中国和相对发达的东盟国家转移至印度和低收入东盟国家，如柬埔寨、老挝、缅甸和越南等。据估计，转移的工作岗位多达 8500 万个。新建这些工业的国家，需要在硬件和软件上加大基础设施投资，以促进增长。强大的区域生产网络是亚洲独特的资产，只要软硬件基础设施到位，就能顺利推动资本、管理技能和技术的战略转移。

同时，区域内发达经济体要培育新的增长引擎，来替代逐渐失去全球竞争力的产业领域，这一任务将更加充满挑战性。然而，规模庞大的新服务行业、更加复杂的制造业、采用先进技术的农业等领域存在的机会将成为重要的增长新动力。中国、马来西亚、新加坡、泰国和其他 ACI 发达国家有极大的动力在这些领域发展自己的专长。

需求方的主要机会来自区域内的消费者以及刚刚跻身中产阶级的全球消费者。到 2030 年，新兴经济体中产阶级人数的全球占比将达到大约四分之三。这些新的需求来源将有利于 ACI 国家利用自身比较优势提供产品和服务。世界范围内的新兴中产阶级将需要更加丰富多样、更加安全可靠、更加质优价廉的产品。从贸易、交通、金融，到医疗保健、教育娱乐等方面，他们都期待更多更好的服务。此外，通过城镇化，提供规模经济、市场竞争以及刺激生产力和创新的密切互动，他们的经济影响力也将得到增强。

反过来，供应方的转变将要求对技术升级、人力资源、金融体系、竞争和商业规范、硬件基础设施等促进生产的领域开展有效投资。所有这一切都需要漫长的时间。从简单生产到吸收先进技术直至最终的创新，这种转变需要在人力资本以及鼓励企业家精神的生态系统等方面进行长期广泛的投资。ACI 经济体必须密切关注这一进程，因为它正在以前所未有的速度发生，而且需要继续下去。

本研究认为 ACI 国家可以维持其生产率的高速增长。该区域拥有实现技术赶超的良好机遇，例如有较高的储蓄和投资率、丰富的创业资源，以及快速增长的需求。这为未来生产力水平的提高提供了坚实的基础。但是转换增长方向也需要大胆投资和制度创新。

为了持续不断地提高生产率，本研究建议重点投资下一代基础设施和资源，例如交通电信、节能和能源生产、水资源和原材料等。本研究建议 ACI 国家采取多种措施改善经商环境，例如提高竞争、奖励创业和冒险、提供通常的融资渠道和公平可预测的法律制度。ACI 国家应该投资人力资本，拓展教育的宽度和深度，提高劳动力的流动性，促进知识和最佳实践案例的传播。本研究强烈支持亚行关于创建新的亚洲基础设施基金的提议，该基金将推动合作发展，并为区域基础设施动议进行投资。反过来，区域自由贸易协定可以促进 ACI 经济体大市场的融合，这些投资的价值也会成倍地增加。

资源和环境管理

能源、水、耕地的大量廉价供应，以及不断恶化的空气和水污染带来的挑战，对经济发展和生活品质构成严重的威胁。考虑到过去的快速增长或许可以理解，为什么许多 ACI 国家还从没遇到过这些负面外部因素所带来的挑战。许多国家正开始采取行动，但是大多数国家的能效排名依然很低，ACI 地区已经快速成为全球温室气体排放的重要来源。

即便采取强有力的节能措施，ACI 经济体对能源和水资源的需求预期仍将大幅增加。到 2030 年，主要能源需求将大约增加一倍，印度的电力需求将比 2010 年增加几乎 3 倍，中国则是 2 倍，东盟是 2.5 倍。如果没有重大技术创新，到 2030 年，该地区对进口石油和天然气的依赖将创造新高。这对环境的影响将十分严重。由于迅速增长的需求和高碳混合燃料的持续使用，到 2030 年，该地区二氧化碳排放量可能增加 1 倍以上，超过发达经济体排放水平大约 1 倍。

该地区目前已经出现了用水紧张的状况。多达 2.89 亿人无法获得净化水，未来的需求量预计将远远超过淡水供应量。到 2030 年，中国和印度的淡水缺口预计将分别达到 25% 和 50%。

工业活动不断攀升的需求、不断增加的人口、越来越多证据所表明的气候的严重恶化等，使得采取应对措施变得愈加迫切。能源和水资源安全对食品安全也具有深远的意义。考虑到转型将耗时长久，而不作为将带来沉重的社会经济成本，因此向绿色发展战略转型——注重使用可回收、清洁能源和对自然资源的高效利用——是当务之急。这些问题的重要性已经得到越来越多的认同，有些国家已经开始制订计划，并实施了应对措施。但是，本研究建议各国采取更快更有力的措施。

本研究认为，为了提高能源利用效率，提高能源、水资源和食品安全，各国应当立即采取措施，激励向低碳经济转型。国际能源署等机构所作的研究已经明晰地列出了上述绿色发展政策的效果，实施这些政策的成本看上去也可以接受。的确，在一些案例中，绿色发展战略对经济增长具有积极效果。

在应对资源和环境管理问题上，本研究建议 ACI 各国以可行的政策选项为基础，立即制定明确广泛、适用于其经济环境的战略。在能源政策方面，可行的政策选项包括取消能源补贴，实行碳税，对节能和替代能源供应的投资提供税收优惠、援助和贷款等。同样，也可以采用多管齐下、量力而行的务实战略，以保障未来的水资源和食品安全。

本研究建议 ACI 经济体加强合作，共同应对资源和环境问题。在 ACI 区域内提升能源生产和交易水平，共同努力提高能效，从而减少对煤炭和从其他国家进口石油的依赖。本研究建议成立新的亚洲能源基金，促进并投资区域性协作解决方案，以减轻气候变化和水资源紧张的压力。最后，本研究指出，ACI 国家应在应对气候变化及公平分配负担的全球行动中，承担更多的领导责任。在科技、最佳实践案例和管理技术的分享方面，也有很多紧迫的工作要做。

加强金融业和宏观经济管理

ACI 经济体的金融资源在未来三十年足以满足该区域发展的融资需求。到 2030 年，银行储蓄额预计将增加 2 倍，占世界总额的 44%。到 2030 年，

ACI 区域占全球私人银行信贷和股市市值的份额也将增长约 2 倍，占全球总额的 33%。私人债券市场是长期投资的关键。到 2030 年，ACI 区域私人债券市场的世界份额将从 2010 年的 4% 提高至 14%。ACI 区域的主要货币，尤其是人民币，将被广泛持有，并在贸易中广泛使用。

但是大转型也需要更加复杂、更具包容性的金融业，以支持实体经济发展，满足基础设施发展需要。如果 ACI 国家要将其庞大的储蓄池调入生产性投资，进而提高生活标准，就需要打造更深入、更高级的金融和资本市场。虽然各国的情况千差万别，但是都需要完善金融体系，让中小企业的融资更加便捷，让融资方式更加灵活，支持创业型企业的成长，并给不同收入层次的消费者提供更好更便捷的服务。

本研究认为，ACI 经济体的转型可能有助于金融体系快速发展，促使银行借贷向更加多元的融资机制转变，包括私人、本地货币债券市场，形式多样的股权及其他创新工具等。但是，金融体系的扩张及其复杂性的增加也能诱发严重的系统风险。

本研究指出，有关部门应当实施规制改革、发展相关的法制和制度化基础设施建设，从而对金融市场创新提供积极支持。为了保障小微企业和低收入消费者可以承担和获得金融服务，还需要推行相关改革。此外，还需要大力创造可靠的监管机制，保护各国及本区域免受国家、区域和全球金融危机的冲击。

本研究指出，各国还应注意全球宏观经济环境的持续性风险。与其他地区相比，ACI 地区的宏观经济政策相对谨慎，许多 ACI 国家已经积累了可观的国际储备。但是自 2008~2009 年全球金融危机以来，缓慢的全球复苏已经敲响了警钟。一些国家出现了严重的财政赤字，信贷刺激导致债务风险增加。这些已经在资本市场上引发了剧烈的负面反应，危机风险依然居高不下。采取谨慎的国家政策，并在相关机构中深入开展区域合作，有助于保障ACI 资本市场稳定和区域资源的有效分配。相关机构包括清迈倡议多边化协议（CMIM）和亚洲金融稳定对话等。前者已经存在，它有可能成为亚洲货币基金的雏形，后者为提议设立的新机构。

完善国家、区域和全球制度与治理

维持和建设紧密联系的区域经济体，将要求各国政府在贸易、金融、基础设施、环境和安全等领域开展密切合作，开放、竞争、深度互联的市场是区域增长的核心基石。反过来，为了规范竞争、化解纠纷和避免对抗，就需要建立相互兼容的规则和程序。尽管 ACI 市场融合在稳步升级，但是正式的区域合作仍然停留在初级阶段。在全球有关贸易、金融、环保和健康管理的机构中，ACI 经济体倾向于袖手旁观，而不是参与领导。

ACI 经济体的集体行动十分关键，因为它们经济活力的很多方面都依靠区域联系。在基准情境下，到 2030 年，ACI 经济体的全球贸易份额将翻倍至 53%，区域内贸易将增加 6 倍。此外，货物和服务流动也将相应增加，不过与资本流动相比或许就相形见绌了。本研究模拟显示，到 2030 年，ACI 区域高达 14 万亿美元的储蓄将需要通过中介在储蓄者和投资者之间进行调配。其资本流动将占世界储蓄与投资总额的几乎三分之一。部分交易将通过发达国家的金融中心进行中介调配，但是仍有许多交易将通过区域中心和亚洲货币实现。这可能导致区域金融中心的规模和复杂程度发生巨大变化。为确保交易的效率和安全，需要进一步加强监管机制建设。

在东盟发展单一市场和相关区域进程的背景下，贸易投资的合作步伐已经加快。建立广泛的经济伙伴关系（即区域全面经济伙伴关系，RCEP）的谈判正在紧锣密鼓地开展，它将包含所有 ACI 经济体，并推动供应链发展。清迈倡议多边化协议（CMIM）扩大了制度性基础设施的范围，并建立了相应的基础。在许多重要边境，区域交通能源网的次区域建设项目正在进行中，这将给区域经济融合铺路搭桥。此时规划建设免除关税壁垒的 ACI 区域——甚至更大的经济区——时机正好。

同时，ACI 经济体与全球经济保持深度互联。它们在能源和原材料的进口及进入主要消费市场、获得先进技术、吸引投资机会、引进外国商业资本，更重要的是，追求推动知识进步和国际理解的关键人际关系方面有赖于与全球经济体的良好关系。所有这一切，意味着 ACI 区域必须在管理和提供全球公共物品方面发挥积极作用。

本研究认为以下几点符合该区域的利益：促进区域内和世界范围内的货物和服务自由贸易；在遵守确保各经济体稳定和全球增长的适当机制的前提下，鼓励人员和资本的国际流动；创造相应的机制减轻气候变化的危害，并由世界各国公平分担责任；等等。

为实现这些目标，本研究建议 ACI 国家在全球合作中发挥积极作用，在提供全球公共物品方面作出重要贡献。本研究建议 ACI 国家在世界贸易组织、国际货币基金组织、世界银行、二十国集团（G20）、联合国和世界卫生组织等国际机构中发出更大声音，承担更多责任，发挥更多领导作用，并在促进环境可持续能力和减缓气候变化的行动中，做出更多国际努力。

本研究建议以东盟为样板开展区域合作。这需要一个更加强大且获得授权的东盟秘书处，并着力打造东盟经济共同体。东盟一体化进程已经成为ACI 地区和其他地区对话伙伴建立更密切关系的基础。这为 CMIM（成员为东盟 + 3，即东盟 + 中国、日本和韩国）提供了基础，也是东盟 + 6（增加了澳大利亚、印度和新西兰）建设区域全面经济伙伴关系的基础。这些动议将完美地形成多功能伞形结构，将区域内各国深度互联，并打造与北美、南美和欧洲更广泛的伙伴关系。自愿融合的"东盟模式"是建设多功能、全区域合作框架的重要工具，也是 ACI 区域未来增长所需要的重要工具。

迎接行动挑战

ACI 经济体的大转型正在进行。但是增长过程中的速度、质量和包容性问题依然存在不确定性。本研究指出了如下领域中的一些关键问题，如追求包容性增长、发展生产力、资源和环境管理、金融体系升级、强化机构和政府管理等。并对这些问题提出了政策建议，以促进实现高速、高质发展。

本研究所述之议程比较复杂，实施起来也有难度。而且，由于政策面临的挑战巨大且难度不断增加，决策空间也变得日渐狭窄。庞大的全球市场日渐带动区域发展，信息灵通且彼此勾结的利益集团发挥着越来越大的影响力，全球经济大国的扩散让国际合作也变得越来越困难。这些局限主要是以下积极趋势的结果，如经济一体化、更加开放的机构、更加成功的经济发展等，但是不管如何，它们给集体行动带来了挑战。

针对决策者所面临的这些限制，本研究提出了三大应对方案。为甄别和应对威胁，本研究指出应当作长期的前瞻性分析；为了增长本身的需要和构建政策信心，本研究强调包容性增长的重要性；为了处理不可预测的危机，本研究指出无论在私营部门还是公共部门，弹性能力都应成为明确的重点，这是因为通过市场机制增加灵活性，可以提高私营部门的弹性能力，通过增加应对紧急状况的财政回旋空间以及行动机构的公信力和能力，可以提高公共部门快速而大胆的执行力。

自从 20 世纪 90 年代以来，ACI 地区的政策一直是世界上最成功的典范之一。但是通过比较指标可以看出，在话语权和问责制、个人安全、监管质量和法治、政府效率等政府治理方面，ACI 国家依然有很长的路要走。未来十年将对政府治理的方方面面进行考验。它们带来的挑战和发展机遇一样巨大，一样复杂。迎接挑战就需要政府治理更好更明智，例如政策制定要有前瞻性，要信息通畅，对不同的利益攸关者要敏感，与过去相比要更加去中央化等。

好消息是 ACI 区域拥有相应的金融资源、人才资源、企业家精神和卓越的领导来完成以上议程。以前从没有哪个经济体拥有如此高质量、大规模的资源。该区域还得益于长期的经济增长势头。即使 ACI 经济体没能实现本研究所列出的部分优先目标，到 2030 年，它们也几乎肯定比现在更加强大、更加繁荣。反过来，一个和平、繁荣、和谐的亚洲将有益于世界的和平与繁荣。

第一章

大转型

1.1　风险高企

到 2030 年，东盟的 10 个成员国加上中国和印度，这一占世界总人口一半的地区，其产量将增加 3 倍，并将果断地从长期的贫困历史中摆脱出来。它们并不是唯一想要实现这一雄心勃勃的跨越目标的国家，但是因为其规模、变革的速度以及不断增加的相互依存度，它们值得作为一个整体被世界关注。如果这些经济体（本研究中将其称为 ACI）能保持快速增长，它们将显著地改变超过 30 亿人的生活，并且改变世界经济格局。尽管存在短期宏观经济挑战，本书仍展望了转型管理的有关政策，因为转型对于 ACI 经济体和全世界具有重大影响。

本书审慎地选择"大转型"一词来描述这一发展。该词最早由人类学家卡尔·波兰尼（Karl Polanyi）用来描述发达国家市场经济兴盛所带来的巨大社会和经济变化（Polanyi，1944）。亚洲正在经历的转型可以说同样重要，这里的转型意味着生产力水平高、以市场为主导的经济体制在世界人口最多的地区蔓延。波兰尼认为大规模经济变化对于政府治理具有深远影响，该观点也是本书的一个重要主题。早期经济转型的轨迹是在生产活动和政府治理方面从部落和封建庄园转向城市和民族国家。反过来，今天的经济革命是将责任从国家、区域和全球政府转向以市场为基础的机构。政府治理所面临的挑战就是波兰尼所说的政策的"双向移动"———一方面要促进以市场为基础的经济增长，另一方面要管控其消极副作用。

有几点原因使我们对 ACI 国家的发展前景保持乐观。新旧经济理论都将经济增长归因于实物和人力资本的积累、规模经济、创新能力和支持市场竞争的机构的发展。大多数 ACI 经济体都具备这些特征，并且有足够的潜力赶超世界生产力发展前沿。根据第二章的预测，到 2030 年，ACI 地区将占世界储蓄总额的 40% 以上，2010～2030 年，它们对世界经济增长的贡献率达 51%。ACI 区域投资大幅扩大了创造新知识的人才和资金池。信息技术促进创新中心和生产中心的连接，使收益成倍增加。横跨物理和生物的最新技术，将进一步扩充 ACI 各国的经济工具包，减缓经济增长的限制。

但是风险也是巨大的。宏观经济所面临的主要挑战给当前的经济前景蒙上了阴影。ACI 经济体和过去相比更具弹性，但是世界经济环境依然由发达经济体主导。其他风险则与快速发展本身有关。为了支持 ACI 经济体在金融、生产和需求等方面的转型，各方需要大而广的体制创新。在试图短期内跨越中等收入陷阱的过程中，许多颇具潜力的经济体就曾马失前蹄。经济增长的驱动力不可能从一个发展阶段平稳地过渡到另一个阶段，除非给更发达的新阶段提前建立制度环境，并加以考验。还有一些风险与 ACI 经济增长的规模相关，因为它所推动的能源和原材料需求超过了以往的水平，这可能造成严重的环境破坏。

机遇和风险并存，使得 ACI 区域发展的风险超乎寻常。正如《亚洲 2050：实现亚洲世纪》书中所言，"亚洲世纪"并非命中注定（Kohli, Sharma, and Sood, 2011）。亚洲经济体的成功对于世界的未来至关重要，但其发展风险必须条分缕析。大转型的成功有赖于亿万人民的群策群力，但也需要各级政府的卓越领导。从成功转型的包括来自亚洲的经济体中，我们学到了许多，因而为未来决策吸取经验和教训也是本书的目标之一。

1.2　逆风强劲

本书①将于 2014 年出版，届时 ACI 经济体将面临一个不平衡的全球经济环境。2008～2009 年全球金融危机是过去七十年以来世界经济所经历的最严重的金融危机，危机肆虐五年之后，世界经济出现了复苏的迹象（尽管存在些许不平衡）。大规模金融去杠杆化在美国引爆了危机，并导致多次余震。许多国家的家庭和公司开始缩减开支，政府也不得不依靠举债支出，

---

① 此处指英文版原著，下同。——译者注

维持运转。在本书执笔之际，欧洲正为解决主权债务问题焦头烂额，很显然，如果不对欧盟的金融和预算结构进行大刀阔斧的调整，问题将不会得到解决。同时，失业率在很多国家居高不下，金融市场反复无常，主要金融机构脆弱不堪，美日的债务负担与日俱增。即使是帮助经济复苏的新兴经济体，经济增长也不平衡。国际合作困难重重，下一轮金融危机可能跟风而至。许多国家政府现在还要面临长期的经济滑坡引爆的政治紧张，这使得决策制定变得异常艰难。

以上种种将会对 ACI 经济产生负面影响吗？当然会，答案几乎毋庸置疑。但该地区在危机早期阶段较好地经受了考验，这要归功于其强大的初始财政状况与较低的财务杠杆和债务水平。ACI 经济体确实经历了早期的出口下滑，转而寻求扩大内需，包括实行区域内贸易。中国对基础设施和住房的投资、印度尼西亚扩大消费等措施成为区域需求的推动力。出口也得以恢复。全球经济增长放缓正在产生影响，出台区域刺激政策的机会正在萎缩。

考虑到增长前景黯淡，ACI 经济增长可能出现周期性。亚洲开发银行（ADB，2014）的数据显示，亚洲发展中国家的经济增长率已经从 2011 年的 7.4%，降到了 2012 年的 6.1%，2013 年的 6.1%。亚洲发展中国家的预估经济增长率 2014 年为 6.2%，2015 年为 6.4%。[①] 这种"软着陆"有下行风险，并可能需要出台有效而且细致入微的宏观经济政策，至少，近期经济增速和发达国家增长率脱钩的那些国家，就实行了这样的政策。

快速恢复能力是政策和经济特性的复杂组合。一个弹性的政策环境需要有进行监控管理的宏观经济、充沛的财政和外汇储备、保障个人和小公司利益的国家安全网以及维护国家金融体系的国际安全网等一系列有效工具。弹性的经济结构需要灵活的劳动力和资本市场，以及监管规范的金融机构。这些政策和结构特征，有助于耗费更少的时间、更低的成本来管理各类冲击，在动荡时期至关重要。

即使在充满不确定性的时期，为了寻求超越当前的危机，仍有两个额外理由来进行中期分析。首先，关注中期前景有助于确定短期内有用的政策，并保证在短期内仍能维持增长。拥抱机遇、应对威胁，要求 ACI 区域进行长期的结构调整，其中许多调整必须现在就开始。

---

① 同时，国际货币基金组织（IMF，2014）预测的 2014 年和 2015 年的经济增长率略高，为 6.7% 和 6.8%。

其次，明晰的中期愿景能减少不确定性，建立信心，这正是当前经济低迷时期所缺乏的。亚洲的确有可能实现快速增长，即使该区域的增长模式需要转向关注区域内的市场、投资机会和技术能力。它仍然需要信心推动制度变迁、基础设施建设以及前瞻性的私人投资等相关进程的发展。尽早实施必要的政策、发动增长引擎将支持结构调整和转变。这就是为什么形成一个致力于自主增长、解决不确定时期各经济主体所面临的协调问题的地图和政策框架，对于中期增长策略至关重要。

1.3　转型维度

分析转型的起点是基于不断融合的增长途径，这是一种将过去几十年发展经历延伸至未来的基线预测。这些计算（详见第二章）认为新兴经济体，即所谓的"收敛俱乐部"成员，在过去已经缩小了与发达国家的生产力水平的差距，其生产力水平在未来还会持续提高。几乎所有 ACI 经济体都是收敛俱乐部成员，该地区其他经济体也可能变为成员。

持续的收敛并不意味着 ACI 经济体对全球经济周期免疫，只是说明其生产率的发展还将继续超过发达国家的增速。但是，增长路径的假设是世界经济既不会遭遇新的发展障碍，也不会取得意料之外的技术或生产力进步。当然，没有哪一个预测可能是错的。因此，本研究将分析基线的偏差问题，产生偏差的原因是危机和政策变化导致发展速度增高或降低。该分析是第二章的重点。

基线预测，到 2030 年，也就是在一代人的时间内，ACI 的产量将增加 3 倍，人均收入将增加 2 倍，区域产量所占世界份额将从 15% 增加至 28%（如第二章所述，依据 2010 年的不变价格）。在一代人的时间里，ACI 的经济规模将超过美国或者欧洲，从而获得新的经济机遇，并承担全球经济治理的责任。越来越多的观察家注意到，世界经济中心的重心在过去 1000 年的大部分时间经历了向西转移之后，现在正在向 ACI 区域中央转移。①

这些是对 ACI 区域的总量统计，该区域的特征是各国在生产力、财富、资源、文化和经济结构等方面千差万别。但是，12 个 ACI 经济体的发展前

---

① 世界 GDP 预测的开创性工作见 Maddison（2008），更新版本见 Mckinsey Global Institute（2012）。

景彼此相连，所有成员都有可能参与到区域发展的进程中来。然而，这些总量不可避免地被中国和印度所主导，它们各自的年均增长率预计为 7.0% 和 7.6%。预计东盟的年均增长率为 5.4%，按照大多数历史标准，这都是很高的增长速度。同时，日本、欧洲和美国等世界最发达经济体的年均增长率可能仅介于 1% 至 2% 之间。但是由于处于发展前沿，人口趋于稳定或下降，同时也存在高水平的债务和社会支出等多种因素，它们的发展前景反而受到了抑制。

因此，作为全球最具潜力的增长引擎，ACI 区域的经济增长对于世界经济非常关键，ACI 区域的增长也将愈加依赖区域范围内的政策。其积极和消极影响将通过大转型的四个关键维度实施评估，这四个维度表现在生活质量、生产结构、资源和环境管理，以及国际合作上。

1.3.1 生活质量

ACI 区域内民众的生活质量将可能得到显著改善，区域发展将消除赤贫，将数以十亿计的民众转变成中产阶级，并实际上提高所有次区域和社会团体的收入。在一定程度上，这些改善是经济增长的必然结果。第二章表明，根据合理的假设，到 2030 年，ACI 区域中等收入消费者（本研究将其界定为日消费水平在 10 美元至 100 美元之间的民众，按照 2005 年美元汇率计算）的人数将增加至 26 亿，相当于该区域总人口的 72%。这意味着中等收入群体的市场规模将迅猛增长。2010 年，ACI 地区中等收入消费者的人数仅占当地总人口的 12%（图 2.5）。ACI 区域将继续扩大世界中产阶级的规模。到 2030 年，世界中产阶级将有一半生活在 ACI 地区（图 1.1[①]）。

ACI 地区发展迅速的原因在于中等收入消费者可以自由支配其庞大的支出，使人们达到与发达国家相媲美的生活标准。这将产生切实的效果。在不同国家，中产阶级消费的含义并非毫无二致，但是通常意味着住房条件在规模和品质上的改善，以及诸如冰箱之类的白色家电唾手可得。ACI 地区中产阶级消费者还可享受日常生活的合理奢侈，例如丰盛的食物、华丽的服装以及电子产品等。大部分人可以获得教育、医疗保健和公共交通等服务。在许多国家，人们还可以自由购买摩托车或轿车。城镇的中产阶级可拥有便于社交和娱乐的公园和购物中心，便于和亲朋联系的长途通信和交通服务，此外

---

① 除特殊说明外，本书图表中有关中国的数据不包括港澳台地区的数据。——本书编者注

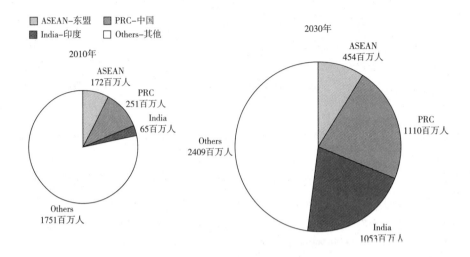

图 1.1 ACI 地区将引领全球中产阶级的扩大

来源：作者计算。

还有更多的工作机会和新鲜的体验。即便和发达国家相比收入略低，但是该区域庞大的绝对需求也会激励各界给 ACI 民众量身定做相关产品和服务。

这些收益在很大程度上取决于城镇化过程。平均而言，城市的生产率比农村要高 1 倍以上。城市人口密集，有利于以相对较低的成本提供丰富的产品和服务。2010～2030 年，ACI 区域预计将新增近 7 亿城镇人口，总城镇人口增至接近 20 亿（UN，2012）。

世界著名城市群的名单将收录越来越多的 ACI 城市。到 2025 年，世界 15 大城市中的 7 个将来自 ACI 地区，其中包括一些超级城市，如新德里（3300 万人）、上海（2800 万人）、孟买（2700 万人）、北京（2300 万人）。世界最大城市将是东京（3900 万人）同样在亚洲（UN，2012）。仅中国就拥有 221 座人口超百万的城市（Mckinsey Global Institute，2009）。其中许多城市面临管理和发展上的严重挑战。为这一波城镇化过程建设基础设施并提供相关服务，既是一种负担，但也是一个增长机遇。例如，据估计，在未来二十年，亚洲需要新建的地铁系统是当今世界总量的 1 倍，需要新增的办公空间是欧洲现有总量的 4 倍（Mckinsey Global Institute，2011b）。这听上去不太现实，却是基于合理的预测。而且，第二章的模拟表明，大转型的诸多特点在不同情境下都颇为相似。

即使这些积极预测都变成现实，以市场为基础的快速增长本身并不会保证每个人都能获益，也不会自动带来人们所喜爱和期待的产品与服务。市场力量将增长速度最大化，并奖励那些机敏的人，例如年轻人、受过良好教育的人、拥有投资资源的人以及生活在繁荣中心的幸运儿等。至于老人、缺乏特权的人、教育程度低的人以及住在偏远地区的人，市场力量从不保证给他们机会。市场力量也不会提供高质量的环境、健康人群、安全的街道和食品供应等公共物品。

因此，要实现高速高质发展，需要目的明确的政策。Niimi 和 Zhuang（2011）利用生活指标的关键量，构建了一套创新标准。他们的分析涵盖了6 个领域的 24 个特定指标，并对 ACI 区域内各国，以及 ACI 地区与其他地区之间进行了比较。该分析将总产量指标和影响人们生活的具体目标进行互补，有助于完善决策框架。仅凭简单的指标并不能客观评判 ACI 地区政策环境的复杂性，但能帮助我们聚焦政策、提供监控机制。例如，不丹、加拿大、韩国和日本已经采用了类似工具，许多其他国家政府也非正式地用它作为政策指导（Stiglitz，Sen，and Fitoussi，2009）。

追求包容性增长的战略有助于将提升生活质量的目标放在政策程序的中心。它能提供一副框架，为在增长速度、公平性和可持续性中寻求平衡的政策提供指导。以上问题将在第三章谈及。包容性增长不仅本身很重要，而且也是政治稳定的先决条件，因而也是增长可行性的先决条件。

1.3.2 生产

从根本上看，要实现雄心勃勃的发展目标，就需要提升 ACI 地区的生产率。该区域生产力水平和全球技术前沿之间的差距依然巨大。人均收入仅是衡量差距的一个简单指标，根据该指标，ACI 地区生产力水平也仅为发达国家的十分之一。Deng 和 Jefferson（2011）使用更详细的数据，预测中国制造业工人的人均产量相当于美国劳动力生产率的 10% ~ 60%。本研究的基线预测认为，在投资、政策和结构调整的支持下，生产力水平的差距将会缩小。

同时，模拟显示生产率增速可能面临大幅放缓，而这正是基线预测途径面临的唯一最重要的威胁。根据其他国家到达中等收入水平的经验，这种担心被称为"中等收入陷阱"（背景方框 1.1）。与大众熟知的"低收入陷阱"不同，中等收入陷阱是一个界定不明确、缺乏有效药方的疾病，是一个实证规律而非理论推导。中等收入陷阱由各种不同的增长障碍导致而成，因此需要出台防范性措施组合，这是第四章的重点内容。

背景方框1.1：理解和避免中等收入陷阱

快速发展国家的决策者常常担心，他们的经济可能会掉入 Gill 和 Kharas（2007）以及其他经济学家所描述的"中等收入陷阱"。中等收入陷阱的例子有拉丁美洲的经济体，如阿根廷和巴西，以及中东的经济体，如埃及和伊朗。但是也有一些东亚经济体，如日本、韩国和新加坡，成功跨越了中等收入水平，经济并没有明显减速。

中等收入陷阱有时被描述成不能从中等收入水平迈进高收入水平的现象。另一种将一些具有鲜明发展轨迹，而且和亚洲快速增长经济体的发展前景更具相似性的情况区别开来的定义更有用。这种定义认为中等收入陷阱是指一旦达到中等收入水平，快速增长就会陷入明显减速的现象。根据一项迄今为止最广泛的实证研究，Eichengreen，Park 和 Shin（2011）发现，当人均收入达到约10000美元水平时，增长率减速的可能性开始增加（与之前至少3.5%的持续性人均收入增长率相比，至少降低两个百分点），在达到约17000美元时，增长率减速的可能性最高（图 B1.1）。在未来二十年，多个 ACI 经济体将处于这个范围之中。因此，什么因素导致了减速？采取什么措施可以防止减速？提出并解答这些问题将大有裨益。

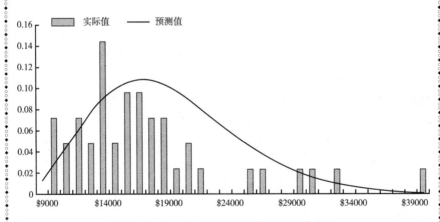

图 B1.1　收入水平与增长率减速可能性曲线

来源：Eichengreen，Park，and Shin（2011）。

如何确认从低收入到中等收入增长（post-middle-income growth）的转变，可以有多种方法。有人认为通过工资可以实现这一点，即一旦工资高到使得劳动密集型生产失去国际竞争力时，要实现持续快速增长则必须转向资本密集型或技术密集型产品生产。另一部分人认为，当劳动力从农业向工业转移所带来的"简单"的生产力水平的提高结束时，经济达到所谓的"刘易斯拐点"，此时农业剩余劳动力供应开始枯竭。达到该拐点后，生产力水平的提高必须通过提高行业内的生产率来实现，而非行业之间的资源转换。

后中等收入增长的先决条件也有多种不同论述。支持全要素生产率增长的主要因素有人力资本、机构（如高效的资本市场）、企业家精神以及创新的强大体系。其他重要因素还有收入分配和需求政策，后者是指一旦国外对劳动密集型产品出口的需求枯竭时，各国能够生成国内需求。还有一部分专家关注更深层次的制度问题，如知识产权、金融市场和竞争等，它们促进了资源从低生产率向高生产率的活动转移。城镇化也很重要，它能通过信息交换、经济规模和资源的自由流动等，促进生产力水平的提高。

譬如，Kharas（2009）编写了一个政策清单，他相信这个清单可以帮助中国避免中等收入陷阱。清单包括通过扫除移民障碍，支持农业资源向工业持续转移；通过对人力资本和创新的投资，刺激工业生产力水平的提高。

来源：作者编写。

过去，在以出口为主导的发展中，生产率增长主要依靠引进和吸收国外技术。未来，生产率的提高将依靠满足区域内部行业的需求，以及区域自身的人力资本和创新能力。鉴于服务方面的需求所占比重不断增加，总生产率增长的速度将主要依赖服务业的发展。

过去生产率的提高依靠从农业向出口工业转移资源，与此形成对比，服务业和其他行业的产业内生产率增长将成为 ACI 区域的优先政策，实现这一目标需要有竞争性产品和要素市场。正如世界银行和发展研究中心

（World Bank and Development Research Center, 2012）在其研究报告《中国2030》中指出的，工人、企业家和投资者必须拥有动机和机会，追求其技能和资产获得最高价值使用的平等机会。当劳动密集型工业化达到极限时，生产率增长对于创造动机和机会的微观经济制度更加敏感，这些动机和机会包括竞争、劳动力流动性、获得金融资源的渠道以及通过创业创新获得利益的自由。

这些变化要求大量的微观经济调整，一部分需通过工资上涨来实现。平均而言，到2030年，ACI区域的工资水平将是原来的3倍，在劳动密集型行业，例如在农业和标准化生产方面，迅猛增长的工资将使经济面临巨大的成本压力。在政策允许的范围内，工资上涨将导致大量的工业移民，从而给各国低收入地区和ACI区域的低收入国家带来增长机会。

由于ACI区域内各国的收入差异依然较大，该区域内依然可能发生工业大转移。Lin（2011b）预计，在未来十年，因为中国再也不能低成本地生产产品了，低收入制造业将有8500万个工作机会从中国流出。亚洲公司和消费者选择的主要转移目的地有印度、缅甸和越南等。通过吸取亚洲更发达经济体的经验，这些国家将在建设必要的硬件和制度性基础设施等方面享受巨大好处。他们的转型也将因为一项特殊的亚洲资产而有利，即国际生产网络。

同时，中国、马来西亚、泰国和其他ACI地区更发达国家有强烈的动机在高科技生产领域发展自己的专长。区域内的消费者将提供重要的机会，他们渴望更新的产品、更多的种类和更低的价格，还渴望产品质量更可靠、更安全，这种需求十分巨大。无论是在贸易、交通、金融，还是在医疗保健、教育娱乐等领域，他们都期待更多更好的服务。这些变化的复杂性远远超出任何政府的预见性和规划能力，但是如果存在一个竞争性环境，那么我们有充分的理由期待市场将很好地管理它们。竞争性环境的形成必须拥有精细复杂的制度，例如它必须提供完备的知识产权和法律体系、高效的金融市场、自由的劳动力流动性、可观的人力资本投资等。

将制度性基础设施建设好是ACI地区各国政府的中心职责。对处于相对初级发展阶段的国家来说，更发达国家的经验可提供解决方案。例如，Lin和Monga（2011）建议把国家战略目标制定为将人均收入提高到当前水平的两倍。在更发达国家，要实现这一目标需要在创新、企业家精神和竞争力等方面构建完善复杂的、具有各国特色的支撑体系。底线是ACI区域有足够的潜力完成更多的生产率提升，但是追赶的速度依赖于制度和政策环境。

1.3.3　资源和环境

无论是好的方面，还是坏的方面，ACI 经济体对全球资源和环境的影响不断增加。ACI 区域的温室气体排放已经占世界总量的 35%，其能源消耗则占到 20%，而且它还处于资源密集型发展阶段。除了存在全球能源和环境问题方面的担忧，该区域还面临诸如当地空气和水污染，以及横跨其广袤的重要农业次区域的基本水安全等许多问题。一点也不令人感到惊奇的是，许多 ACI 国家的居民如今把环境问题放在增长问题之前，作为国家优先政策（Yu and Pugliese，2012）。

ACI 经济体如何解决资源和环境问题将影响到他们的国家福祉和全球居民的感受。作为工业化的后来者，该区域经济的重要性已经变得具有全球意义。由于发达国家的早期发展，世界经济此时正遭受资源供应和环境可持续能力的考验。发达国家很幸运，因为它们的工业化发生在全球资源和环境能力达到极限之前。在处理这些问题时，ACI 区域所需发挥的作用一定程度上反映了发达国家过去的行为积累，这种历史比照使得国际合作困难重重。

按照国际能源署（IEA）在"450 愿景"中设定的目标，即在 2030 年之前将温室气体排放控制在使全球气温增幅在 2℃以内的水平，而要达成这一目标所耗费的全球成本将是高达 10.5 万亿美元的巨额投资（IEA，2011a）。即便那时，根据世界银行（World Bank，2010a）的预测，发展中国家每年将需要额外支出 700 亿至 1000 亿美元以适应气候变化。毋庸赘言，资源和环境政策需要在当今人口的物质需要和下一代的福利之间进行相当大的权衡。而且，由于各国内部和各国之间在需求的急迫性、行动的机会以及对当今问题的过往贡献等方面存在巨大的差异，要形成全球性的解决方案并不简单。但是不管有多么复杂，多么艰难，仍然需要采取行动。

当然，权衡中面临的困难也不能被夸大。正如第五章所述，节能和替代能源的生产也能算作"绿色增长"战略的一部分，它将有助于在可持续性和投资增长之间取得平衡。即使这些目标没有达到完美平衡的程度，本研究的模拟也表明，以国际能源署"450 愿景"为基础的、负责任的长期战略在财务上是可以管理的。不过，在不同国家和家庭之间公平分配节能和环保责任将需要巨大的政治努力，一些人甚至质疑这到底能不能得到管理。

关键的挑战是在各国内部和各国之间尽早动员集体决策。如果各国能在危机倒逼之前规划并实施相关政策，那么它们就能随着时间推移逐渐进行调整并节省成本。如果政策解决方案随着价格信号逐步实施，那么它们就可以让市场去开发高效技术和行业，从而富有想象力地应对各种新的制约。未来的环境和技术轨迹尚不明确。节能和绿色政策作为应对未来潜在的高额损失的保险措施，其保险承诺不会被削弱。对于快速增长的 ACI 经济体而言，这些投资将通过发展节能城市、电力运输系统和低碳能源，为它们创造超越竞争对手的机会。

1.3.4　国际体系

在基准情境下，到 2030 年，ACI 经济体的全球贸易份额将翻倍，区域内贸易将增加 6 倍。到 2030 年，ACI 经济体的全球贸易份额将达到 53%，彼此之间的联系也将增强。但是，ACI 区域贸易的 76% 仍然是与区域外的贸易伙伴进行的，在某种程度上这是因为该区域的能源和初级产品仍依赖于进口（见第二章）。ACI 区域的贸易往来关系，特别是它们与其他地区新兴经济体的贸易流通关系，将成为世界上增长最快的贸易关系之一（图 1.2）。ACI 经济体也将成为资本和劳动力流动的最重要的来源地和目的地，还将成为主要的也可能是统治性的金融中心所在地，以及全球科技的引领者。

这些结构上的变化给 ACI 区域内各经济体之间的合作和竞争创造了机会。其中的收益并没有被夸大，比如印度公司擅长软件设计和市场营销，而中国公司拥有先进的制造技术，因此中国和印度之间的伙伴关系将足以霸占 30 亿人的内需市场。但是东盟、中国和印度之间在生产环节、行业和产业集群利益方面也存在激烈的竞争。这种竞争本应刺激创新和提高生产力，但有时却令人沮丧，而且代价高昂。国家间关系紧张将随之而来，尤其是当一些国家将政府对行业的扶持视为重要战略的时候。区域融合是一个正和博弈，但前提是有强有力的新规则和机构，一方面确保竞争富有成效，另一方面确保政治摩擦受到控制。

ACI 地区与世界其他地区的关系也将会加深。就国内生产总值而言，该

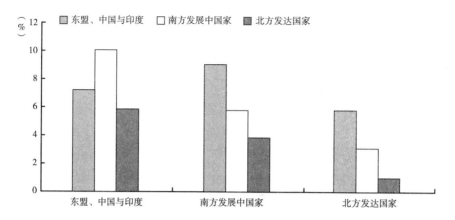

图 1.2 南南（发展中国家之间）贸易往来占贸易总量百分比

来源：作者计算。

区域与美国、欧洲和东亚等发达经济体相比，其相对重要性将会增加。但是在可以预见的未来，该区域仍将是重要的高度竞争性市场、创新以及高科技产品和服务的提供者。ACI 区域对于能源、食品和原材料不断增加的需求也将使区域外的市场变得重要起来。最后但同样重要的是，ACI 区域的经济增长将引爆发达国家的人口和创意交流的大幅增长。这些联系同样也需要有效的合作。

货物和服务流动也将相应增加，不过与资本流动相比或许就相形见绌了。本研究模拟显示，到 2030 年，ACI 区域高达 14 万亿美元的储蓄将需要通过中介在储蓄者和投资者之间进行调配。其资本流动将占世界储蓄与投资总额的几乎三分之一。部分交易将通过发达国家的金融中心进行中介调配，但是仍有许多交易将通过区域中心和亚洲货币实现。这可能导致区域金融中心的规模和复杂程度发生巨大变化。为确保交易的效率和安全，需要进一步加强监管机制建设。

这些变化意味着货币和真正冲击的来源，宏观经济和微观经济的相互依存度将进一步加深。正如亚行（ADB，2008）所指出的，亚洲合作框架是"制度之光"，因为市场力量和官方协议已经引领了区域的经济融合，但是制度建设一直发展缓慢。为了与市场同步，确保一个持续稳定的增长环境，制度建设的发展步伐需要加快。而要开展宏观经济监控和磋商，防止危机蔓延，至少需要建设更强有力的区域机构和更加健全的区域安全网络。当经济增长将 ACI 经济体推向金融前沿的时候，该区域管控金融流动和金融机构的能力也将遭受严峻的考验。

如此大规模的经济治理转型将需要从国家、区域和全球层级上进行创新，并且在三者之间建立新的关联。许多制度创新正在进行。在东盟发展单一市场的努力下，以及相关的东盟+3、东盟+6等更广泛的区域进程的推动下，贸易投资的合作步伐已经加快。多个跨区域的自由贸易区倡议相继提出，其中就涉及所有 ACI 区域经济体。东盟+3 宏观经济研究办公室在新加坡设立，其职责是扩大区域内货币合作。在整个 ACI 地区，区域交通能源网的次区域项目正在建设之中，一些项目将给重要边境的经济融合铺路搭桥。此时规划建设免除关税壁垒、促进经济交流的 ACI 区域——甚至更大的经济区——时机正好。

最后但同样重要的是，亚洲的增长将触发全球机构的转型。ACI 经济体将在国际货币基金组织、世界银行和联合国等全球机构中发挥越来越大的影响力。二十国集团（G20）的崛起使人们认识到全球经济正朝复杂化、多极化演变，但是二十国集团并不具备相应的带宽来处理世界经济所面临的广泛的合作挑战。为了将 ACI 地区和其他新兴经济体不断增加的影响力转化成对政策的真实影响力，有必要重新改造全球治理的具体工具，例如改造许多国际机构的投票体系和任命机制。

1.4　行动挑战

大转型的成功需要区域内的工业和人才作保障，但也要依赖政府设计和实施促进经济可持续、包容性增长的相关政策的能力。必须通过长期的政策来解决经济增长的重大威胁，包括避免掉入中等收入陷阱，解决能源和环境问题等。由于遭受全球金融危机的肆虐，而且经济复苏确实疲软乏力，ACI 区域各国的规划者和投资者现在必须在短期宏观经济政策和推动结构转型的政策之间求得平衡。

半个世纪的实验和研究已经为发展过程中遭遇的转型问题提供了无比宝贵的洞察力和解决方案（Lin，2011b）。依靠经验摸索出来的路径绝非一帆风顺，但是可以给未来政策提供特殊的资源（背景方框 1.2）。发展问题过于复杂，很难用某个单一理论去解释。但是经过验证的实用方法却能发挥作用，而且正被广泛使用。本研究将探讨其中一部分方法，更多的方法可通过政府间的政策经验交流而被知晓。

背景方框 1.2：学习发展经验

　　发展战略已经演变出应对发展过程中出现的迥然不同却又最终彼此互补的四大约束性问题的解决方案（表 B1.2）。第一个方案于 20 世纪 50 年代提出，该方案认为市场失灵是中心问题——不同行业之间缺乏协调，经济规模不足——建议实施大规模的政府引导型投资。该方案主要在 20 世纪 60 年代的拉丁美洲实施，这些战略在初期产生了积极的结果，但最终造成吸纳大量资源却缺乏竞争力的投资。

　　第二套方案是为了应对 20 世纪 60 年代的失败而提出的，它强调政府失效，包括将资源系统地转移到非生产性活动中的"寻租"行为。该战略与 20 世纪 70～80 年代的世界银行有关联，其目标是自由化，并经常产生积极效应，尤其是在亚洲。但在许多其他情况下，包括在非洲，它未能达到预期。

表 B1.2　发展理论概览

派别	存在的问题	解决方案	缺陷
结构主义派	协调问题、经济规模	进口替代"大爆炸"投资	无价值的行业
市场派	政府失效、"白象"投资（大而无用）	自由化宏观约束	在机构羸弱的经济中失效
制度派	投资环境糟糕	能力建设"经商"调查	政策指导不足、成效缓慢
实用主义派	无效的政策	实验 增长诊断 确认制约因素、促进	？

来源：作者编写。

　　第三波分析转而关注以市场为基础的经济增长所必需的制度。它的处方是建设强大的法律和金融基础，改善政府治理。但是这些目标往往太大、太分散，对于缺乏资源、时间和执行能力的政府而言，实施起来难乎其难。

　　如今的第四种方案，是根据历史的经验和政府的能力范围，寻求实用的治疗处方。它或使用科学的诊断方法找到关键的制约因素（Hausmann, Rodrik, and Velasco, 2008），或采用实验方法检验政策的实际作用模式（Duflo, 2004），或通过计算寻找其他国家的发展模型，等等。它使用以上工具或者也可能基于混合战略，给工业和基础设施政策提供帮助。

当代战略认识到了发展过程的复杂性，并且将理论和工具视作互补，而非彼此替代。决策者所面临的挑战在于准确识别问题症结，并采纳相应的正确解决方案。

来源：作者编写。

针对种种政策限制，本研究提出了三大应对方案。第　，为了甄别并应对长期威胁（包括中等收入陷阱），政府需要作前瞻性分析，降低危机风险，避免公众失去对政府治理的信心。第二，建议将生活质量作为首要公共目标，不仅因为它具有显著的社会重要性，而且还因为它有助于建立公众对政策的信心。第三，为了处理不可预测的危机，建议将在私营部门和公共部门加强弹性能力作为明确的重点。这些战略是许多旨在促进发展的具体的、功能性政策的基石，也是本研究诸多建议的一部分。

第一，展望未来。ACI 经济体的转型依赖于千头万绪且耗时长久的制度创新和基础设施投资。这往往需要很长的时间周期，同时要求政府高瞻远瞩，超越危机乱局，突破利益团体的直接目标。综合性的国别研究对此将有很大帮助，最近的例子有中国的"十二五"规划和印度尼西亚的"印度尼西亚经济增长加速扩张总体规划"等。这些项目不应当像过去那样试图发出政府指令，而是应该激发严谨的政策研究和辩论，创造利益攸关者和决策者之间的双向信息流通，促进政府主管部门、私营投资者和公众三方期待的平衡。

第二，包容性增长优先。提高民众的生活质量是经济发展的终极目的。因此为了将经济增长的价值最大化，必须实施注重包容性增长的政策。而且，该政策不仅因为其自身的价值而重要，还因为它能帮助政府赢得公众信任，有利于其实施更加大胆的政策调整。如果决策者拥有了民众的信任（因为民众相信决策者的动机是促进包容性增长），那么他们将获得更大的空间推行有关措施，即使这些措施遭到特殊利益群体的反对，需要进行痛苦的调整，或者必须作出紧急决定。

第三，提高弹性。不管政府多么高瞻远瞩、多么目标明确，他们仍将面临想象不到的危机。在一定意义上，实现弹性发展意味着政府在危机来临时，可以作出更加自主的反应。为此，经济应以市场为主导，以负责任的、管理透明的公司为主导，因为市场和公司能够以去中央化的方式解决这些问题。私营部门的弹性能力通过增强经济灵活性得以提高，例如允许工人从一个行业轻易地转移到另一个行业，又如实行在严酷的商业条件下可以幸存的并获得高回报的金融机制等。弹性能力还要求公共部门能够作出快速大胆的反应。这包括增加应对紧急情况的财政回旋余地，加强机构——如独立的中央银行和强大的国家间机构——的公信力和采取大胆行动的能力。自然灾害和卫生事件对这些行动有明显的要求，严重的经济动荡也是如此，因为它同样能产生毁灭性后果。

自 20 世纪 90 年代初以来，ACI 地区的政策一直是世界上最成功的典范之一，但是昨天的成就并不保证未来的成功。未来十年，各国政府仍需要展望未来，通过优先推行包容性增长赢得公众支持，从而打造弹性经济。实现这些目标要求当局在制定政策时信息灵通，对形形色色的利益攸关者更加敏感，并且比过去更加去中央化。

第二章

增长的前景与挑战

2.1　介绍

自从 20 世纪 90 年代以来，ACI 区域作为一个团体的经济增长率一直高于发达国家，2008 年全球金融危机爆发以来，两者的增速差距更是不断扩大。两组经济体之间并没有中断联系，相反随着贸易金融一体化的加深，两者的商业周期似乎变得愈加关联（ADB，2008）。但是两者趋势增长率的差异现在十分巨大，这似乎反映了 ACI 地区的深层结构变化，这种变化将使 ACI 地区的生产率稳步提高，其经济增长将更加依靠自身的需求和技术变化。

在未来二十年，ACI 地区不断深化的增长过程可能受益于供需双方不断强化和充满活力的发展。在需求方，可任意支配的收入和相关投资的增速将高于产出的增速，因为 ACI 区域的外部盈余现在有可能减少。在供应方，激烈的竞争和高投资率有利于持续的技术赶超，有利于激励创新和新兴产业的发展，有助于提升现有产业的生产力水平。

ACI 区域结构转型的规模前所未见，因而需要采用新的战略。其中的风险也同样巨大。新增长引擎可能比需求出现得更缓慢，资源和环境的制约将抬高食品的重要原材料的价格，国内冲突以及国与国之间的冲突将破坏经济增长所必需的合作基础。以上任何一个阻碍，或者几个阻碍的组合，都可能让区域的发展前景蒙上阴影。但与此同时，经济增长也提供了管控风险的工具。它鼓励创新、促进调整、为问题的解决提供金融和创业资源。

本章审视了区域发展的前景和挑战，为大转型所需的政策调整提供有益的建议；本章通过基线预测，探索了 ACI 经济体发展内部关系及其与世界其他地区关系所需的结构变化；同时，运用模拟练习［由 Petri 和 Zhai（2012）提出，二人的文章是本研究的背景文献之一］探讨了危机和政策战略如何影响这些结果。特别是本章还探讨了大转型如何影响 ACI 地区的生活质量、增长动力、资源和环境挑战、ACI 地区在世界经济中的作用。

研究结果提供了令人担忧和乐观的理由。结构调整的过程要求在预测中将不确定性考虑在内，虽然各国调整的形式各不一样，但在复杂性上彼此接近。与此同时，ACI 区域转型的动力及其所生成的资源和能力将提升区域挫折管理能力。许多问题必须有提前预判，并通过长期投资和政策进行规避。本章重点论述了国家、区域和国际层面的高效集体行动如何有助于产生积极的结果。

2.2　大转型分析

为了强化分析，本章为 ACI 经济体的增长前景构建了详尽的量化图。本研究考察了大转型的行业后果和要求，对亚洲发展更宏观的经济分析（如 Kohli，Sharma，Sood，2011）作了补充。这种分析本质上是不确定的，但是一个量化的行业框架可以使未来的预测变得明晰和一致。与单纯的定性分析结果相比，不确定的量化结果有助于让趋势和政策挑战变得更加具体，让矛盾变得更加凸显。

该分析的起点是为本研究所作的 2030 年增长预测（Zhuang，2012；背景方框 2.1）。该预测的基础是，假设一些长期（自 20 世纪 90 年代以来）趋势还将延续，这些趋势经过适当的修正之后，还将有助于解释劳动力、投资以及未来世界经济生产力水平的变化。一个关键的假设就是技术追赶还将继续，即缩小 ACI 经济体和发达工业化国家之间生产力差异的政策和经济动力在过去和未来同样有效。

接下来，本章探讨了一些结构变化，结构变化正是总量增长所必需的。本研究使用了一个跨行业、跨区域的量化模型来考察结构变化，预测了经济增长后的行业生产、消费和贸易水平。反过来，这些细节能让我们探索更深层次的问题，如经济增长对国际贸易和金融关系、资源价格和环境，以及对推广"绿色"技术和扩大社会支出的政策的影响等。

本分析不是为了形成预测。例如，本研究所分析的一些负面冲击可能永远不会发生。或者即便发生了，及时采取应对政策也能防止最坏的后果。事实上，分析的目的是试图发现可能导致经济增长脱轨的威胁。有的可能性假定了生产力可能面临的负面冲击；有的探讨了为减少碳排放和降低资源需求而采取的越来越严苛的政策；有的假设社会支出增加；还有的分析了其他有利的选择，包括区域和全球性生产与需求的深层融合。这些情境将给识别风险来源、制定应对政策提供独到见解。

本分析的结果产生了各种各样的预测，而不仅仅是一般的高低选择——实际上在实践中不可能判断哪个是极端值。更多的情境假设，就好像许许多多的可能性围绕中心基线堆积成圆锥状。这些预测为 2030 年之前的区域和世界经济如何演进提供了创见。主观概率和替代冲击的效果也可以组合起来用于评判结果的可能分布。例如，这种分析表明，冲击组合常常会导致温和的总体基线偏差。但是，在 25% ~30% 的模拟中，也发现了显著的下行风险，通常重点在于中等收入陷阱版本的选择上。分析的结果所形成的是一本"图册"，而非地图上的方向。图册中的选择和概率帮助决策者识别最突出的风险，应对不确定的未来。

2.2.1　增长预测

下文所述的基线预测表明 ACI 区域将保持可持续的、相对快速的经济增长。方法论是按照历史数据模式，以劳动力、储蓄率和生产力增长的预期发展为基础。长期增长预测的大量工作由亚行完成，所用方法论的细节解释见背景方框 2.1（Lee and Hong，2010）。预测[①]总结使用了国际比较分析中常见的两个尺度，分别是不变市场价格（表 2.1），和购买力平价（PPP）（表 2.2）。[②] 对基线假设形成的质疑将在本章后半部分展开论述。

市场价格和购买力平价两个尺度为 ACI 经济体在全球经济中的重要性提供了两幅迥然不同的画面（分析性描述参见 Deaton 和 Heston，2010）。市场价格尺度以 2010 年实际市场价格计算的货物和服务的真实产出。购买力平价尺度以 2010 年国际元价格计算了货物和服务的真实产出，即每个国家的产出都按照相同的价格来衡量价值。与发达国家相比，新兴经济体按照市场价格统计的非贸易产品和服务（教科书的例子会减掉这个部分）将会较低，因此相比购买力平价，市场价格的预测值通常会导致国内生产总值略

[①] 本书在预测中对所使用的一些基准年的数据点进行了调整，以反映最新的资料和估计。GDP 基线预测见表 2.1 和 2.2。但是，随后的可计算的一般均衡（CGE）预测没有修改，因为基线预测的修改相对较小，对 CGE 结果的影响并不明显。

[②] 有时也会用到第三个尺度，即按市场汇率计算的 GDP，但本书并未述及。这个尺度可以解释新兴经济体实际汇率的上涨趋势，因此预测其增长随着时间会更加快速。

低。（通过建模，市场价格和购买力平价对美国而言均相同。）例如，ACI区域按照市场价格统计的 2010 年度 GDP 仅相当于按照购买力平价计算的 GDP 的 60%。但是，两个尺度所反映的真实增长率趋向于彼此接近。

背景方框 2.1：GDP 增长预测

经济增长预测一般使用生产函数得来，其中包含多个生产因素及其生产率增长如何演变的相关假设。

亚行对 171 个国家的预测依据是双因素（资本和劳动力）柯布－道格拉斯生产函数和整体的全要素生产率指数（Zhuang，2012）。正如高盛（Goldman Sachs，2003）举例论述的那样，该方法论以收敛法为基础来预测生产率的提高。它与世界银行世界发展指数数据指标共同执行。基准年是指以市场汇率换算成美元计算的 2010 年度国内生产总值水平。

经济增长的三个驱动因素将按照如下方式进行建模：

*劳动力预测的基础是截至 2020 年、外推至 2030 年的国际劳工组织人口增长和劳动力参加率预测。

*资本存量的建模是通过增加投资和减去折旧。投资预测是通过收入乘以投资率，并减去预计经常项目盈余。投资率是计算的关键要素，其预测使用了包括收入、增长、人口等因素在内的解释变量的跨国回归模型。

*假设发达经济体的全要素生产率的年均增长率为 1.3%。为了预测全要素生产率的未来值，新兴经济体被分成了八个收敛组。每组的收敛速度取决于过去的数据，即基于该国与美国（后者被视为代表前沿水平）在全要素生产率方面每年缩小差距的幅度。收敛因素的范围从每年 0% ~ 1.8% 不等，并且假设 2010 ~ 2030 年一直保持不变。有的基线预测后来有所调整，以反映目前正在进行中的东盟 2030 研究判断。

本方法将导致 ACI 经济体相对较高的增长率，反映出过去几十年相对较高的收敛速度将会继续保持。本方法论的基本假设是"照常收敛"，即技术赶超的过程在未来既不会遭遇挫折，也不会找到新的机会加快速度。通过建模会发现，当经济接近技术前沿时，增长率将下降。

来源：作者根据 Zhuang（2012）的描述。

表 2.1 2030 年 ACI 地区人口、产出、GDP 增长预测（2010 年不变价格）

	2010 年				2030 年				2010~2030 年	
	人口（百万）	GDP（$十亿）	世界占比（%）	人均GDP（$）	人口[a]（百万）	GDP（$十亿）	世界占比（%）	人均GDP（$）	情境 1（a）	情境 1（b）
									GDP 增长率[b]（%）	
ACI	3158	9475	15.26	3000	3621	36665	28.76	10127	7.0	—
东盟	592	1860	3.00	3141	704	5531	4.34	7857	5.6	5.4
文莱	0.4	12	0.02	31724	0.5	26	0.02	49958	3.8	3.7
柬埔寨	14	11	0.02	795	17	54	0.04	3132	8.2	7.9
印度尼西亚	240	708	1.14	2952	280	2105	1.65	7528	5.6	5.5
老挝	6	7	0.01	1158	8	32	0.03	4160	7.8	7.7
马来西亚	28	238	0.38	8373	37	694	0.54	18619	5.5	5.9
缅甸	48	45	0.07	946	54	254	0.20	4683	9.0	8.0
菲律宾	93	200	0.32	2130	126	772	0.61	6114	7.0	6.1
新加坡	5	213	0.34	41910	6	356	0.28	59578	2.6	2.8
泰国	69	319	0.51	4614	73	814	0.64	11109	4.8	5.8
越南	88	106	0.17	1211	101	436	0.34	4292	7.3	7.2
中国	1341	5931	9.55	4421	1393	23382	18.34	16784	7.1	—
印度	1225	1684	2.71	1375	1523	7289	5.72	4784	7.6	—
日本	127	5488	8.84	43374	120	6831	5.36	56820	1.1	—
韩国	48	1015	1.63	21063	50	1943	1.52	38597	3.3	—
中国台湾地区	23	430	0.69	18683	23	873	0.68	37978	3.6	—
亚洲其他地区	503	931	1.50	1849	653	3279	2.57	5019	6.5	—
美国	310	14447	23.26	46546	362	22766	17.86	62946	2.3	—
欧盟成员国	502	16114	25.95	32125	517	23945	18.78	46308	2.0	—
LAC	537	4570	7.36	8508	640	11021	8.65	17232	4.5	—
MENA	323	2280	3.67	7062	414	5606	4.40	13538	4.6	—
撒哈拉以南非洲	741	998	1.61	1346	1178	3515	2.76	2985	6.5	—
世界其他地区	369	6356	10.23	17246	382	11480	9.01	30025	3.0	—
世界	6641	62104	100	9352	7960	127475	100	16014	3.6	—

ACI = 东盟、中国与印度；欧盟成员国中，斯洛文尼亚因缺乏数据而不含在内；GDP = 国内生产总值；LAC = 拉丁美洲和加勒比；MENA = 中东和北非。

注：

a. 联合国人口增长率采用世界经济展望数据库（2010 年）的人口数据。

b. 情境 1（a）根据 Zhuang（2012）的预测，2013 年 6 月更新。情境 1（b）根据亚行研究所（ADBI, 2014）的预测。

来源：世界经济展望数据库（2010 年）GDP 和人口数据（2012 年 4 月），人口增长率数据来源于《联合国世界人口展望报告》（2010 年修订版）。

表 2.2　2030 年 ACI 地区人口、产出、GDP 增长预测

（按 2005 年美元购买力平价计算）

	2010 年				2030 年				2010～2030 年
	人口 （百万）	GDP （$ 十亿）	世界 占比 （%）	人均 GDP （$）	人口[a] （百万）	GDP （$ 十亿）	世界 占比 （%）	人均 GDP （$）	GDP 增长率[b] （%）
ACI	3158	15663	23.57	4959	3621	60610	39.38	16741	7.0
东盟	592	2819	4.24	4760	704	8383	5.45	11909	5.6
文莱	0.4	18	0.03	46557	0.5	38	0.02	73317	3.8
柬埔寨	14	28	0.04	1968	17	135	0.09	7752	8.2
印度尼西亚	240	932	1.40	3885	280	2771	1.80	9909	5.6
老挝	6	14	0.02	2313	8	64	0.04	8307	7.8
马来西亚	28	375	0.56	13214	37	1095	0.71	29384	5.5
缅甸	48	75	0.11	1555	54	418	0.27	7694	9.0
菲律宾	93	332	0.50	3561	126	1285	0.83	10172	7.0
新加坡	5	265	0.40	52075	6	443	0.29	74028	2.6
泰国	69	530	0.80	7673	73	1355	0.88	18475	4.8
越南	88	250	0.38	2845	101	1023	0.66	10079	7.3
中国	1341	9122	13.72	6801	1393	35966	23.37	25818	7.1
印度	1225	3721	5.60	3039	1523	16105	10.46	10571	7.6
日本	127	3947	5.94	31189	120	4912	3.19	40858	1.1
韩国	48	1323	1.99	27455	50	2532	1.65	50311	3.3
中国台湾地区	23	702	1.06	30507	23	1425	0.93	62013	3.6
亚洲其他地区	503	1574	2.37	3126	653	5544	3.60	8487	6.5
美国	310	13017	19.58	41938	362	20513	13.33	56715	2.3
欧洲	502	13832	20.81	27575	517	20554	13.36	39750	2.0
LAC	537	5419	8.15	10089	640	13069	8.49	20434	4.5
MENA	323	3265	4.91	10113	414	8027	5.22	19387	4.6
撒哈拉以南非洲	741	1559	2.35	2104	1178	5494	3.57	4664	6.5
世界其他地区	369	6165	9.28	16727	382	11134	7.23	20122	3.0
世界	6641	66466	100	10008	7960	153049	100	19334	4.3

　　ACI = 东盟、中国与印度；欧盟成员国中，斯洛文尼亚因缺乏数据而不含在内；GDP = 国内生产总值；LAC = 拉丁美洲和加勒比；MENA = 中东和北非；PPP = 购买力平价。

　　注：

　　a. 联合国人口增长率采用世界经济展望数据库（2010 年）的人口数据。

　　b. 情境 1（a）根据 Zhuang（2012）的预测，2013 年 6 月更新。

　　来源：2010 年 GDP 数据来源于世界发展指标在线数据库（2012 年 7 月 12 日查询），缅甸、中国和中国台湾除外，它们的数据来源于亚行根据世界经济展望数据库的相关数据所进行的预测。2010 年人口数据来源于世界经济展望数据库（2012 年 4 月），人口增长率数据来源于《联合国世界人口展望报告》（2010 年修订版）。

到 2030 年，无论以哪种指标衡量，ACI 地区的产出都将增长大约 3 倍。按市场价格计算，ACI 地区的产出将超过美国或欧盟。如用购买力平价计算，它甚至超过两者的总和。长期显示出的平均增长率隐藏了增速随着时间推移而缓慢变化的现象（图 2.1）。有趣的是，尽管全球金融危机余波未消，全球还面临着人口老龄化、发展中国家前景黯淡等诸多困扰，但未来十年，世界经济预计仍将快速发展，个中缘由不是个别国家的快速增长，而是全球经济重心的转移，世界经济的平均水平将越来越反映出新兴经济体的崛起。

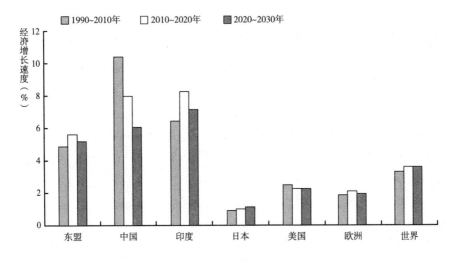

图 2.1　ACI 经济增速放缓但仍将保持高水平

来源：亚行预测。

中国的增长率预计将位居主要大国和团体之首。但是即便是当前的下滑效应消散之后，由于增长开始放缓、劳动力数量减少以及生产率增速的下降，中国的经济增长预计仍将减速。考虑到中国最终将追上发达国家水平，减速不可避免。但是这并不意味着中国将陷入"中等收入陷阱"。正如背景方框 1.1 所述，该词专门用于表示更加猛烈、有可能避免的经济放缓，在本研究中将会作为一个特殊情境来探讨。

印度的增长率预计将超过历史平均水平，因为该国刚刚摆脱经济放缓，并开始全速追赶。本研究所预测的印度经济的加速，部分基于工人在从农业向工业、服务业转移过程中稳定劳动力的发展和进步。在此情境下，在

2015～2020 年的某个时间，印度的增速将可能超过中国。① 新兴工业经济体预计会发展减速，因为它们的收入水平将接近发达国家水平，而且发达经济体自身也预计将以接近历史平均水平的速度增长。

东盟的增长预计将保持较快速度。中低收入国家的增速预计介于 5% 至 9% 的范围之内。预计最不发达国家（柬埔寨、老挝、缅甸和越南）的增长速度将会相对较高，平均在 7% 以上。中等收入国家（印度尼西亚、马来西亚、菲律宾和泰国）的经济增速将提高到 5%～7%。只有收入较高的文莱和新加坡预计增长较慢，增速不到 4%。

投资和生产率的提高可能成为经济增长的主要动力。图 2.2 表明生产率的提高是印度经济增长的最大贡献者，但是对其他 ACI 经济体而言，资本的重要性更加突出。随着时间的推移，与生产率增长相关的投资将在各国发挥越来越大的作用。劳动力增长所作的贡献将最不重要，并且随着时间的推移其作用还会逐渐下降。实际上，临近预测时期的结束节点时，它在中国开始转为负面影响。

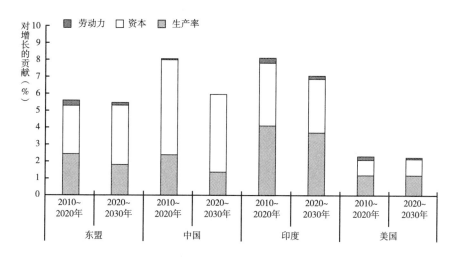

图 2.2　投资和生产力将推动增长

来源：作者计算。

---

① 其他研究也预测在大致的时间框架内印度的增速可能超过中国。据说有利于印度的其他因素还包括会讲英语的老板领导的世界级企业所打下的良好基础，以及民主制度等。与之对比，中国则拥有庞大的出口基地，在研发、技能和基础设施等领域的高水平投资，更出色的政策协调和执行能力（Wignaraja，2011）。

维持增长的前景，使其与过去的发展历程保持一致，听起来相当不错，但这条路是一条雄心勃勃的方案。要维持如此高的增长速度需要持续不断地提高生产率，以及保持较高的投资率。与此同时，人口红利，即拥有庞大劳动年龄人口所带来的经济效益过去在有些国家发挥了重要作用，但是到2030 年，它将变成负面效应。但是已有的成功也会带来动力。ACI 地区得益于它的庞大规模以及邻近的投资和消费增长，而被视作适于经济活动和投资的理想地点，且以后可能也是如此。

2.2.2　转型的意义[①]

结构细节有助于理解增长所带来的不同后果，包括从资源需求到通过贸易和金融联系起来的国际关系等。本章运用世界经济的可计算的一般均衡（CGE）模型解决这些问题（背景方框 2.2）。[②] 本模型探讨了以下四个主题：

＊经济增长怎样改变 ACI 地区民众的生活；

＊ACI 经济体如何转变新的增长动力；

＊ACI 地区经济增长如何影响全球资源和环境制约；

＊ACI 地区在世界经济中的作用如何改变？

背景方框 2.2：行业细节的一般均衡预测

可计算的一般均衡（CGE）模型的结果，为各国经济及各国经济互动等方面，提供了详细、一致的行业预测和国际预测。

CGE 模型包含了每个经济体的行业供应子模型（公司生产决定）和需求子模型（家庭和其他需求决定），并通过国内国际市场联结起来。它们决定收入水平、需求、产量、出口、进口、就业、要素报酬、投资、不同市场的价格等成千上万个变量的值。

本章的结果以 Petri 和 Zhai（2012）的研究为依据，其文描述了各种假设和模拟结果，本章将详细论述。Zhai（2008）在其研究中设

---

① 如 Petri 和 Zhai（2012）所述，本节及下面几节以本研究的全面建模为基础。
② 可计算的一般均衡（CGE）分析的基础包括亚行按 2009 年不变价格所作的早期预测，以及菲律宾和缅甸的不同增长率假设。

计的模型，后来被多项有关亚洲经济一体化的重要研究所采用
（Roland - Holst, Verbiest, and Zhai, 2005；Kawai and Zhai, 2010；
Petri, Plummer, and Zhai, 2012）。

该模型涉及 26 个生产行业以及 11 个国家和/或地区。从 2007 年
（从全球贸易分析项目系统获得的最新数据点提供了所有参数的完全信
息）至 2030 年，按照逐年方式解决。然而，正如背景文献所指出的，
模拟分析的基线根据亚行 2011 年 8 月的国内生产总值、劳动力、投资
率预测等相关数据校准。

年度模拟法可以随着时间推移分析投资决策的累积效应，并逐渐
调整参数（例如生产率、农业用地供应等），还可以接受未来政策的
可能变化（例如关税壁垒或碳的价格）。正如这种一般均衡研究中常
见的那样，本模型关注长期效应，不提供商业周期或失业的信息。该
模型与外源预测的就业水平和有关国际资本流动的假设十分接近。基
线预测，按绝对价值计算，国际资本净流动将稳定在 2010 年的水平，
因此其产出份额下降。

该模型依照传统模型的结构构建而成，但包含了最新的异质企业
贸易理论的创新，该理论涉及公司出口决策及其对行业类资源再分配
的影响。因此，本模型与上一代模型的分析相比，可以用来解释更多
的经济收益，包括产业之间的专业分工、更丰富的产品品种、规模经
济，以及改变产业内生产力分布等。

该模型还有一个收入分配模块作为补充，将总消费分配给四个收
入群体，即赤贫（按照 2005 年美元汇率计算，日均消费水平低于 1.25
美元）、低收入（日均消费在 1.25 美元至 10 美元之间）、中等收入
（日均消费在 10 美元至 100 美元之间）和高收入（日均消费在 100 美
元以上）群体，基线消费分配数据来源于世界银行世界发展指数数据
指标。拟合这些数据的对数 - 正态分布函数进行分布建模，并在低尾
端调整以和世界银行贫困率统计保持一致。本研究将按照与过去的历
史经验一致的比率提高分布的标准差，从而对未来分布加以预测。

来源：作者描述。

下一节将通过审视基线预测的细节，思考关于 ACI 地区生产率增长的替代假设的影响、全球经济环境，以及 ACI 地区及其他地区采纳的政策，进一步对这些主题进行探索。

生活质量的跨越式提高。本模型的基线运行根据亚行的增长预测进行校正，因此其增加值旨在发现具体的影响。最重要的是，这些预测表明该区域的生活质量即将获得历史性改善。ACI 经济体正在赶超世界技术前沿，它们的收入也在相应增加（图 2.3）。

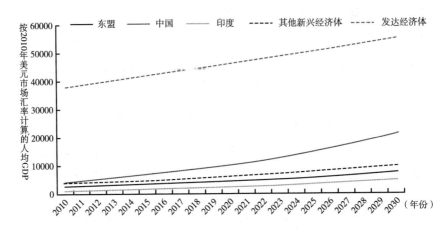

图 2.3　ACI 国家与发达国家之间的收入差距将持续缩小

来源：亚行预测。

整体预测显示收入增长十分巨大，因此将造福 ACI 地区大多数人群。支出分布的子模型用来将平均收益转化成收入分布子群的不同点位预估。最重要的一点是，本模型表明 ACI 地区贫困发生率将会急剧下降（图 2.4）。到 2030 年，ACI 地区日均消费低于 1.25 美元贫困线的人口将从超过 6 亿降低到 3000 万多一点，仅占该区域总人口的 1%。这也意味着，只需采用适度规模的针对性政策，到 2030 年该地区就能彻底消除赤贫。

在收入分布的中间区域，发展将尤为突出。在未来二十年，ACI 地区将有超过 20 亿民众跻身中等收入消费者的行列。到 2030 年，东盟人口的 64%、中国人口的 79%、印度人口的 69%，都将进入中等收入群体的范畴，即日均消费介于 10 美元至 100 美元之间的人群（图 2.5）。正因为这些惊人的发展，到 2030 年，全球中产阶级的规模将增加一倍，其中约一半生活在 ACI 地区。即使是该地区真正的高收入人群，即那些日均消费超过 100 美元的人群，也会显

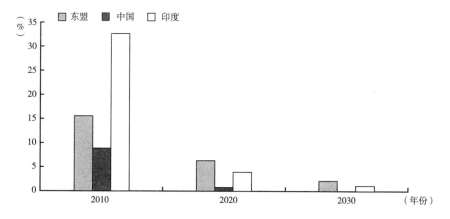

图 2.4 赤贫能被消除（低于贫困线人口百分比）

来源：作者计算。

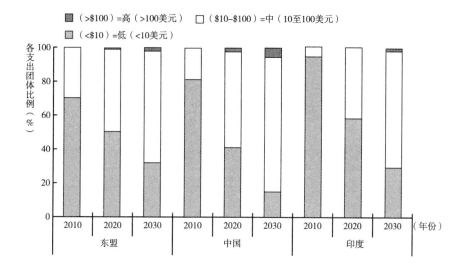

图 2.5 中等收入组将成为多数

注：人群分组的标准是高中低的消费范围。
来源：作者计算。

著增加。到 2030 年，ACI 地区超过 1 亿人将能享受这种富庶繁荣。

私人收入和支出的变化只是其中的一部分。它们不能准确衡量生活水平的改善，因为提高生活水平还有赖于享受不通过市场提供的货物和服务（见第三章）。关键的公共服务包括教育、医疗保健、卫生和交通、方方面面的公共安全，以及环境保护等。本模拟不能提供管理这些目标的细节，但是它们的确表明大量的资源将被用来支持这些目标。政府将有足够的动机提供高效服务。提高生活质量本身就是一个引人关注的目标，同时它对于展示领导力也起到越来越重要的作用。

城镇化与这些变化密切相关。它既是快速增长的系统性副产品，也是促进转型的主要引擎。据联合国预测，2010～2030 年，ACI 地区的城镇居民将增加 6.58 亿；到 2030 年，该地区大部分民众都将在城市生活（表 2.3）。该地区在过去一直落后于世界城镇化的水平。但是现在增长趋势将 ACI 地区的城市推向世界的发展前沿。尽管该地区的总体人口增长已相对放缓，但是联合国预测 ACI 地区占世界城镇人口的比例将从 37% 提高至 39%（UN，2012）。

和转型的其他方面一样，城镇化既有积极的一面，也有消极的一面。一方面，因为规模优势有利于促进各种产品的生产和创新，所以和城市以外地区相比，城市收入要高一些。故而，"城市红利"对于 ACI 地区的转型可作出重大贡献。城市既是工作和生活的理想场所，也是吸引人才和进行创业的福地。反过来，稠密的人口有利于以低成本提供种类丰富的私人和公共服务。但是另一方面，城市会提出更严苛的要求，管理上也更为困难。一个城市如果基础设施糟糕、公共服务匮乏，居住者将苦不堪言。更糟糕的情况是，城市将沦为疾病、不满和暴力的温床。

表 2.3　大多数 ACI 地区民众将生活在城市①

	2010 年			2030 年		
	总人口（百万）	城镇人口		总人口（百万）	城镇人口	
		（百万）	（%）		（百万）	（%）
ACI	3166	1308	41	3630	1966	54
东盟	592	262	44	704	393	56
文莱 *	0	0	76	1	0	82
柬埔寨	14	3	20	17	5	26
印度尼西亚	240	120	50	280	176	63
老挝	6	2	33	8	4	52
马来西亚	28	20	72	37	30	81
缅甸	48	15	32	54	24	44
菲律宾	93	45	49	126	71	56
新加坡	69	23	34	73	32	44
泰国	5	5	100	6	6	100
越南	88	27	30	101	44	43

---

① 图表中数据在涉及合计时略存误差，为其他相关数据四舍五入所致。下同。——本书编者注

	2010 年			2030 年		
	总人口（百万）	城镇人口		总人口（百万）	城镇人口	
		（百万）	（%）		（百万）	（%）
中国	1349	668	50	1402	967	69
印度	1225	379	31	1523	606	40
韩国和中国台湾地区	71	57	80	73	62	84
日本	127	115	91	120	116	97
美国	310	255	82	362	311	86
欧洲	511	391	76	528	429	81
世界	6641	3559	54	7933	4984	63

注：＊文莱的人口显示为 0，这是作者以百万为单位将人口数字四舍五入的结果。
来源：UN（2012）。

简言之，ACI 地区即将迎来生活标准的大跨越，它可能让数以亿计的民众摆脱贫困，并打造一个庞大的中产阶级队伍。区域经济增长将稳步提升私人消费、改善生活条件，并能让政府筹得资金，用于大幅完善公共服务。反过来，区域内广泛的需求和支出将创造庞大的需求和大量投资和创业机会。在经济环境有利的情况下，这些趋势将为经济增长奠定稳固的本土基础。但是，转型也会对管理变化的能力提出巨大要求。

增长的新动力。 在 ACI 地区经济增长的方程式中，无论需求方还是供应方，都需要增长的新动力。需求方的主要引擎包括增加收入，以及引导更多的消费力量在某些国家消费而在其他国家投资的政策转变。在 ACI 区域各国，新动力的效果各不相同。例如，印度可能毫无起色，因为它的经常账目余额一直都是亏损状态。但是，在东盟一些国家，经常账户盈余一直保持较高的水平，只是相比历史水平和国际经验，它们的投资率依然较低。中国的经常账户盈余一直都很高，但是其消费水平现在异乎寻常地低。图 2.6 说明了 ACI 地区需求组成部分的预期变化。这些变化表明 ACI 地区生产者拥有充足的机会加快区域销售，尤其是销售那些针对新兴市场特有需求的产品。

McKinsey 和 Co.（2011）的研究在考察了 ACI 区域较大的经济体（如印度和中国）的可自由支配开支中存在的机会之后，选出了其中有利可图的市场，而它们都和更加繁华的城市生活方式有关。例如，试想 ACI 地区每年有大约 3000 万人加入城镇人口的大军，这将意味着什么。这样的年均

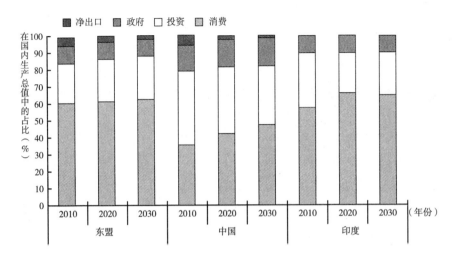

图 2.6　需求将向消费转化

来源：作者计算。

增幅相当于当今世界最大城市的人口数量，这将新增 7500 万平方米的住房需求、相应的住房建设机会，以及为新住宅及其业主装修和服务的机会。单单是房地产业每年将新增 1000 亿美元的区域支出。

　　一般均衡模拟进一步解释了转型对产业的影响。服务将是不断增加的需求中的重要组成部分。服务不仅在消费中十分重要，而且在高收入经济体的生产中也将发挥越来越大的作用（图 2.7）。新生的中产阶级将是从食品到交通设备等范围广泛的制造类产品的热情消费者。高投资率将吸纳大量的生产资料和装备。此外，针对 ACI 经济体成本和需求条件的"节俭创新"将使该区域的生产者在市场竞争中处于有利地位。

　　模拟表明，ACI 经济体将在许多行业大幅提高其全球市场份额。图 2.8 总结了总消费品和投资品的模拟结果。例如，试想一下，这将对服务于投资需求的生产资料来说意味着什么。二十年后，ACI 地区占世界总投资的份额将从 2010 年的 24% 提高至 38%（图 2.8A）。更引人瞩目的是，该区域占世界投资增长的份额，即那时将出现的新投资市场的份额，将从 2010 年的 40% 提高至 2030 年的 51%（图 2.8B）。如果 ACI 地区和其他新兴市场经济体的成就结合起来，到 2030 年，南方或者发展中国家将占据生产资料市场的 85%。这些市场的大多数，例如建筑设备、高速铁路、能源工厂等，都将位于南半球，尤其是 ACI 地区。其他相关服务业市场也不例外，例如工

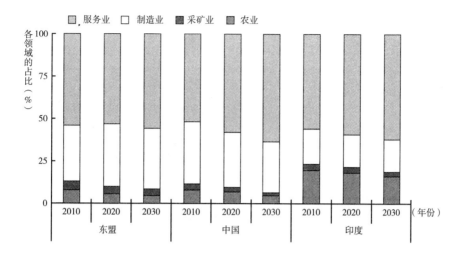

图 2.7　生产将向服务转化

来源：作者计算。

程、建筑和金融等。ACI 地区生产者立足世界增长的中心，将拥有绝佳的机会向最具活力的市场生产和提供最适合自身乃至世界的产品和服务。

投资领域中最重要的是以下相关产业：道路、港口、城镇交通、通信、发电以及大量公用事业和设施。ACI 地区基础设施需求的建设成本将达到万亿美元。基础设施在转型中的作用十分重要，本书第四章将展开详细分析。基础设施对该地区增长前景的影响不仅仅通过需求，还依靠它对生产力和创新的贡献表现出来（背景方框 2.3）。在有些国家，尤其是印度、印度尼西亚和菲律宾，基础设施需求显得尤为迫切，因为它已经抑制了增长。

正如市场机会和需求会吸引公司和资源进入新的行业，成本增加、工资上涨以及国际竞争也会将它们挤出。表 2.4 揭示了贸易对结构变化的影响模拟显示，劳动密集型产业正经历从高薪经济体向低薪经济体的大规模产业转移，包括从中国转移至印度和东南亚。反过来，中国将借助技术进步，打入现在主要由日本、韩国和其他发达国家主导的产业和领域。而日本和韩国则进入更高级的制造业特别是服务业开展活动。但是随着生产过程细分为许多步骤和服务，这些活动可能比现在更加互联互通。亚洲生产网络（详见本书第四章）将促进转移，并建立必需的联系，从而促进实现最低成本的生产。生产网络是技术和资本有效配置的"结算所"，有助于 ACI 地区在全球经济中获得一席之地。

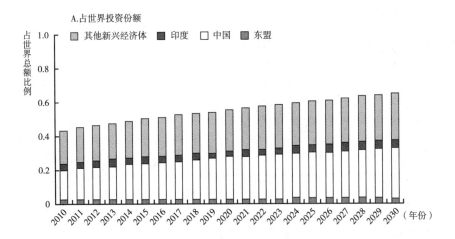

A.占世界投资份额

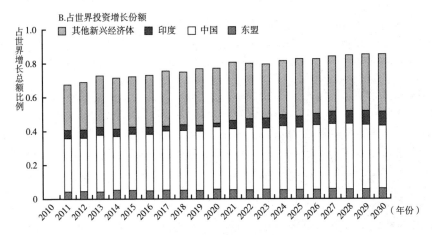

B.占世界投资增长份额

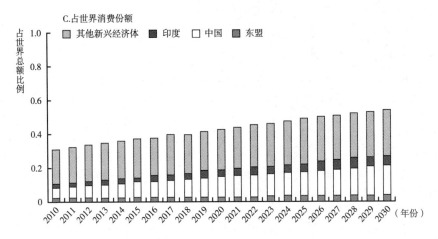

C.占世界消费份额

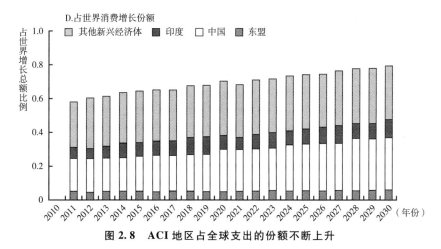

图 2.8　ACI 地区占全球支出的份额不断上升

来源：作者计算。

背景方框 2.3：基础设施作为增长动力

基础设施能从四个方面促进区域增长。第一，基础设施是一种重要的需求来源，它能替代缓慢增长的出口或者回报减少的投资（例如房地产和工业等）。

第二，基础设施能直接促进生产率增长。它可以改善可靠能源及其他投入的获得渠道，有助于降低企业之间以及企业与消费者之间的联结成本。它将具有不同生产特点的经济体（或次区域）通过基础设施连接起来，从而形成高效生产网络，而这势必带来巨大的效率节约。跨越南亚、连接东亚和南亚的新通道就具有这种重要特点。

第三，基础设施能促进包容性增长，甚至超过其对生产率的影响。基础设施能将偏远的人群和经济活动的中心连接起来，增加获得更高薪水工作的机会。基础设施让大规模城市群体变得更加高效和舒适，从而也能直接改善他们的生活质量。

第四，发展基础设施可以创造技术升级的机会，因为它涉及大量广泛的、对新兴经济体而言依然先进的技术。由于 ACI 区域未来可能吸引大量基础设施投资，公司将有机会为快速增长的区域市场开发和采纳前沿技术，例如风力发电、太阳能发电、铁路、城市交通系统等。

来源：作者描述。

表 2.4　ACI 地区产出的行业移动（占 GDP 的百分比）

单位：%

	2010 年			2030 年		
	东盟	中国	印度	东盟	中国	印度
农业	8.9	8.5	20.8	5.5	5.5	17.1
大米	1.9	0.7	3.2	1.0	0.3	1.5
其他粮食	0.3	0.3	2.2	0.1	0.2	0.9
谷类	3.2	3.6	11.4	2.1	1.5	10.2
畜牧业	1.1	2.4	2.1	0.7	2.7	2.2
林业、渔业	2.4	1.5	2.0	1.7	0.8	2.2
采掘业	4.3	3.3	2.8	2.9	2.3	1.5
煤炭	0.4	0.8	0.3	0.4	0.5	0.2
石油	1.9	0.5	0.6	0.9	0.2	0.2
天然气	0.9	0.0	0.3	0.7	0.0	0.3
矿产	1.1	1.9	1.6	0.9	1.6	0.7
制造业	33.2	37.2	20.4	36.8	29.8	20.2
食品、饮料	3.9	3.0	5.6	2.6	2.8	5.7
纺织品、服装	3.0	3.0	2.3	3.0	2.2	2.7
石油产品	0.4	0.3	0.1	0.3	0.3	0.2
化学品	4.9	5.0	2.2	5.4	3.1	1.9
金属	3.0	9.9	3.6	2.8	6.8	3.0
机械	4.8	6.3	2.3	7.5	5.9	2.5
电子设备	7.2	2.3	0.3	9.0	1.8	0.1
运输设备	2.4	2.4	1.4	2.2	2.3	1.1
其他制造业	3.7	5.0	2.5	3.9	4.5	3.0
服务业	53.6	51.1	56.0	54.8	62.4	61.2
电	1.2	1.0	1.8	1.2	1.0	2.0
天然气	0.4	0.0	0.0	0.3	0.0	0.0
建筑业	6.1	6.7	9.2	9.6	7.9	9.2
贸易	13.1	6.0	12.7	9.4	6.4	14.6
运输、通信	6.1	7.9	8.2	6.3	6.1	7.6
金融服务	4.3	4.9	5.0	3.1	4.7	4.5
其他服务	12.5	9.0	8.6	12.9	9.8	10.1
政府服务	9.3	15.7	10.4	12.0	26.5	13.1
GDP	100.0	100.0	100.0	100.0	100.0	100.0

来源：作者计算。

综合考虑，这些变化将带来可持续的生产率增长，这种增长将更多地依靠产业内的生产率提高，而非通过产业间的资源转移。但是有利的国家政策环境对于实现上述目标必不可少。而这需要鼓励竞争、创新和企业家精神，鼓励投资和冒险，并帮助创建使上述目标成为可能的金融和法律体系。也许更重要的一点是，它还将需要支持灵活、积极的劳动力培养方式，使其教育水平与中等技能要求保持一致。

资源和环境挑战。ACI 经济体规模如此庞大，其经济增长将影响世界经济的能源产业（图 2.9）。模拟显示，世界食品和能源需求及其价格都可能面临增加或上涨。ACI 经济体对资源如饥似渴，因为它们的经济结构仍然偏重于原材料生产和重工业，它们的消费者仍然需要将收入的相当大比例用于购买食物和燃料，同时也因为它们（当然也有突出的例外）人口稠密，资源贫乏。而且，ACI 地区消费者在消费需求上（例如购买汽车等）似乎正在追随发达国家的步伐。由于 ACI 经济体在食品和能源上，越来越依赖国际贸易，它们的自给率将可能下降。ACI 地区的公司和各国政府在全球能源开发中仍然是积极投资者。

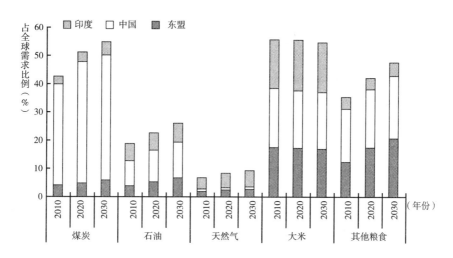

图 2.9 ACI 地区商品需求份额的增加情况

来源：作者计算。

初级产品价格上涨可能意味着一个时代的结束。在过去几十年里，能源和食品价格一直呈下降趋势。但是近些年来价格开始上涨，甚至已经飙升到短期内的较高水平。只要世界新兴经济体继续保持其资源消耗大户的地位，原材料的需求将注定保持强劲。然而，现在和过去相比，原材料对经济增长的作用越来越有限，而且潜在重要的供需反应（包括开采天然气和开发再生能源的新技术）也开始逐步形成。总而言之，竞争激烈的原材料市场对经济增长的影响力将会受到这些趋势的限制。

ACI 地区经济增长对环境的影响也十分巨大，可能更具有破坏性。这是因为 ACI 地区的能源供应严重依赖煤炭。该区域已经成为温室气体排放导致气候变暖的主要肇事者。2010 年，该地区二氧化碳排放量相当于全球排放总量的三分之一，约等于发达国家排放量之和。未来二十年，其排放量预计将增加 1.5 倍。尽管 ACI 经济体在减少碳排放上不断取得进步，但是占全球排放总量的比重仍将上升（图 2.10）。

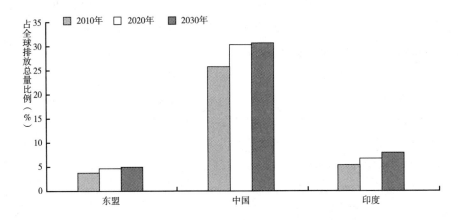

图 2.10 ACI 地区占世界二氧化碳总排放的份额增加情况

来源：作者计算。

不断增加的温室气体排放对 ACI 地区经济增长是一个重大威胁。即便能源生产稳步提升，一旦人们认识到温室气体排放对全球的威胁，以及/或者该区域民众或全球民众将减少排放视作高度优先选项，在商业领域想要一切照常将不再可行。环境冲突是迫在眉睫的风险，甚至比减少区域碳排放量的早期动议所需要的成本和所面临的风险还要大。

发挥更大的全球作用。 未来二十年，ACI 经济体占世界 GDP 的份额将增加一倍，在包括消费、投资、资源需求等诸多领域中，它都将扩大自己的全球影响。反过来，这些发展也将重塑该区域的贸易和金融关系。特别是贸易将会增加，但增速不会像过去那么快。一个关键原因在于该区域庞大的外部市场增速放缓，无论是从绝对值，还是与该区域自身速度相比都是如此。另一个原因在于，ACI 区域的构成将偏向中国和印度。由于二者的规模，它们的贸易产出比相对较低。因此，ACI 地区整体贸易与 GDP 的比预计将维持在大约 2:3，并基本保持不变。

但是，贸易结构将截然不同。未来二十年世界贸易的增长将主要由南南贸易，即 ACI 经济体和其他新兴经济体之间的贸易来推动。2010~2030 年，这些贸易往来占世界贸易总额的比重将从 20% 提高至 36%（图 2.11）。同时，北北贸易占世界贸易总额的比重将从 42% 降低至 21%，而南北贸易的比重则从 38% 慢慢提高至 43%。这也意味着，至少在未来二十年，南北贸易联系依然十分重要。

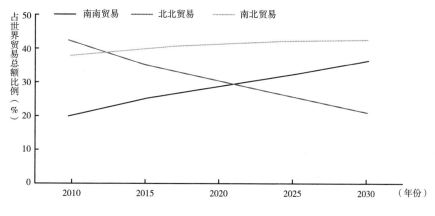

图 2.11　世界贸易向南部转移

来源：作者计算。

ACI 地区资金流量预计将发生更大的变化。ACI 经济体的高储蓄率及其在世界 GDP 中不断增加的份额，意味着世界储蓄率将从 22% 增加到 25%，按照历史标准来看，这是一个巨大的变化（Petri，2008）。当然，较高的全球储蓄对于推动 ACI 地区经济增长本身也是不可缺少的。但是它也将影响全球资本市场，并将 ACI 地区的经济角色从"工厂车间"转变成"银行家"。随着 ACI 经济体成为日趋重要的金融资产发行者和所有者，其区域机构注定将在调配资金流量中发挥更大的作用。正如本书第六章所指出的，亚洲金融中心将会蓬勃发展，这不仅是因为其庞大的市场规模，还因为其本土机构在评估区域信息、满足区域客户需要等方面具有一定优势。

2.3 转型挑战

正如基线预测所显示的，稳定连续的发展不能被认为理所当然，事实上也不可能。为了实现基线结果，区域和国际环境必须像过去几十年那样，在许多方面支持预测发展轨道。成功之路很可能非常狭窄，但是还有许多路可以通往略小的成功。本节考察了 ACI 经济发展和政策所受到的威胁及影响。

转型过程所面临的威胁和风险可能来自 ACI 经济体内部，抑或是国际环境，它们可能是经济制约，也可能是政治冲突。它们能影响从市场准入到生产率变化的许多变量。解决以上所有风险几无可能，但是包含关键要素的选择性"压力测试"可对结果的敏感性提供独到见解。本节讨论的问题有：

* ACI 经济体和/或其他国家生产率增长显著放缓；

* 食品价格上涨、食品安全问题增多；

* 能源成本增加；

* 环境问题恶化；

* 分配问题增多；

* ACI 经济体主要出口市场的贸易保护主义。

以下讨论考察了这些发展将如何影响 ACI 地区的增长。表 2.5 列出了相关情境假设。除了基线之外，它们分成三组。第一组（情境 2～4）探索了生产率减速的几种情况。第二组（情境 5～8）涉及影响关键行业或支出类型的结构问题。最后一组（情境 9～12）考察了 ACI 区域外部贸易和资本流动的变化。鉴于前景不明，需要更多的情境来讨论消极因素，而非积极因素。图 2.12 总结了运用表 2.5 所列情境所得的模拟结果。

表 2.5 情境选项

编号	描述	参数变化
1	基线	• 国际劳工组织对人口和劳动力的预测 • 亚行对投资率和生产率增长的预测 • 基于历史的行业生产率增长预期 • 资本流动固定在 2010 年名义水平
2	ACI 地区生产率冲击	• ACI 经济体全要素生产率降低 25% • ACI 经济体投资率降低 10%，发达国家为 2%

续表

编号	描述	参数变化
3	发达经济体生产率冲击	• 发达国家全要素生产率降低25% • 发达国家投资率降低10%，ACI经济体为2%
4	世界范围内生产率冲击	• 世界范围内全要素生产率降低25% • 世界范围内投资率降低10%
5	农业冲击	• 世界范围内农业生产率将降低，导致农产品价格在基线上方每年上涨2%
6	能源冲击	• 世界范围内能源生产率将降低，导致能源价格在基线上方每年上涨2%
7	绿色增长政策	• 发达国家碳税定为每吨二氧化碳90美元，新兴经济体为每吨二氧化碳60美元 • 正如国际能源署在"450愿景"中的预测，政府支出有所增加，并通过减少私人消费和投资获得资金
8	包容性增长政策	• ACI各国政府支出增加了GDP的2%，并通过减少私人消费和投资获得资金 • 支出导致基尼系数降低5个百分点
9	贸易保护主义抬头	• 发达国家最惠国关税和非关税壁垒增加一倍
10	区域贸易协定	• ACI地区区域内关税降低75% • ACI地区区域内非关税壁垒降低50%
11	全球贸易协定	• 世界范围内最惠国关税降低75% • 世界范围内最惠国非关税壁垒降低50%
12	快速再平衡	• 到2020年，所有资本净流量线性降低至零

ACI = 东盟、中国与印度；CO_2 = 二氧化碳；GDP = 国内生产总值；ILO = 国际劳工组织；MFN = 最惠国；NTB = 非关税壁垒；TFP = 全要素生产率。

注：假设所有的参数都在2010～2020年被分为五个相等的阶段。

来源：作者假设。

对ACI地区收入而言，最严重的挫败将来自ACI经济体或区域内即将面临的旷日持久的生产率增长减速，或者该区域和世界范围的生产率减速相结合（图2.12）。其他的对农业、能源、环境或社会支出的冲击，所造成的负面效应比较小，大约相当于2030年收入的5%。同时，区域和全球贸易体系的完善能将收入提高5%～10%。本章最后一部分将审查这些结果的组合，从而揭示可能结果的主观概率分布（图2.13A和B）。

以下细节也将清楚地表明，有些威胁需要个别关注，有些威胁需要作为一个组合被关注，防止这些威胁或将其危害减到最小，将变得刻不容缓。但

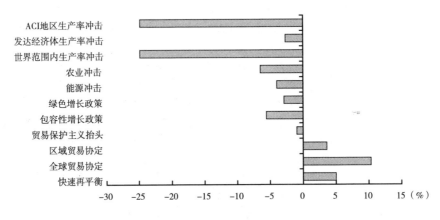

图 2.12   2030 年 ACI 区域收入冲击效应

来源：作者计算。

是分析表明，ACI 经济体转型的关键要素将一直处于各种冲击中。即使是不利的假设，ACI 区域的人均收入增速也要比世界经济增速高出 2%，该区域将在世界产出、贸易和金融等领域愈加重要。ACI 经济体的转型尽管受制于许多不确定性，但也绝不仅仅是某些乐观预测的产物。

2.3.1   中等收入陷阱

业内普遍认为 ACI 地区经济增长面临大幅放缓的风险，即面临中等收入陷阱。近来一些实证研究文献探讨了 ACI 地区各国也许不能逃脱中等收入陷阱，以及由于各种原因出现减速的可能性（例如，Rodrik，1999；Ros，2005）。

实际上，中等收入陷阱不仅仅意味着当一国达到较高收入水平时，经济增长将放缓。正如前文所言，有些放缓在基线预测范围之内。一个有用的定义指出，增长引擎的变化遇到意料之外的阻碍，或者没有得到及时补救，会导致经济增长大幅度放缓（背景方框 1.1）。在有些国家，资源完成从农业向工业的转移后并未带来产业内生产率的增长，从而导致这样的经济减速。在另一些国家，经济减速可能是因为低薪出口引擎抛锚之后，国家缺乏足够的国内需求或者区域需求来替代国外需求。还有一些国家由于缺乏足够的人力资本或者法律和经济制度，从而无法实现转向更复杂行业的结构调整。

为了考察这些风险的整体影响，本研究用了 3 个情境探讨关于生产率增长和投资的选择假设所产生的影响。这些因素相互依赖。例如，生产率冲击不仅可以导致投资回报率降低和创业活动减少，而且也可能因为后者而更加恶化。模拟假设在遭遇生产率冲击的经济体中，生产率增长降低 25%，投资也减少 10%。本研究考察了 3 个版本的经济减速：ACI 经济体掉入中等收入陷阱而导致减速（情境 2）、发达经济体经济减速（情境 3）以及世界范围内的经济减速（情境 4）。虽然全球投资和投资者信心有所恢复，但这种冲击也会波及全球经济，本情境假设：即使在未受冲击直接影响的经济体中，投资率也将下降 2%。

表 2.6　生产率模拟

| | 2030 年生产率减速效应（%） | | |
| | 情境 2 | 情境 3 | 情境 4 |
	ACI 经济体	发达经济体	世界范围内
人均收入			
东盟	－22.4	－2.6	－23.3
中国	－26.2	－3.0	－25.9
印度	－22.4	－1.4	－22.3
ACI	－24.8	－2.6	－24.7
世界	－7.0	－6.4	－16.4
赤贫人口			
东盟	70.9	4.8	74.9
中国	158.3	8.6	154.8
印度	163.2	3.9	162.2
ACI	117.9	4.5	119.3
世界	12.5	1.9	34.4
中等消费人口			
东盟	－13.4	－1.1	－14.0
中国	－8.5	－0.5	－8.4
印度	－19.8	－0.6	－19.8
ACI	－13.9	－0.7	－13.9
世界	－7.5	0.1	－9.6
高消费人口			
东盟	－9.5	－1.0	－9.9
中国	－24.2	－3.2	－23.9
印度	－72.2	－4.4	－72.1
ACI	－29.7	－3.0	－29.5
世界	－7.1	－9.0	－19.3
贸易总额			
东盟	－15.9	－1.8	－16.4
中国	－15.0	－4.6	－17.7
印度	－17.8	－2.3	－20.0

续表

	2030 年生产率减速效应（%）		
	情境 2	情境 3	情境 4
	ACI 经济体	发达经济体	世界范围内
ACI	-15.7	-3.3	-17.6
世界	-5.1	-5.7	-13.7
商品价格			
粮食	-3.7	-1.9	-7.0
煤炭	-2.5	-1.5	-4.7
石油	-6.3	-3.1	-13.0
天然气	-2.2	-3.5	-11.0
能源	-5.7	-3.1	-12.4
二氧化碳排放			
东盟	-11.4	1.0	-7.4
中国	-10.1	-0.1	-8.4
印度	-13.7	1.0	-11.3
ACI	-10.9	0.2	-8.8
世界	-3.9	-1.1	-6.3

来源：作者计算。

这些信息出自以下模拟：

*ACI 经济体增长减速将产生最大的负面效果。到 2030 年，人均收入将减少约 25%，这表明 2010～2030 年经济增长将减少 1.5 个百分点。效应的规模提醒我们必须密切关注可能导致中等收入陷阱的因素，包括制度进步、技术升级和创新不足，以及区域和全球一体化所面临的威胁等。

*影响发达经济体的增长的因素对 ACI 区域经济增长的影响比较温和。① 基于这些假设，尽管世界收入到 2030 年将减少 6%，但是 ACI 经济体人均收入损失将低于 3%。实际上，模拟预测，通过更多地依靠本土市场和其他新兴市场，ACI 经济体能够取代在发达国家所失去的市场。

*世界范围内的经济减速将导致世界收入减少，但是对 ACI 经济体的影响将与中等收入陷阱的后果比较接近。在这种情况下，经济减速造成的外部市场萎缩可以被全球经济放缓的一个积极副产品所抵消，即进口能源和其

① 在这些模拟中，经济放缓通过减少投资、降低生产率增速，慢慢发挥作用。因此，各国将有时间从发展外贸转变到培育强大的市场上来。与在全球金融危机中所经历的那种突然、大规模、出人意料的冲击比起来，这种缓慢过渡产生的结果截然不同。

他原材料成本的下降。

*所有情境对人口消费群组的规模都有深远影响。例如，ACI 经济体或世界范围内的生产率减速将使 ACI 区域中产阶级的规模减少 14%，并使赤贫人数增加一倍以上（虽然是来自 2030 年较小的基数）。

*尽管经济减速代价高昂，但它不可能改变一般的定性趋势。即便冲击发源于 ACI 经济体内部，到 2030 年，ACI 地区的人均收入仍将有可观的增长，提高到基线的 2.6 倍，而非 3.3 倍。相对于基线，贫困发生率将提高，但它仍远远低于 2010 年的水平。ACI 经济体的国际贸易额将提高至 2010 年的 4.2 倍，在基线下则为 4.9 倍。

*经济减速不会显著减少能源需求和碳排放增加所带来的挑战。经济增长的副作用将随着产出的减少而削弱，但是仍将威胁可持续增长。粮食和能源价格的压力将会有所缓和，但仍将维持上行趋势。对那些早晚必须用针对性政策处理的问题，经济减速只会推迟解决，而且可能仅仅推迟几年而已。

在本研究中，中等收入陷阱情境（ACI 地区生产率增长减速）对 ACI 地区发展的威胁最为严重。以上三种经济减速将对该区域的穷人造成新的困难，对其他收入群体也有显著影响。而且，经济增长不会放缓到足以解决环境问题，也不会显著缓和 ACI 经济体的转型规模。

2.3.2 结构冲突和政策选项

ACI 经济体面临许多潜在的结构性挑战。情境 5~8 审视了食品和能源市场的不利状况，以及来自环境和社会问题的不断增加的压力，这些意味着支出将明显增加。基线预测已经包括了处理相关问题的政策变化和经济调整。例如，基线预测显示食品和能源价格的上涨将会促进节能进步。这包括达成减少碳排放的"新政策"［见 IEA（2011a）关于气候变化的研究］，并将应对社会问题纳入政府支出。但是这些变化不能降低为了应对新的资源、环境、社会挑战所需调整的规模和紧迫性。

农业冲击。食品生产持续不断的压力使得农业前景没有基线情境中显示的那么有利。农业压力包括以下几种：多肉饮食需要额外的农业投入，非农业活动增多导致耕地供应减少，气候变化的消极影响等。情境 5 假设农业生产率增速放缓，导致农产品价格每年在基线上方上涨 2%，并对这些风险进行模拟。在对二十年的数据进行分析之后，研究发现这意味着农产品价格将上涨 93%，而不是基线解算中的 30%。专家们对农产品价格如何演变有不同意见。有的认为价格将向上浮动（Mckinsey Global Institute, 2011a），有的更加乐观，认为生产率增长的长期趋势将会继续，并进而抵消需求压力（Anderson and Strutt, 2012）。

表2.7显示了农产品价格上涨的冲击所造成的影响。ACI经济体是农产品和食品制造业中下游产品的净进口方，农产品价格上涨将导致其贸易条件恶化，以及实际收入下降6%。收入效应还算比较温和，因为正如上文所述，到2030年，农业预计仅占东盟和中国产出的6%，印度的17%。作为ACI三大经济体中最大的食品进口国，中国将遭受最大的损失。损失将导致收入分布下移，增加低收入群体的数量，包括赤贫人口数量。

能源冲击。基线预测能源价格将上涨，并扭转其向下的历史趋势。能源价格上涨将有利于节约能源和提高能源效率，但是即便如此，2010～2030年，ACI区域的能源需求仍将增加85%，全球需求将增加35%。最终，需求的大幅增加以及相应的进口依赖度提高将导致能源安全面临风险以及各种潜在的能源供应遭受挫折。如果节能和能源供应没有预料中那么顺利，或者供应渠道变得更加困难，能源价格将上涨得更加猛烈。

情境6假设能源生产的生产率大幅下降，导致能源价格每年在基线预测上方上涨2%，并对能源冲击进行模拟。冲击效应是温和的，因为能源价格在基线上方每增加15%，世界产出将减少0.3%。ACI经济体将受到明显影响，但不是严重影响，因为它们的能源与GDP之比相对较高，而且依然处在工业化进程的能源密集型阶段。表2.7显示了这些冲击和政策干预的收入效果。

表 2.7　结构政策模拟

	2030 年生产率减速效应（%）			
	情境 5	情境 6	情境 7	情境 8
	农业冲击	能源冲击	绿色增长政策	包容性增长政策
人均收入				
东盟	-3.0	-4.1	-2.5	-5.3
中国	-7.0	-3.4	-2.8	-6.1
印度	-5.9	-4.5	-2.3	-4.4
ACI	-6.1	-3.8	-2.7	-5.6
世界	-2.5	-2.8	-2.2	-1.5
赤贫人口				
东盟	7.5	10.6	6.1	-71.0

续表

	2030 年生产率减速效应（%）			
	情境 5	情境 6	情境 7	情境 8
	农业冲击	能源冲击	绿色增长政策	包容性增长政策
中国	27.5	13.4	11.3	-92.5
印度	25.8	19.3	10.5	-76.1
ACI	16.9	14.8	8.4	-74.2
世界	5.1	4.9	5.8	-6.2
中等消费人口				
东盟	-1.7	-2.3	-1.3	10.6
中国	-1.8	-0.9	-0.7	8.5
印度	-4.0	-3.1	-1.7	8.6
ACI	-2.7	-2.0	-1.2	8.9
世界	-1.8	-1.4	-1.2	4.6
高消费人口				
东盟	-1.6	-2.1	-1.3	-23.6
中国	-7.8	-4.5	-3.9	-21.7
印度	-24.1	-19.0	-11.1	-81.9
ACI	-9.4	-6.5	-4.7	-32.5
世界	-3.2	-4.1	-3.0	-7.0
商品价格				
粮食	21.1	1.4	-0.9	-0.7
煤炭	-1.1	46.2	-11.5	-0.4
石油	-1.7	48.1	-8.6	-1.1
天然气	-1.4	46.3	-21.7	-0.4
能源	-1.6	47.8	-10.2	-1.0
粮食需求				
东盟	-9.8	-1.0	-0.5	-1.6
中国	-13.0	-1.7	-1.4	-3.1
印度	-14.9	-2.3	-1.0	-2.0
ACI	-13.4	-1.9	-1.1	-2.4
世界	-9.9	-1.5	-1.1	-1.3
能源需求				
东盟	-0.3	-35.1	-3.4	-1.4
中国	-2.4	-27.5	-22.0	-1.9
印度	-2.0	-33.8	-8.1	-2.1
ACI	-1.8	-30.7	-14.5	-1.9
世界	-0.3	-29.6	-8.1	-0.2

续表

	2030 年生产率减速效应(%)			
	情境 5	情境 6	情境 7	情境 8
	农业冲击	能源冲击	绿色增长政策	包容性增长政策
二氧化碳排放				
东盟	- 0.7	- 30.3	- 16.7	- 2.1
中国	- 2.6	- 25.2	- 40.0	- 2.1
印度	- 1.7	- 33.7	- 44.0	- 2.4
ACI	- 2.2	- 27.3	- 38.0	- 2.2
世界	- 1.0	- 25.4	- 26.1	- 0.8

来源：作者计算。

绿色增长政策。绿色增长是重要的政策目标。放在此处讨论是因为从常规指标看，它可能降低增长率。到 2030 年，即使考虑到国际能源署推行的减排新政策（IEA，2011a），按照基线假设 ACI 经济体的碳排放量仍将占全球碳排放总量的 43%。这些政策将减少 GDP 的碳密度，但不能限制绝对排放以满足气候稳定情境的要求。如果 ACI 地区各国迫于内外政治压力，必须将排放控制在这些水平，那么它们将不得不实施更大规模的政策调整和投资。

情境 7 以国际能源署的分析为基础对绿色政策进行模拟。将发达国家碳税设定为每吨二氧化碳 90 美元，新兴经济体则为 60 美元，并假设对节能和替代能源供应开展大规模投资。通过将投资从非能源行业转移出来，情境 7 预测按照常规指标真实收入将会减少。结果表明，ACI 经济体的真实收入将减少 3%。减少额度比缓解措施的成本低一些，因为相关投资被节能和能源价格下降抵消了。情境 7 表明，全球能源需求将降低 8%，各种燃料成本（碳税前）降低 9% ~22%，这些都有助于抵消绿色政策成本。

如果国际能源署分析正确，绿色政策将减少 ACI 经济体相对于基线 38% 的二氧化碳排放，全球则为 26%，从而有助于稳定气候。二氧化碳排放的减少量将比能源冲击情境和经济增长减速情境中要多。之前亚洲气候变化政策模拟也得出了类似结论（van der Mensbrugghe，2010）。与通过零碎措施或缓慢增长试图间接控制排放的政策相比，有针对性地、选择性地减少排放将能更经济地获得气候效益。这正是模拟所揭示的意义。

包容性增长政策。包容性增长是高度优先政策，但从常规指标来看，它可能将资源从经济增长中转移。该战略以健康、教育服务、完善的安全网络为优先选项，也包括对交通和通信领域的投资，从而有助于将弱势群体和经济增长的中心联系起来。

情境 8 将密集的包容性增长战略界定为，对相关投资和服务的政府支出增加相当于 GDP 的 2%。因为 ACI 区域整体政府支出占 GDP 的 12%，这样的增幅意味着非常可观的额外资源。假设其成本一半来源于税收一半来源于借贷。该战略还假设 ACI 区域各国的基尼系数预测值降低 5 个百分点，大致相当于按照世界银行基尼系数数据计算的一个标准差。

通过借贷筹措资金的支出部分导致传统生产领域的投资减少。这导致到 2030 年 ACI 经济体的收入减少 6%。无论如何，这种旨在消除不平等的政策将给许多人带来好处。ACI 区域的赤贫人口数量预计将减少 74%，这个数字几乎等同于消除赤贫。中产阶级的人数将增加 9%。只有收入分布的上尾部分才能感受到负面效应，高收入消费者人数将下降 33%。[①] 该政策的产出效应高于能源冲击，但是和中等收入陷阱的损失相比，则小巫见大巫了。如果包容性增长能促进社会团结，那么抵御中等收入陷阱将变得更加容易，其成本将得到加倍返还。

2.3.3 国际联系与合作

ACI 区域的未来依赖更加深化的国际贸易和投资联系。为了维持 ACI 地区在全球制造业中的地位，满足其对外部能源、食品和资源不断上升的需求，开放灵活的贸易体系至关重要（Lawrence，2011）。区域贸易联系包括活跃的区域内贸易、与其他新兴市场的密切关系以及与发达经济体持久的贸易、金融和技术交流。从政策角度看，密切的贸易关系极可能带来进一步的合作，但也可能造成新的紧张。如果发达经济体经济一直没有起色，尤其是全球贸易规则没有得到进一步加强，那么风险将可能进一步加剧。情境 9 ~ 12 对风险进行了评估（表 2.8）。

贸易保护主义抬头。在大转型的背景之下，决策者已经表达了对发达经济体贸易保护主义抬头的担忧。这种政策是对世界经济面临挑战的一种代价高昂、自我击败式反应。但是很不幸，它作为对经济压力的政治反应，不可

---

① 印度将遭受最严重的负面效应，其高收入人口的相当一部分预计将濒临中等消费群体的临界值，因此收入的温和变化将对正从某个收入群体进入另一群体的个人产生重大影响。

能被杜绝。根据情境 9 的结果，贸易保护主义将导致世界贸易减少 6%，世界收入减少 2%，实施保护主义的经济体将不成比例地承担成本。预计全球损失大约高达 2 万亿美元，其中 90% 的损失将由 ACI 区域以外的经济体承担。但是保护主义也给 ACI 经济体造成损失，尤其是中国，因为它与发达经济体关系密切。中国的贸易额将减少 6%。

在另一个极端情形中，采取减少贸易壁垒、加强贸易规则的措施将使 ACI 经济体和其他地区一同受益。情境 10 考察了区域自由贸易，情境 11 假设世界贸易基本实现自由化。在讨论这些结果时，有必要认识到全球模型只能生成贸易自由化效应的大致预测。贸易壁垒以及减少壁垒概率的参数都不够具体。但是，这种模型对整体效果提供了有益的预测。在本研究中，各情境都指向存在巨大效益的可能性。

区域贸易自由化。尽管 ACI 区域各国之间已经达成了很多贸易协定，但是一种旨在联结 ACI 区域各经济体的新型全面区域协定将给 ACI 区域带来 4% 的额外收益（情境 10）。该效应对东盟国家尤为重要，其预估值为 15%，印度则为 2%。在贸易方面的影响对印度而言特别突出（其贸易增幅为 24%），因为印度目前和 ACI 区域贸易体系的联系还没那么紧密。但是，由于印度的总体贸易水平依然较低，收入效应显得更加温和。

表 2.8　贸易和资本流动模拟

	2030 年国际政策效应（%）			
	情境 9	情境 10	情境 11	情境 12
	贸易保护主义抬头	区域贸易协定	全球贸易协定	快速再平衡
人均收入				
东盟	− 1.1	15.3	22.2	8.7
中国	− 1.0	1.3	7.6	7.2
印度	0.0	2.2	9.3	− 3.6
ACI	− 0.8	3.6	10.2	4.9
世界	− 1.5	0.8	6.5	0.5
赤贫人口				
东盟	2.7	− 30.0	− 39.6	− 19.9
中国	3.8	− 4.5	− 23.1	− 23.4
印度	0.1	− 8.8	− 31.9	17.9
ACI	1.5	− 19.0	− 35.3	− 2.0
世界	0.9	− 1.6	− 16.0	4.0

续表

	2030 年国际政策效应（%）			
	情境 9	情境 10	情境 11	情境 12
	贸易保护主义抬头	区域贸易协定	全球贸易协定	快速再平衡
中等消费人口				
东盟	− 0.6	7.5	10.2	4.8
中国	− 0.2	0.2	1.2	1.2
印度	0.0	1.5	5.8	− 2.9
ACI	− 0.2	2.0	4.6	0.2
世界	0.0	1.0	3.9	− 0.5
高消费人口				
东盟	− 0.6	9.0	13.5	5.3
中国	− 1.9	2.8	16.7	16.9
印度	− 0.1	11.2	53.6	− 17.8
ACI	− 1.3	5.5	− 7.9	8.6
世界	− 2.4	1.0	0.4	1.0
贸易总额				
东盟	− 1.6	19.5	21.5	5.8
中国	− 5.4	10.9	36.7	3.9
印度	− 1.7	24.3	66.2	− 2.7
ACI	− 3.6	15.6	35.1	
世界	− 6.0	3.6	19.4	0.9
贸易条件				
东盟	− 0.3	5.2	7.2	− 0.4
中国	− 0.8	0.6	2.5	− 0.5
印度	− 0.2	− 0.5	0.9	0.1
ACI	− 0.5	1.9	3.8	− 0.3
世界	− 0.3	5.2	7.2	− 0.4
商品价格				
粮食	− 0.9	0.7	0.8	0.6
煤炭	− 1.3	0.7	1.0	0.6
石油	− 2.0	1.3	4.7	0.7
天然气	− 1.8	0.8	4.3	0.1
能源	− 2.0	1.2	4.5	0.7

来源：作者计算。

全球贸易自由化。全球贸易自由化的显著提升将使世界收入增加 7%，ACI 区域收入增加 10%（情境 11）。按百分比计算，东盟和印度仍将是最大的受惠者。但是，中国也将享受巨大的好处，因为全球贸易自由化将促进国际贸易的方方面面，其中相当部分的贸易发生在 ACI 区域以外。世界贸易总额将增加 19%，印度的贸易总额将增加 66%。这一结果确认了一个中心主题，哪怕仅是一个面积较大且活力十足的经济区协议，广泛的全球自由化将比有效的区域协议更加有利。

快速再平衡。自 2008～2009 年全球金融危机爆发以来，ACI 经济体的经常账户盈余已经显著下降，但是依然很难合理解释大型资本从增长快速、资本匮乏的经济体流向增长缓慢、资本充足的经济体的逆向流动。本研究和近期其他研究强调了再平衡的好处，即它能在新兴经济体内更好地利用资源、刺激投资，或者直接提高生活标准。基线假设再平衡举措足以将失衡稳定于按名义价值计算的 2010 年的水平，从而相对于 GDP 大幅降低失衡。

为了模拟快速再平衡的影响，情境 12 实施了一条调整路径，即到 2020 年消除所有经常账户失衡。该极端假设表明，即使是非常快速的再平衡，对 ACI 经济体也只有温和的影响——但事实上这一温和的积极影响，可将 ACI 区域收入提高 4%。该情境为东盟和中国带来了更高的收入，两者拥有沿基线积极移动的流动资本，因此它们将有更多的资源用于投资或者内部消费。但它使印度收入减少，因为印度拥有消极的资本流动，故必须削减内部支出。在微观经济层面，贸易顺差经济体将快速实现从制造业向服务业的转变，而贸易逆差经济体则相反。尽管政策焦点在于再平衡，但是长期来看，其结果对 ACI 经济体的影响仍比较温和。

综合而言，国际模拟揭示的机遇多于挑战。发达经济体转向贸易保护主义将减少世界产出，并对 ACI 区域增长前景产生消极影响，但是其后果将主要由实施贸易保护主义的经济体自身承担。与之形成对照的是，ACI 区域内的自由化，尤其是全球性的自由化措施可能大幅提高收入。与过去一样，全球自由化的结果除了带来直接的经济效益外，还会带来投资者信心增加、创新增多、经济和政治合作的环境得到改善等间接好处。完善这些预测还需要做更具体的工作，但是结果表明全球贸易体系对于 ACI 区域乃至全球的增长前景都十分重要。

2.3.4 组合风险

所有情境的结果都肯定了决策者的担忧，即该区域有严重的弱点，但同时也表明，大多数冲击如果处理及时，所花费成本其实不高。但是冲击如果突如其来，或者以组合形式出现，例如意料之外的生产率增长减速和突然发生的能源冲击同时出现，其后果将更加严重。这种组合并非史无前例，例如 20 世纪 70 年代末的能源危机和相关的生产率冲击同时发生，造成旷日持久的全球经济放缓。在目前的经济周期中，金融冲击、宏观经济冲击、食品冲击和能源冲击似乎正在组团发力。在未来，各种不利情况也可能形成"完美风暴"，对经济增长造成严重影响。

评估发生组合冲击的概率需要进一步推测分析。这些冲击是彼此独立，还是各自都有单独的概率分布？或者由于它们相互影响，因此极有可能发生连锁型负面冲击？相互影响的假设认为完美风暴不会随机发生，因为负面事件将增加其他事件的发生概率，反之亦然。各种机制都可能造成这种结果，例如经济体制一旦面临压力，就会给脆弱的产业施加更多的压力，从而导致经济体制多方面失灵。积极的结果也能加强彼此，强大的经济能产生更多的资源和商业信誉，从而有助于创造更多的机会。

多重冲击的影响可以归结为两个假设：完全独立型，即冲击按照单独的概率分布发生，相互影响的情况纯属巧合；部分依赖型，即相似的冲击可能同步发生。当然，即使是独立型的假设也会产生由多重负面事件或积极事件造成的罕见完美风暴。但是，部分依赖型意味着极可能爆发一连串相似冲击，因此和偶发冲击相比，它极可能造成极端后果。各种冲击相互依赖的争论听上去非常熟悉，但是在全球金融危机到来之前，它并没有被人们广泛理解，这导致金融市场和政府低估了其中的金融风险。

本研究通过综合统计上述情境的效应，考察了独立型冲击和依赖型冲击的可能性。本研究构建了 10000 个全球经济的增长路径，并假设其基线受到各种冲击组合的影响，各冲击组合由表 2.5 和图 2.12 所列冲击中的任意 10 个组成。[①] 通过随机抽取决定哪一种冲击将在 10000 个增长路径上发生。假设每一种危机的发生概率是 25%。假设冲击模式产生的任何后果，都对其概率没有任何影响，以此计算出"独立"模拟的基准。[②]

依照基准模拟，10 个冲击都不发生的可能性只有大约 5% （0.75^{10}）。所有 10 个冲击一起发生的概率甚至更小，只有大约百万分之一 （0.25^{10}）。

---

① "世界生产率冲击"未包含在所考察的情境组合之内，因为它本身就是由两个其他情境组成，即 ACI 区域生产率冲击和发达经济体生产率冲击。

② 冲击组合的效应通过累加冲击的效应而得。线性估算可能会夸大各个冲击的叠加效应。

组合冲击产生较小效应的概率大约为40%，见图2.13A的"0"柱。这些路径包含冲击较少的案例，也包含积极和负面事件组合的案例。发生范围较广但效应依然很温和的概率提高至大约75%（收入变化介于－10%至＋10%的范围之内）。

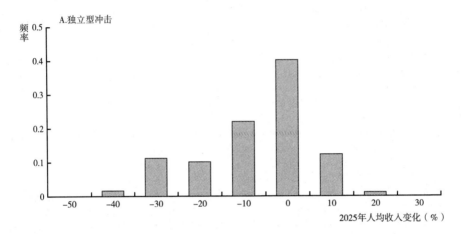

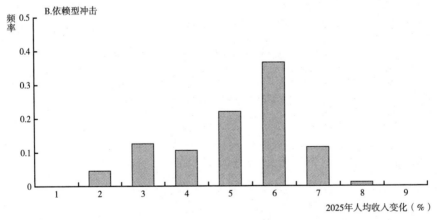

图2.13　组合冲击的频率

来源：作者计算。

尽管进行了统计上的"均值回归"，但是依然有大约25%的结果分布位于尾部，即严重偏离基线。其中，只有1%位于包含明显积极冲击的右尾，24%位于包含明显负面冲击的左尾。产生不均衡结果的原因是模拟中向下的情境主导了向上的情境。而且没有一个情境能产生与中等收入陷阱的巨大效应相当的积极对等品。净效应就是，这些统计练习表明，ACI区域收入水平低于基线的概率约为 25%，长期增长率低于基线至少 1 个百分点。

结果的频率将会发生变化，如果统计上的独立型被部分依赖型的假设所取代，即预测相似的冲击可能同时发生。假设四个或者更多同向冲击的发生概率比其概率之和多出 3 倍，那么上述模拟将重复进行。图 2.13B 所列的新结果表明无论是更有利的极端，还是不那么有利的极端，其结果分布都将更广泛，频率都将更高。当更积极极端情形（超过 10%）的频率微微增加，更负面的冲击（大于负 10%）的频率就增加至 29%。该分布使得预计结果值为 2%，低于基线。

这些都是推测结果，它们将概率依托于未知的未来事件，但是对基线周围的风险也提供了独到见解。例如，它们表明在许多案例中（从三分之二到四分之三），增长率不可能与基线差异巨大。这不是因为基线增长不会受到冲击的影响，而是因为积极冲击和负面冲击往往相互抵消。结果显示，发生明显较好结果的概率较小，发生明显较坏结果的概率反而较大，这部分是因为当前的环境蕴藏着更多的负面风险而非积极因素。

2.4 结语

如果 ACI 区域增长如预计那样发展，该区域的产出将增长 3 倍，并将对该区域以及世界经济的广泛结构调整产生影响。大部分行业和经济变量都将受到影响，包括需求和产出构成、贸易关系模式，以及全球食品、能源和金融市场的脆弱平衡等。这些前景意味着需要复杂的分析、政策规划和制度建设。

转型将给整个区域的生活质量带来明显的好处。其影响包括人均收入增加两倍、消除赤贫、使中产阶级的规模提高到 ACI 区域人口的四分之三等。该区域已经成为世界上人口最密集的地区。按多个指标衡量，在未来二十年它都将成为世界最大经济体。在一些市场——尤其是投资品市场——ACI 经济体将占世界总额的超过一半。

ACI 区域的全球经济作用不断提升，其与现有伙伴的贸易和金融联系将持续加强，与新伙伴的关系也将进一步加深。贸易增长将由以下因素推动：强大的区域生产网络、初级产品净进口的增加，以及区域内和世界范围内的比较优势转移模式。区域内贸易和南南贸易将成为 ACI 经济体贸易组成中增长最快的部分。如果这些关系能够互利互惠，合作共赢，那么将给 ACI

区域及其伙伴带来巨大的利益。

这些影响深远的供需效应给培育新的增长引擎提供了肥沃的土壤。ACI区域消费者的喜好和期望将重新塑造全世界对新产品和服务的需求，并通过庞大的经济规模给新的行业创造机会。ACI区域庞大的储蓄池和投资将吸引金融交易，从而有助于发展更深入、更高效的资本市场。高投资率使得ACI经济体可以采用和发明新技术，与其他地区相比，它能以更快的速度发展建设更加环保、更加节能的基础设施和工业。

尽管机会巨大，但是转型也面临内外威胁对经济增长造成的重大风险。几乎没有一种方法能满足快速增长的所有要求，许多方法都有所欠缺。最负面的情境将使ACI区域的增速在基线预测的6.9%之下降低2.5个百分点。低于基线长期增长率至少1个百分点的可能性大约处于中间水平，但并非不显著——本章预测在25%~30%左右。

区域发展的最大单一风险是生产率增长的急剧减速，即发生掉入有时被称为中等收入陷阱的可能。为了在快速演变的经济环境中保持增长，各国必须持续不断地完善经济基础设施，即通常所理解的制度、技能以及实物资本等。有些国家需要增加实物资本和人力资本的投资，有的国家需要改善商业环境，还有些国家则需要完成从依赖型和国有企业向创新型和私营企业的转变。旷日持久的经济放缓所需的成本就是大范围的此类或彼类战略防御性投资。

该区域还面临其他风险。高企的食品价格和/或能源价格将给增长快速但收入相对较低的经济体带来沉重的负担。为应对气候变化或者推动包容性增长（无论对环境和社会多么有利）所产生的支出需求，将把资源和政策焦点从经济增长中转移开来。模拟表明，这些选项按常规指标来看将对经济增长产生显著的负面效应。但是这些效应将会缩小，它只影响特定行业和特定消费群体，因此和经济放缓相比，其破坏性更小。最大的威胁来自组合冲击，即完美风暴，它增加了经济决策的难度，提高了政策失效的概率。规避这些问题的关键在于未雨绸缪，并打造更加具有弹性的经济。

不仅基线受制于不确定性，而且许多看似合理的选项也会产生负面影响。无论如何，模拟的总体结果是正面的。意外事件组合与最糟糕的情境相比，通常会预测比较温和的基线偏差，因为冲击有时会彼此抵消。此外，ACI地区收入增长和该区域在世界经济中逐渐凸显的作用在所有情境中都取得了显著结果，甚至在产生不利影响的情境中也是如此。ACI地区生活标准以及在各种重要的全球总量指标中所占份额都将提高，即使未来的全球环境比亚行预测的还要更加严酷。尽管大转型的速度和实际情况都会受到风险的影响，但是在合理的大范围假设选项中，转型的范围和方向看上去都十分健康。

尽管经济结果五花八门，但是其结论都依赖模型和情境。本研究所用的一般均衡模型建立在市场互动的假设基础上，并代表了生产者、消费者和贸易商针对价格信号调整生产和投资的多种方式。当市场正常运行时，这些信号和市场反应能使经济以较低的成本克服不利情形。一如金融市场近些年的惨烈状况，市场也会失效。但是根据本研究对未来二十年的分析，大多数失效是有可能被纠正的，或者换言之，可以将其视作生产率减速情境中的诸多风险之一。本研究中未予考虑的严重下行风险包括战争、瘟疫或主要国家政府垮台。这些可能性不能被排除，但它们不在经济分析的范畴之内。

ACI 经济体既面临绝佳的前景，也面临巨大的挑战。它们带着强烈的势头进入下一个发展阶段，但同时也面临充满不确定性的全球环境。合理的预测表明它们的增长将会持续，并有可能实现内生型增长。其增长将大幅提高该区域的生活标准，并提升其全球作用。同时，相对全球经济而言已经很庞大的 ACI 经济体还需要进行大范围的结构调整。这就是风险的根本来源。本章发现，不利事件导致的后果并没有基线预测那么严重，尽管在时机和速度上存在不确定性，但 ACI 经济体的转型仍然十分稳健。

第三章

————— ❦ —————

包容性增长和生活质量

3.1 介绍

东盟、中国与印度（三者在本研究中合称为 ACI）令人瞩目的经济增长已经帮助数以亿计的人口摆脱了赤贫，并且打造了一个迅速壮大的中产阶级。很多人预测 ACI 经济体将继续大幅减少甚至有可能消除系统贫困。

但是这样的成就不能模糊未来的挑战，也不能抹杀 ACI 区域各国之间以及 ACI 区域和世界其他地区之间在生活标准、生活质量等方面存在的巨大差距。Sen（2011）警告说，不要沉迷于增长并将其作为发展的终极目标，而忽视了增长的目的是提高生活质量。很多国家的贫困率依然居高不下，收入不平衡仍在上升，失业和就业不足的问题依然严峻，饥饿、营养不良和文盲问题挥之不去，ACI 区域的大部分人口依然缺乏足够的机会享受重要的社会服务。生活质量的概念和指标见背景方框 3.1 和表 3.1。

除非 ACI 区域更多的民众能分享到经济增长的果实，否则增长就不能大范围提高生活标准和质量，从长期来看，这不利于经济的可持续增长。预计到 2030 年，ACI 区域劳动力将增加到 2.28 亿人，他们期待更高的生活质量，这意味着 ACI 经济体创造高回报、高薪水工作机会的压力只增不减。

背景方框 3.1：衡量生活质量

传统上，人类福利一直都是通过收入、财富和消费等经济资源来衡量。但是，越来越多的人已经认识到，将经济资源当作评估人类福利和生活质量的标准是不够的，这促使人们付出更多的努力来构建替代指标。其中，世界经济合作与发展组织（OECD）和联合国开发计划署（UNDP）已经做了类似的开创性工作。UNDP 提出了人类发展指数（HDI），将人均国民收入和健康教育指标结合在一起。HDI 广泛用于人类福利的跨国比较中。

另一个指标由法国前总统尼古拉·萨科齐首先提出，他任命了一个委员会，负责提出衡量经济表现和社会进步的新指标。Stiglitz，Sen 和 Fitoussi（2009）认为，"生活质量"除了资源控制外，还构成人类福利生活的方方面面。他们指出，仅将资源作为指标是不够的，因为它只是转换成福利的途径，而人与人之间的福利各不相同。他们还强调，许多资源并不在市场流通，或者根本没有价格，这使得比较人与人之间的真实收入十分困难。此外，他们还主张，人类福利的许多关键决定性因素并非货币资源，而是人们生活环境或活动的方方面面。

在亚洲，随着经济愈加发达复杂，人们生活中的非货币因素已经开始受到越来越多的关注。不丹、中国、中国香港、韩国、马来西亚还有其他国家和地区已经开发了或者正在开发自己的生活质量指标。

尽管人们在评估人类福利的过程中对非货币因素的重要性已经取得了一致共识，但是对于其评估方法和指标还存在争议。生活质量的衡量指标可分为三种：资源法、能力法和主观幸福感法。

尽管生活质量指标一个接一个地被提出来，但它们的构建通常缺乏理论基础（Fleurbaey，2009）。对此，Niimi 和 Zhuang（2011）提出了一套衡量生活质量的概念框架。二人指出，促进包容性增长是提高生活质量的可行途径。他们设定的包容性增长概念框架在 8 个领域提出了 20 项指标，其中包括物质财富、工作机会和工作条件、健康、教育、社会包容性和平等、经济和人身安全、环境和生活条件，以及政府治理等（详见表 3.1）。

Niimi 和 Zhuang（2011）应用该指标体系对 ACI 经济体的生活质

量现状进行了评估，通过给 8 个领域分配相等权重，并对指标加总，构建了一个综合指数。研究结果支持了人均 GDP 是生活质量的重要影响因素这一观点，因为许多指标都和它强相关。使用生活质量指标代替人均 GDP 时，国家排名顺序非常相近。但是 Niimi 和 Zhuang 的分析也表明，物质财富只是人类整体福利的一部分，用它作为生活质量的评估指标是不够的。因此，当各国政府致力于经济增长，以确保提高民众生活质量的时候，应当特别关注非货币因素，这一点十分重要。

来源：Fleurbaey（2009）；Niimi and Zhuang（2011）；

Stiglitz, Sen, and Fitoussi（2009）。

表 3.1　衡量包容性增长

领域	指标
物质财富	• 人均 GDP（2005 年购买力平价美元计算）
工作机会和工作条件	• 就业率（%） • 脆弱的就业率（总就业百分比）
健康	• 出生时预期寿命（岁） • 婴儿死亡率（每 1000 个新生婴儿） • 营养不良人口（%）
教育	• 小学净入学率（%） • 平均受教育年限（年）
社会包容性和平等	• 贫困率［日均消费低于 2 美元（购买力平价计算）的人口比例］ • 基尼系数（%） • 劳动力参与性别平衡（%） • 女性在国会的席位（%）
经济和人身安全	• 凶杀率（每 10 万人） • 社会保障指数
环境和生活条件	• 微粒物（PM10，微克/立方米） • 获得洁净水源（获得人口百分比） • 获得完善的卫生设施（获得人口百分比）
政府治理	• 法治指数 • 政府效率指数 • 控制腐败指数

GDP = 国内生产总值；PPP = 购买力平价。

来源：Niimi 和 Zhuang（2011）。

因此，ACI 各国能否有效应对这些问题十分关键。高度贫困、不平等加剧，以及各国之内和各国之间巨大的发展鸿沟将产生一系列后果，例如浪费宝贵的人力资源、削弱社会凝聚力、破坏政治稳定、阻碍增长的势头，以及增加一国掉入众所周知的"中等收入陷阱"的风险，即发展中经济体发展到一定水平后停滞不前。经济和社会边缘化也能慢慢将社会推向代价高昂的冲突和暴力的旋涡（Gangopadhyay and Bhattacharyay，2012）。收入和社会不平等如何与暴乱紧密相连呢？尼泊尔就是一个生动的例子。

这些挑战的严重性引发了更多的公共讨论和政策聚焦，相关各方要求ACI 区域各国注重"包容性增长"。所谓包容性增长，即经济增长不仅生成经济机会，而且确保机会均等（Ali and Zhuang，2007）。如果经济增长可以让社会全体成员在平等基础上广泛参与、作出贡献并从中获益，就是包容性增长。

包容性增长战略要求区域各国都付出艰辛的努力。ACI 经济体应当把创造生产性就业放在政策日程之首，目标在于尽可能推进全面就业。这要求在教育和医疗保健上进行更多投资，从而增强人力资源能力，尤其是增强弱势群体的能力。有必要为失业者和半就业者建设高效的社会保障体系，从而降低经济冲击的风险，满足弱势群体和长期贫困人口的需求。现在越来越多的ACI 经济体将包容性增长作为其发展政策的目标，这一趋势令人鼓舞。

3.2 ACI 区域的发展进步以及存在的差距

数十年的快速增长在 ACI 地区已经转化成了生活标准的显著提高。按照购买力平价测算，按 2005 年不变国际元[①]计算的 ACI 地区人均收入将从 1990 年的 1360 国际元增加至 2010 年的 4950 国际元，其中中国的增幅最大。ACI 地区的赤贫（即按照 2005 年购买力平价计算，日均消费少于 1.25 美元）人口比重从 1990 年的 53.5% 减少到 2010 年的 21%，这意味着大约 6.4 亿民众摆脱了赤贫。[②] ACI 地区数以亿计的民众摇身一变跻身中产阶级。在小学教育、小学和中学教育中的两性平等以及寿命等关键社会指标上，ACI

---

① "国际元"是一种理论货币，便于比较购买力平价。

② 如果以日均消费 2 美元作为贫困线，同期将有 5.9 亿人脱离贫困。ACI 地区贫困人数不包括文莱、缅甸和新加坡的数据。

地区也取得了长足的进步。

尽管取得了巨大成就，但是减少贫困依然是 ACI 各国面临的重大挑战。在 21 世纪第一个十年的末期，大约 6.5 亿人的日均消费仅有或低于 1.25 美元，13.6 亿人的日均消费仅有或低于 2 美元。在印度，32.7% 的人口日均消费只有 1.25 美元或者更少，62.7% 的人日均消费不高于 2 美元（图 3.1）。中国的贫困人口比例要低一些，但依然较高，有 13.1% 的人口日均消费不高于 1.25 美元，29.8% 的人口日均消费不高于 2 美元。[①] 在东盟国家，以日均消费 1.25 美元为贫困线计算，印度尼西亚的贫困率是 16.3%，越南 16.8%，菲律宾 18.4%，柬埔寨 22.8%，老挝则为 33.9%。ACI 区域的赤贫率虽然没有撒哈拉以南非洲地区严重，但是同拉丁美洲和加勒比地区，以及中东和北非地区相比，也还存在差距。

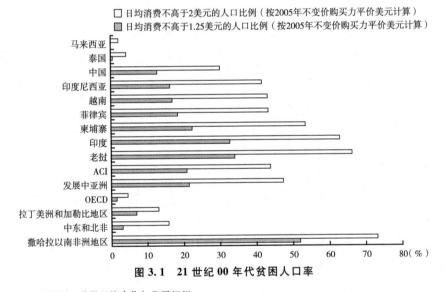

图 3.1 21 世纪 00 年代贫困人口率

OECD = 世界经济合作与发展组织

注：区域平均值根据 2010 年人口数加权得出。

来源：Povcalnet，http://iresearch.worldbank.org/PovcalNet/index.htm（2012 年 7 月 11 日访问）；世界发展指标在线，http://data.worldbank.org/data-catalog/world-development-indicators（2012 年 7 月 11 日访问）。

---

① 印度减少贫困的步伐比中国缓慢，其原因在于中国经济增长更加快速，也更有弹性（Bardhan，2010）。另一个值得注意的决定性因素是"两国在机会不平等上的差别"（Bardhan，2010：95）。根据 Bardhan 的研究，印度土地所有制的不平等更加严重，印度穷人缺乏教育机会，民族也更加多样。

　　高度系统贫困，即大量人口的持续性贫困，可以解释为什么 ACI 区域占了世界总人口的一半以上，但是占世界财富总额的比重却不成比例地低。在有些情况下，ACI 国家远远没有达到联合国提出的非收入性千年发展目标，例如减少饥饿、婴儿死亡率、产妇死亡率，提高饮用水安全，改善基本卫生条件等（UNESCAP，ADB，and UNDP，2012）。

3.2.1 收入不平衡加剧及其影响

　　ACI 经济体的增长纪录掩盖了过去几十年贫富差距不断扩大的事实。以基尼系数①衡量该增长——这在中国尤为明显——中国人均家庭支出的系数从 1990 年的 32.4 恶化至 2008 年的 43.4，这是最近几年的可用数据。印度的基尼系数从 1993 年的 32.5 恶化至 2010 年的 37。东盟国家中，印度尼西亚和老挝的差距扩大得最为明显（图 3.2）。贫富差距的不断扩大给 ACI 经济体的未来发展带来了严峻的社会、经济和政治问题。

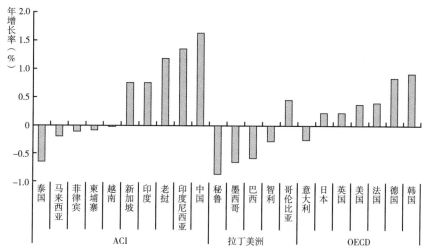

图 3.2　20 世纪 90 年代早中期和 21 世纪 00 年代末期 ACI 国家以及部分 OECD 与拉丁美洲国家的基尼系数年度化增长率

　　注：年度化增长率的估算依据是 20 世纪 90 年代最早可用数据（OECD 国家的数据依据 20 世纪 90 年代中期的数据），和 21 世纪 00 年代的最新可用数据。

　　来源：Povcalnet，http：//iresearch. worldbank. org/PovcalNet/index. htm（2012 年 7 月 11 日访问）；OECD 统计数据库，http：//stats. oecd. org/（2012 年 7 月 11 日访问）。

---

① 基尼系数是一种常用的考察公平程度的指标，范围从 0 到 1（或 100），0 代表绝对平等，1（或 100）代表绝对不平等。

亚行（ADB，2012a）发现了 ACI 各国和其他亚洲国家不平等加剧的原因，其中包括技术变化、全球化和市场改革。它们是亚洲快速增长的关键动力，给亚洲各国带来了新的机遇。但是，新机遇并没有让全体民众平等受益。那些接受更多更好教育、拥有更多资本财产、生活在城市和沿海地区的群体所享受的好处，比那些受过较少教育、依靠劳动力收入、生活在农村和内陆地区的人多出许多。技能溢价和人力资本回报不断增加、国民收入中劳动力收入比重不断下降以及空间差异加大，皆是上述不平等现象的证据。亚行（ADB，2012a）强调，由制度缺陷、市场扭曲和社会排斥引起的各种机会不均等加剧了这些因素的分配影响。

例如，在中国，1990 年城乡不平等占了国家不平等问题的 34%。到 2008 年，随着城乡收入差距持续扩大，这个数字增加至 46%（Zhuang，Vandenberg，and Huang，2011）。同一时期城市内的收入差距也在扩大，从不到 16% 增加到 34%。2008 年，中国超过 50% 的不平等现象都可以用空间不平等解释，它既涵盖了城乡不平等，又包括了省际不平等（ADB，2012a）。20 世纪 90 年代早期，印度的教育水平差异能解释该国 20% 的不平等现象。到 2010 年，这一比例增加到了 30%。21 世纪 00 年代末期，印度的空间不平等可解释该国大约 35% 的不平等现象。

从一些生活质量指标来看，ACI 区域的贫困和不平等程度也很高（背景方框 3.1）。ACI 区域人口的很大一部分仍然营养不良，2008 年这一比例为 14%。与之相比，世界经济合作与发展组织国家仅为 5%，中东和北非是 7%，拉丁美洲和加勒比地区是 9%。在东盟国家中，从营养不良的发生率来看，柬埔寨以 25% 位居第一，紧随其后的是老挝和印度，分别为大约 22% 和 19%。营养不良严重影响生活质量（World Bank，2012）。

就业质量是 ACI 区域的另一个问题。尽管和世界平均水平相比，许多 ACI 经济体的就业率比较高，但是最新数据显示，其中 60% 的就业可被归为脆弱类，意味着很多人工作在工资低、条件差而且缺乏社会保障措施的非正规的单位中（图 3.3）。[1] 这个比例远高于世界其他地区（撒哈拉以南非洲地区除外）。世界经济合作与发展组织各国中，只有平均 16% 的人工作在

---

① 国际劳工组织将脆弱就业者定义为在个体和家庭作坊中工作的工人之和。他们不可能有正式的工作安排，因此更不可能拥有体面的工作环境，不可能享受足够的社会保障，也不可能通过工会和类似组织的有效代表来发声。脆弱就业的典型特征有：工资少、生产率低以及工作条件艰苦，甚至破坏工人的基本权利。

非正规的单位中。在拉丁美洲和加勒比以及中东和北非地区，这个比例大约是三分之一。在柬埔寨、印度和老挝等低收入 ACI 国家中，脆弱性的就业率非常高，分别为 82.5%、82.8% 和 88%。还有人担心，如果贫穷工人失去在正规单位的工作，将更多地涌向非正规单位的低薪工作（Gangopadhyay and Bhattacharyay，2012）。

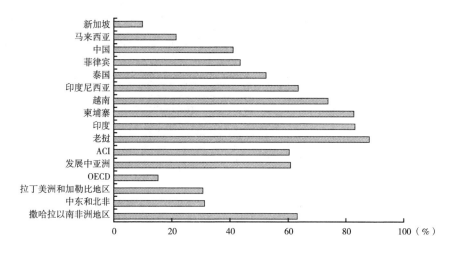

图 3.3　脆弱就业率占总就业数的百分比（2010 年）

注：越南的数据来源于 2004 年，印度和老挝的来源于 2005 年，柬埔寨、中国和菲律宾的来源于 2008 年，印度尼西亚、马来西亚、新加坡和泰国的来源于 2009 年。中国的数值计算方法是 2008 年农村劳动力人数减去乡镇企业雇员数和私营公司雇员数，再加上城镇个体户人数，所得值除以总就业数。区域平均值根据 2010 年人口数加权得出。

来源：世界发展指标在线，http：//data. worldbank. org/data－catalog/world－development-indicators（2012 年 7 月 11 日访问）。中国为估算值（《中国统计年鉴》）。

　　ACI 区域各国在关键人口健康指标上的排名相差巨大。但是与高收入国家和多数中等收入国家相比，该区域的整体表现不佳。例如，2010 年世界经济合作与发展组织各国的预期寿命是 79.3 岁，拉丁美洲和加勒比地区是74.1 岁，中东和北非地区是 72.5 岁。ACI 区域作为一个整体，则是 69.5 岁（图 3.4）。柬埔寨的预期寿命只有 62.5 岁，印度则是 65.1 岁。ACI 经济体与中高收入国家之间在新生婴儿死亡率上的差距甚至也变得更大。2010 年ACI 区域每 1000 个新生婴儿中有 30 人死亡，而世界经济合作与发展组织国家的这一数字是 6.8，拉丁美洲和加勒比地区是 18.2，中东和北非地区是25.6（图 3.5）。ACI 经济体中，缅甸的婴儿死亡率最高，每 1000 个新生婴儿中有 50.4 人死亡，其次是印度的 48.2。这其中，穷人与富人之间也存在

巨大的差异。最贫穷的五分之一人口比起最富有的五分之一，其婴儿死亡率
高1~2倍（ADB，2007a）。

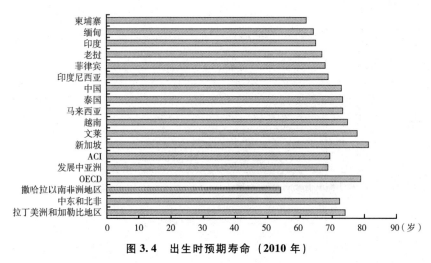

图3.4　出生时预期寿命（2010年）

注：区域平均值根据2010年人口数加权得出。

来源：世界发展指标在线，http：//data. worldbank. org/data - catalog/world - development-indicators（2012年7月13日访问）。

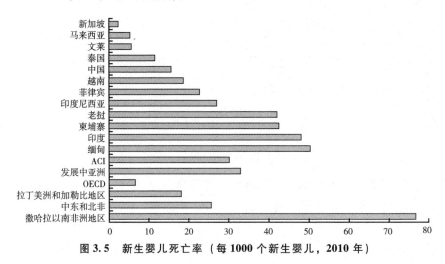

图3.5　新生婴儿死亡率（每1000个新生婴儿，2010年）

注：区域平均值根据2010年人口数加权得出。

来源：世界发展指标在线，http：//data. worldbank. org/data - catalog/world - development-indicators（2012年7月13日访问）。

尽管ACI地区过去几十年对教育增加了大量投资，并提高了入学率，
但是按照全球公共教育标准，其表现颇为复杂。教育机会不平等十分普遍。

在有些 ACI 国家，来自最贫穷五分之一家庭的小学适龄儿童比起那些最富有五分之一家庭的儿童，其可能辍学率高出几乎两倍（Zhuang and Ali，2010）。虽然该区域的整体小学入学率与中等收入国家基本相当，但是在平均受教育年限方面，该区域整体表现糟糕（仅略高于撒哈拉以南非洲）。2010 年，ACI 经济体 15 岁以上的成年人受教育年限为 7.5 年，世界经济合作与发展组织国家则为 11 年，拉丁美洲和加勒比地区是 7.9 年（图 3.6）。缅甸的受教育年限最少，仅有 4.6 年，老挝和印度紧随其后，均为 5.1 年。

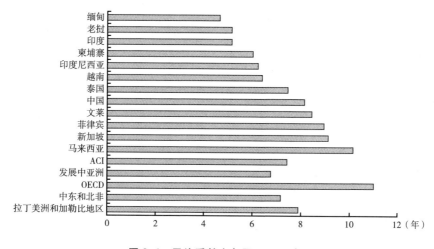

图 3.6 平均受教育年限（2010 年）

注：区域平均值根据 2010 年人口数加权得出。
来源：巴罗 - 李（Barro - Lee）教育程度数据库，http：//www. barrolee.com/（2012年 7 月 12 日访问）。

基本设施供应也是一个问题。例如，2010 年柬埔寨只有大约 64% 的人口能够使用洁净水源，在老挝则只有 67%（图 3.7）。完善的卫生设施的供应缺口甚至变得越来越大。2010 年，ACI 区域只有 54% 的人口能使用完善的卫生设施，而这个比例在世界经济合作与发展组织国家是 98%，在中东和北非是 89%，在拉丁美洲和加勒比地区则是 79%（图 3.8）。在柬埔寨能使用完善卫生设施的人口只有 31%，在印度只有 34%。2009 年缅甸拥有电力供应的人口只有 13%，在柬埔寨只有 24%，在老挝是 55%（图 3.9）。以下数字有助于了解 ACI 区域电力供应的不平衡，2009 年文莱的人均电力消费是8662 度，新加坡是 7949 度，印度却只有 571 度，柬埔寨是 131 度，缅甸则只有 104 度。根据最新的数据，泰国几乎所有的道路都是铺面道路，新加坡的道路百分之百都是铺面道路（图3.10）。与之形成对照的是，老挝（2009）的铺面道路比例仅有13.7%，缅甸（2005）则只有11.8%，菲律宾（2003）是9.9%，柬埔寨（2004）是6.3%。从区域来看，ACI区域超过一半的道路是铺面道路，这个比例比撒哈拉以南非洲、拉丁美洲和加勒比地区要高。

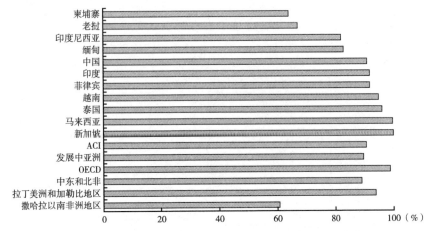

图3.7　获得洁净水源的人口占总人口百分比（2010年）

注：区域平均值根据2010年人口数加权得出。

来源：世界发展指标在线，http：//data. worldbank. org/data－catalog/world－development-indicators（2012年7月13日访问）。

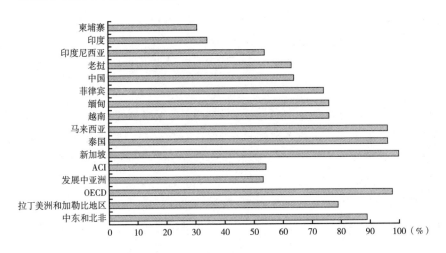

图3.8　获得完善卫生设施的人口占总人口百分比（2010年）

注：区域平均值根据2010年人口数加权得出。

来源：世界发展指标在线，http：//data. worldbank. org/data－catalog/world－development-indicators（2012年7月13日访问）。

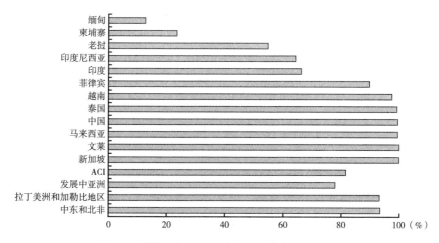

图 3.9 使用电力人口占总人口百分比（2009 年）

注：区域平均值根据 2009 年人口数加权得出。

来源：世界发展指标在线，http：//data. worldbank. org/data – catalog/world – development-indicators（2012 年 7 月 13 日访问）。

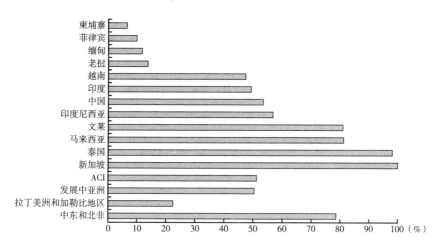

图 3.10 铺面道路比例占全部路面百分比（2009 年或
21 世纪 00 年代以来最新可用数据）

注：区域平均值根据 2009 年人口数加权得出。

来源：世界发展指标在线，http：//data. worldbank. org/data – catalog/world – development-indicators（2012 年 7 月 13 日访问）。

　　研究发现这样一个事实，即经济增长只是实现超越收入、消费和财富的人类目标的一种手段。前文对生活质量的讨论关注了经济社会进步以及人类发展等广泛指标（表 3.1）。ACI 经济体与世界其他地区中高收入国家之间，以及区域内各国之间在这些指标上的巨大差距表明，虽然 ACI 经济体在过去成功地点燃了增长的火种，但是要让广大群众分享到增长的果实，把增长转化成提高社会全体成员的生活质量，依然任重而道远。实现上述目标，需要实施包容性增长战略。

3.3　ACI 区域如何促进包容性增长

自从迈入 21 世纪以来，"包容性增长"一词已经在发展中国家的政策讨论中变得时髦起来。一般而言，如果经济增长可以让社会全体成员在平等基础上广泛参与、作出贡献并从中获益，就是包容性增长（Ali and Zhuang，2007）。Zhuang 和 Ali（2010）将"包容性增长"定义为"经济增长与机会均等的结合"。

其他学者也努力将这些思想转化成具体明确的政策行动。Ianchovichina and Lundstrom（2009）将包容性增长等同于注重空间和模式、吸纳国内大部分劳动力的广泛增长。Felipe（2010）认为包容性增长意味着实行将完全就业作为终极目标的一系列政策，换言之，目的是消除非自愿失业。还有人认为，包容性增长不应当只是让底层 20% 人口的收入增长与平均水平保持一致，取而代之的是，底层人口应当获得与经济增量相同比例的收入（Economist，2010）。

包容性增长与其相关概念"亲贫困增长"并不相同，过去的十年，后者曾经是发展政策讨论的中心议题。亲贫困增长的定义是，"在收入增速都相同的情况下，可以消除更多贫困的增长"（Kakwani and Pernia，2000）；或者被简单定义为"减少贫困的增长"（Ravallion and Chen，2003）。关键的区别在于亲贫困增长的目标是帮助那些生活在贫困线以下的人口。与之不同，包容性增长是一个更加全面的概念，它包含更广泛的发展议程。另一个重要区别是亲贫困增长以减少贫困为基础，而包容性增长则是让发展过程带来更加公平的经济机会分配，并由此产生更加公平的收入分配，减少贫困，提高社会全体成员的生活质量。

为了进一步加快减少贫困的速度，扭转不平等加剧的势头，让更广泛的阶层分享增长的利益，同时缩小发展差距，亚洲有越来越多的发展中国家开始采用包容性增长战略，并将其作为发展规划和战略的核心。下文将以部分 ACI 国家的中期发展规划为重点，梳理 ACI 区域各国政府推动包容性增长的方法。

　　中国：2006～2010 年"十一五"规划的出台标志着中国发展战略的重大调整（Government of the PRC，2006）。规划指出，中国面临的最主要的挑战是在改善环境、减少不平等的同时，如何保持经济高速增长和减少贫困。规划的目标是持续建设小康社会，即和谐繁荣的社会。中国的"十二五"规划（2011～2015 年）已经再次确认了这一主张，并着重强调了增长质量和包容性增长（Government of the PRC，2011）。这意味着要把创造工作机会作为第一优先策略，并将工作机会向全体劳动力开放。

　　2011～2015 年，中国计划新增 4500 万个城镇工作岗位，并将工人工资和劳动生产率的提高相挂钩。它的目标还包括将城乡居民人均总收入每年提高 7%。为了完善社会保障体系，设立涵盖全体城乡居民的养老金和基本医疗保险制度，并为 20% 的城镇低收入家庭改善住房条件，该规划制定了详细的政策措施（Government of the PRC，2011）。该规划还计划将医保基金支付的医疗费用支出比例提高至超过 70%。

　　印度：印度的"十一五"规划（2007～2012 年）明确承诺，要采取适当的发展战略，实现提高经济增长率和使经济增长更具包容性两个目标，从而推进包容性增长（Government of India，2006）。该计划有七大关键战略：继续经济改革的政策；复兴农业增长；改善健康和教育基本服务（包括技能发展），尤其是针对穷人的基本服务；基础设施发展特别投资；注重环境可持续能力；特别关注弱势群体的需要；改善各级政府治理。

　　该计划还将推进多项动议，提高经济福利和机会，尤其是在农村地区。例如，《国家农村就业保障工程》将给待业者提供收入支持，并帮助创造能提高土地生产率的资产。在该规划期间，GDP 预计每年增长 9%，人均 GDP 增长 7.6%。在此期间，该规划预计创造 5800 万就业岗位，并将受教育人口的失业率减少至低于 5%。该规划还预期将非熟练工人的实际工资提高 20%，将贫困率减少 10 个百分点。

　　柬埔寨：为了应对全球经济危机，柬埔寨"国家战略规划"（2006～2010 年）中的增长、就业、公平和效率四轮战略在 2009～2013 年的升级规划中再次被确认（Government of Cambodia，2010）。该战略的核心就是卓越治理，尤其体现在公共物品和服务的交付和管理方面。四大战略领域有：振兴农业，完善基础设施，发展私营经济并创造就业，能力建设和人力资源发展。此外，柬埔寨还将持续深入推进公共管理改革，其中包括提高包容性和促进一体化发展的预算安排。该规划的目标是将年度经济增长率提高至 7%，将贫困率每年减少 1 个百分点。

印度尼西亚：根据 2010~2014 年发展规划，印度尼西亚的发展愿景是建成繁荣、民主、公正的社会（Government of Indonesia，2010）。该愿景包含五大国家发展议程：经济发展和福利完善，改善政府治理，强化民主支柱，加强法制和消除腐败，包容和公平发展。该规划的国家优先政策包括官僚管理制度改革、教育、健康、减少贫困、食品安全、基础设施、落后边远地区或冲突后重建地区的发展。如果要顺利实施更有效的政策和减少贫困的项目①，不断提升妇女在家庭福利中的作用，完善农村基础设施，从而促进包容性增长，那么其经济就必须实现 6.5% 的年度增长。

老挝：在回顾上一个发展规划所取得的成就时，老挝规划投资部强调，"容纳所有行业的经济能促进更快更好的包容性发展，并带来变化"（Government of the Lao PDR，2011）。当前的 2011~2015 年发展规划列举了包容性增长的主要战略措施。经济增速预计超过 8%，人均 GDP 预计达到1500 美元（按照 2015 年当前价格计算）。规划要求到 2015 年，将贫困率减少至低于 19%，将贫困家庭比率减少至低于 10%。它的目标还包括将失业率降低至低于 2%。

马来西亚：马来西亚的分配式增长发展哲学造就了其经济过去几十年的骄人表现，不仅显著减少了贫困，使经济参与度更加平衡，而且拓宽了基本社会服务的覆盖面。为了满足低收入和弱势群体的需要，马来西亚 2011~2015 年规划要求按照"一个马来西亚：人民优先，现在行动"的理念，实施包容性发展战略（Government of Malaysia，2010）。该战略有两个目标。其一是促进全体马来西亚人的机会均等，其方法包括提升能力、改善就业机会准入、采取更具有针对性的方法鼓励创新创业。其二是为弱势群体提供社会保障体系。在规划期内，创造平等机会和提高社会经济包容性的关键战略有：提高底层 40% 家庭的生活水平，提高土著居民（Bumiputera）② 的经济参与度，确保所有人能享受基本的基础设施，以"一个马来西亚"理念为指导建设积极进步、更加包容的社会。

---

① 这些项目包括以家庭为基础的社会扶持计划，这些计划帮助低收入群体满足基本需要，对残疾人和老年人（尤其是贫困家庭、被忽视的孩童以及边缘化的群体）给予更多关注。此外，PNPM 曼迪利项目的目标是帮助人们自立自强，积极参与自主脱贫。小微企业的自强项目也是为了帮助非正式工人获得平等的商业机会。

② Bumiputera 是一个马来语名词，意指马来半岛的土著居民。

为了改善底层40%家庭的生活条件，政府将在以下方面提供支持：改善教育和提高创业能力、改善基本福利设施、给有特定需求的目标人群实施针对性方案等。政府设定的目标包括将贫困率从2009年的3.8%降低到2015年的2%，将底层40%家庭的平均收入从2009年的1440令吉增加至2300令吉，将基尼系数从2009年的0.441降低至2015年的0.420。该规划还详细陈述了许多支持包容性发展的其他计划。

菲律宾：在2011~2016年发展规划中，菲律宾承诺将追求包容性增长，它确认可持续性发展能创造更多工作岗位、将多数人融入经济社会主流、大量减少贫困（Government of the Philippines, 2011）。为了实现包容性增长，规划包含的主要战略有：大规模基础设施建设、更高的政府治理标准、人类发展和人力资本形成、创造就业、完善金融准入等。这些战略还将与以较低的通货膨胀、可持续财政平衡的宏观经济制度以及保持生态完整性和减少气候变化影响相配合。该规划还强调要加强基本社会服务的公平性，建设更加完善的保障体系，完善应对危机的社会保障制度。

获得政府支持的Kapit-Bisig Laban sa Kahirapan社会服务综合集成交付项目，可从国家和地方政府获得资金和实物支持，帮助各村（barangay）按照自己的计划、优先顺序和程序进程实施小型项目①。Pantawid Pamilyang Pilipino项目针对弱势群体的需求，尤其是儿童、妇女、老年人和残疾人的需求，提供有条件现金转移。该规划的目标是至少六年内经济保持每年7%~8%的增速，每年净增加100万就业人口。规划要求到2015年将贫困率从1991年的33.1%减少至16.6%。

泰国：泰国上一个五年计划中的"以人为本"发展指导原则和"自足经济哲学"同样出现在"十一五"（2012~2016年）国家经济社会发展规划中（Government of Thailand, 2011）。该规划致力于建设平等、公平、弹性的幸福社会。关键的发展战略是打造公平社会，发展终生学习社会，加强农业、食品和能源安全，调整农业结构实现高质量增长和可持续发展，加强区域互联互通，加强自然资源和环境管理实现可持续发展。此外，这些战略还致力于更好地利用本国的经济和社会资本，旨在通过完善资源准入和发展利益的公平分配，提高人力资源的质量。泰国政府设定的目标是到2016年，将全体国民尤其是非正式行业从业人员，纳入国家福利体系。

---

① Barangay是菲律宾最小的行政单位。

越南：越南的目标是保持经济高速可持续性增长，调整经济结构，提高竞争力（Government of Viet Nam，2011）。2011~2015年发展规划的目标是保障社会福利，提高人民物质和精神生活水平，2020年之前将越南建设成工业化国家。GDP预计每年增长至少6.5%~7%。在此期间，预计将创造800万个工作岗位，贫困率的全国平均值将每年减少2个百分点，在贫困地区将减少4个百分点。

3.4 包容性增长的概念框架

为了给包容性增长的发展战略设计具体的政策选项，首先有必要区分两种不平等。其一是个人环境差异造成的不平等，其二是个人努力差异造成的不平等（Roemer，1996）。诸如文化、家庭背景、教育、性别、地理位置等环境因素造成的不平等往往反映了政府在制度设计和治理上的失败，这在很大程度上超出了个人的控制范围，而应当通过政策干预来解决。相反，个人努力在个人控制范围之内，个人应当对此负责。这种不平等反映并强化了市场激励，这正是培育创新、创业和经济增长所需要的（Chaudhuri and Ravallion，2007）。[1]

对与个人努力和个人环境相关的不平等加以区分，将我们引向另一个重要的概念差别，即机会不平等和结果不平等之间的差别。前者很大程度上是个人环境导致的。后者，例如个人收入的差异，往往既反映了个人努力，也反映了个人环境。

如何应对个人环境造成的机会不平等是包容性增长的核心。使人们深陷贫困的环境状况包括缺乏生产性就业机会、缺乏基本的教育和医疗保健等社会服务，以及缺乏诸如信贷和土地等生产性资产。官员腐败和公共资源不合理分配也可能是其中的根本原因。这种情况不仅极不公平，而且也可能削弱减少贫困的成效，并破坏社会凝聚力，抑制经济增长。清除这些不利环境，

---

① Chaudhuri 和 Ravallion（2007）认为，良性不平等如果处置不当，可能转变成恶性不平等，而恶性不平等有可能驱逐良性不平等。如果具有较大市场回报的市场或者较大政治权力回报的社会利用其回报开展寻租，并改变"游戏规则"，前一种可能性将有可能发生。例如，如果某些因为生活在偏远地区而落后的群体，他们持之以恒地努力却从未成功，因此甚至降低了对良性不平等的忍耐度，如此一来，恶性不平等就驱逐了良性不平等。其可能导致社会动荡。

促进包容性增长，将有很长的路要走。

基于以上考虑，Zhuang 和 Ali（2010）提出了旨在扩大经济机会和确保机会公平的包容性增长战略，它包括以下政策支柱：

*持续保持高速高效经济增长**。ACI 区域有很大比例的人口受雇于非正式行业，未来二十年，每年将有数以千万计的工人加入劳动力大军。为了彰显包容性，经济增长必须给庞大的人口提供体面的生产性就业机会，并扩大所有人的经济机会。

*社会包容性**。每个人都必须拥有平等的准入机会。在许多 ACI 国家，出于超出个人控制的原因，很大一部分人不能从增长所创造的经济机会中获得好处。确保准入机会的公平一方面要求在教育和医疗保健（尤其是对弱势群体）方面加大投资，提高能力，另一方面还要求纠正市场失灵和制度失效，消除社会排斥，促进公平竞争。

*社会保障体系**。许多 ACI 经济体需要制定有效方案，减少相关风险和脆弱性，例如减缓疾病、经济危机、产业结构调整或自然灾害造成的瞬时冲击。同时还需要制定针对弱势群体和长期贫困群体特定需求的方案。

每一个政策支柱的建立及其实施都必须有良好的政府治理和完善的制度作支撑。

3.5 ACI 区域政策日程

上述框架为 ACI 经济体到 2030 年实现可持续性经济增长、提高社会包容性、改善生活质量提供了有益的路线图。ACI 经济体要实现其发展目标，应当重点关注以下关键政策议程，如高速普惠的经济增长、扩大准入机会、完善的社会保障体系、制度建议等，本小节将对此展开详细论述。

3.5.1 创造生产性就业机会所面临的挑战

为了让经济增长惠及广大民众，必须创造充足的生产性就业就会。因此，创造就业岗位应当是各国包容性增长战略的核心、政策议程的首要选项。ACI 区域各国要实现这一目标困难重重。根据国际劳工组织的定义，这些国家有超过一半的就业（估算总计有 8 亿人）可归类为脆弱就业。未来二十年，ACI 区域预计新增劳动力 2.28 亿（表 3.2）。

表 3.2　ACI 区域劳动力估算/预测

单位：万人

	2010 年	2020 年	2030 年
文　　莱	18.6	21.9	24.3
柬　埔　寨	599.6	707.1	799.2
中　　国	80624.2	82178.1	79807.4
印　　度	58653.8	68539.3	76791.4
印度尼西亚	8862.4	10004.1	10622.5
老　　挝	257.8	319.3	363.4
马　来　西　亚	1437.9	1713.8	1908.0
缅　　甸	1996.9	2203.6	2304.0
菲　律　宾	4460.3	5478.4	6401.6
新　加　坡	242.0	256.6	240.9
泰　　国	3252.8	3391.9	3296.8
越　　南	4447.7	4897.1	5108.4

来源：联合国《世界人口展望报告：2010 年修订版》；世界发展指标在线，http://data. worldbank. org/data-catalog/world-development-indicators（2012 年 7 月 17 日访问）；作者预测。

　　ACI 区域各国政府必须克服市场失灵、制度和政策失效造成的阻碍，为商业投资和私人创业维持有利的环境。这要求在基础设施和人力资本方面进行投资、培育制度能力、维护宏观经济稳定、实施顺应市场的政策、保护知识产权以及加强法治。政府在设定优先政策时，必须找到经济增长的约束所在，并集中精力和资源加以缓解（Canlas，Khan，and Zhuang，2009）。ACI 各国政府应该不仅关注经济增长的速度、还要关注增长的模式，确保更多人从中受益（Ianchovichina and Lundstrom，2009）。

　　ACI 区域以市场为驱动的经济体中，经济高增长必须有活跃的私营部门推动。但是要实现充分就业，政府的作用也十分关键，因为私营部门不能创造国家所需的全部工作岗位（Felipe，2010）。Felipe 提出了实现劳动力充分就业的五套政策。第一，政府必须纠正忽视农业的错误做法。第二，政府应该瞄准能源、交通和城市服务等基础设施领域的高就业公共投资项目。第三，政府在政策方面应该与私营部门协作，加速工业化进程和结构转变。第四，政府应该调整财政和货币政策，促进实现充分就业。第五，政府应当制定就业保障计划，确保价格稳定下的充分就业。

3.5.2 通过教育卫生投资扩大机会

促进社会包容性的一个有效途径就是通过对教育、医疗保健和其他公共服务进行投资，提高各方尤其是弱势群体的能力。教育能提高劳动生产率，促进技术创新，提高资本回报率，同时也有利于改进卫生成果。实证研究发现，基础教育能帮助农民从使用传统方法转向使用更有生产率的方法，从务农转移到回报率更高的其他职业（Brooks et al.，2010）。与此类似，良好的医疗保健可以通过增加人力资本积累提高生产力水平。在教育和健康指标上，ACI 经济体和发达国家之间的巨大差距，以及 ACI 区域内部之间的差异表明，ACI 各国还有很多工作有待完成。

中央和地方政府在教育和卫生投资上发挥着关键的作用，因为这些服务不仅是公共物品，而且具有巨大的外部影响力。ACI 区域各国的教育公共支出尚存在一定的可比性，但是在医疗保健方面可比性就差一些了。2010 年，中国政府总支出中教育所占比重为 13.9%，在 ACI 各国中位居末席。该区域其他各国的教育支出占政府总支出的比例介于柬埔寨的 15.5% 和马来西亚的 24.4% 之间（图 3.11），医疗卫生支出占政府总支出的比例介于菲律宾的 2.6% 和柬埔寨的 11.3% 之间（图 3.12）。数据表明，中印两国政府在医疗卫生领域的投入较低，分别为 5.3% 和 4%，低于该区域大多数国家。与之相比，澳大利亚 2010 年在医疗卫生方面的支出占政府总支出的比重是 15.3%，而日本 2009 年的数字则高达 22.6%。

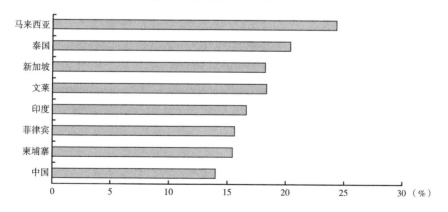

图 3.11 政府教育支出占总支出百分比（2010 年或最近年份）

注：数据年份为 2010 年，文莱（2005）、印度（2008）和新加坡（2009）除外。
来源：ADB（2011c）。

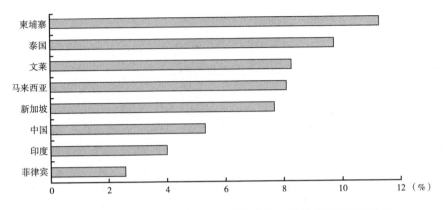

图3.12　政府医疗卫生支出占总支出百分比（2010年或最近年份）

注：数据年份为2010年，文莱（2005）、印度（2008）和新加坡（2009）除外。
来源：ADB（2011c）。

除了提供足够资金以外，政府还应当具有强有力的制度能力、稳健的政策框架以及良好的健康教育服务管理。政府部门还需要在以下领域平等分配资源，例如在小学、中学和高等学校之间，在农村主要医疗保健设施和城市三级医院之间，以及在预防和治疗项目之间。公共投资必须有供应方政策和需求方政策作补充，前者确保公共服务的效率和质量，后者避免道德风险行为和浪费。为了确保穷人和弱势群体平等获得公共服务，可探索采用更具创新性的交付机制，例如使用有条件现金调拨、服务承包中纳入非政府组织、发放礼券，以及在基本教育服务中聘用合同制教师等（Brooks et al.，2010）。

3.5.3　利用社会保障体系防止贫穷

包容性增长要求完善社会保障体系，从而降低外部冲击的效应，减少瞬时冲击对生活的影响，并满足长期贫困群体的最低要求。暴露于这样的风险面前会对人类福利产生长期且深远的影响。社会保障体系不仅可以帮助穷人和弱势群体应对以上风险，而且长期来看也有助于提高人力资本，从而给那些资产和能力有限的群体创造更多的机会（Brooks et al.，2010）。

社会保障体系有多种形式。劳动力市场政策和方案丰富多样，目标各不相同，比如有的是为了保障就业，有的则是为了减少劳动技能缺乏或劳动力市场不完善导致的失业、就业不足或低工资所带来的风险。有很多社会保障项目，例如养老金、医疗保险或就业保险，能缓冲失业、疾病、残疾、工伤和年老所带来的风险。诸如福利方案、社会服务、现金或实物转移之类的社会援助方案，其目标是帮助单亲家庭、自然灾害或国内冲突受害者、残疾人以及其他弱势群体。还有其他的方案通过提供早期儿童发展、学校早餐、奖学金、为母亲和儿童提供免费或补贴性医疗保健，以及提供家庭补助或贷款等服务，改善儿童的健康卫生状况和促进生产力发展（Ali and Zhuang，2007）。

越来越多的实证研究表明，社会保障方案可以影响贫穷和人类发展。一个最为人们所熟知的例子就是墨西哥的教育健康营养计划（Programa de Educación，Salud y Alimentación），其西班牙语缩写为 PROGRESA。PROGRESA 计划于 1997 年开始实施，它对儿童的入学、日常上学和医疗提供现金调拨。有分析表明，1997～2001 年，PROGRESA 使墨西哥的贫困人口比率降低了大约 10%，贫富差距减少了 30%，国家贫困严重程度指数降低了 45%。该计划还对墨西哥的入学率（Schultz，2000）、卫生状况（Gertler，2000）和营养状况（Behrman and Hoddinott，2000）产生了积极的影响。1995～2004 年，按照基尼系数计算，巴西的持续性现金福利计划、对老年人和残疾赤贫人士的无条件现金转移计划、家庭补助金以及联邦政府的主要现金转移方案等，使该国不平等率减少了大约 28%（Soares et al.，2006）。

拉丁美洲和其他地区成功的社会保障方案促使更多的亚洲国家意识到社会保障体系的重要性。印度、印度尼西亚、马来西亚和菲律宾等国的中期发展规划都指出了加强社会保障体系建设的必要性。例如，2008 年菲律宾针对弱势群体尤其是儿童、妇女、老年人和残疾人的需求，实施了有条件现金转移方案。按照亚行所提出的社会保障指数（SPI），[①] 和日本与韩国相比较，图 3.13 所列的所有亚洲经济体都缺乏完善的社会保障体系。如何让社会保障方案更加向穷人倾斜也是许多 ACI 经济体所面临的关键问题（ADB，2011e）。

当一个国家尝试扩大保障体系时，支付能力往往也会成为一个问题。但是有研究指出，基本的普遍社会保障成本并没有超出大多数发展中国家的能

---

① 社会保障指数的估算方法是社保总支出与按照区域贫困线划分的总参考人口之间的比率。更多技术细节参阅 ADB（2011e）。

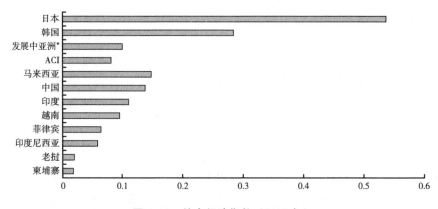

图 3.13　社会保障指数（2010 年）

注：＊发展中亚洲国家有亚美尼亚、阿塞拜疆、孟加拉国、不丹、柬埔寨、中国、斐济、印度尼西亚、哈萨克斯坦、韩国、吉尔吉斯共和国、老挝、马来西亚、马尔代夫、蒙古、尼泊尔、巴基斯坦、巴布亚新几内亚、菲律宾、斯里兰卡、塔吉克斯坦、汤加、乌兹别克斯坦、瓦努阿图和越南。

来源：ADB（2011e）。

力范围（Ortiz and Yablonski, 2010）。按照联合国经济和社会事务部的估算，在大多数国家，如果要将老年人生活费维持在每天 1 美元的贫困线之上，其全面社会保障方案的成本不超过 GDP 的 0.5%（UN, 2007）。国际劳工组织的另一项研究认为，各个国家实际上都能提供某种形式的基本社会保障（ILO, 2008）。因此，是否具有支付能力实际上有赖于一个国家对于社会保障方案的意愿。

3.5.4　提高政府治理和制度质量

图 3.12 所述的包容性增长的概念框架强调了政府治理和制度的作用，近些年来，这个话题一直都是各种发展政策讨论的重中之重。虽然政府治理和制度在发展和包容性上的内在价值被人们广为认可，也有越来越多的研究把它们作为提高增长速度、降低不公平性的手段，但是各方对其工具性价值依然缺乏透彻理解（Rodrik, 2008b）。

过去的相关文献（无论是理论研究还是实证研究）都表明，政府治理和制度质量同经济增长之间存在长期积极的强关联，这一点毋庸置疑（Zhuang, de Dios, and Lagman - Martin, 2010）。相关文献也普遍认识到它们之间存在因果关系。这意味着，尽管制度和政府治理能推动经济增长，但它们本身也是经济增长的产物，部分原因在于收入的增加和教育水平的提高对它们产生了相应的要求。然而，研究者对这两种关联的相对重要性依然缺乏统一意见，这也是目前学术研究的热点之一。政府治理和制度的"质量"概念存在多维性，这一事实开创了另一个研究领域。在特定时期特定国家的经济表现上，政府治理和制度的质量所发挥的作用要比其他因素更具相关性或者更加关键。理解这些关联十分重要。

相关研究已经令人信服地证明了政府治理和制度的质量（尤其是在政治问责和腐败控制方面）与收入不平等之间存在关联。但是实证研究表明，这种关联较弱。学界普遍认可两者之间存在双向因果关系。从低收入不平等到更好的政府治理与制度质量之间的关联可以说要比两者之间的反向关联更强。

表 3.3 揭示了根据世界银行六个常用综合政府治理指标（话语权和问责制、政治稳定和无暴力程度、政府效率、监管质量、法治以及腐败控制）计算出的 ACI 经济体的排名情况。它们在政府效率上得分相对较高，但是在政治稳定、话语权和问责制方面得分较低。在监管质量、法治和腐败控制上的得分处于中间水平。同世界经济合作与发展组织国家相比，ACI 经济体和发展中亚洲国家总体上仍然有很大的差距。

表 3.3　2010 年各地区全球治理指标

	话语权和问责制	政治稳定和无暴力程度	政府效率	监管质量	法治	腐败控制
ACI	-0.79	-0.44	0.03	-0.16	-0.23	-0.37
发展中亚洲	-0.34	-0.05	-0.33	-0.47	-0.30	-0.45
拉丁美洲和加勒比地区	0.38	0.13	0.17	0.15	0.01	0.20
中东和北非	-1.02	-0.60	-0.15	-0.16	-0.17	-0.21
OECD	1.20	0.72	1.37	1.32	1.34	1.33
撒哈拉以南非洲地区	-0.62	-0.55	-0.80	-0.71	-0.74	-0.60

注：每个经济体的综合指标的数值以零为中间值，分值介于 -2.5 至 2.5 之间，正值越高越佳。每个区域的分值为简单平均数。

来源：全球治理指标，http://info.worldbank.org/governance/wgi/index.asp（2011 年访问）。

3.6　结语

尽管 ACI 经济体从 20 世纪 90 年代以来已经取得令人瞩目的成就，但是相当多的人口依然没有分享到经济增长的果实。因此，高经济增长仍然需要在广泛的社会发展指标和生活质量指标等方面转化成更大的收益。ACI 各国之间以及 ACI 经济体和发达世界之间依然存在明显的差距。在很多情况下，这些差距依然在扩大。

能否提高生活质量需要变成衡量 ACI 经济体发展是否成功的首要指标。ACI 经济体要通过收入增长彻底消除赤贫、提高中等收入及以上人口的比例，从而提高生活质量，这预计仍然有很长的路要走。从整个区域来看，要实现为低收入人群提供正式银行系统，以及医疗卫生、交通、电力、教育和商业机会等基本服务的目标，各国仍然要付出巨大的努力。正如许多 ACI 国家的决策者所指出的，未来的议程不仅要关注经济增长，还要关注机会平等。

广泛存在的收入不平等、挥之不去的贫穷、显著的失业和就业不充分等问题还可能继续存在。ACI 区域内相当一部分人口仍将聚集在缺乏关键基本服务（如教育、道路、电力、住房、卫生和医疗保健）的地区或社会经济群体中。为了缩小贫富差距，保证更多人能分享到经济增长的利益，ACI 经济体应该实行包容性增长的发展战略，即"经济增长伴随机会平等"。这种发展战略有三大政策支柱：就业机会、社会包容性以及高效的社会保障体系。三大政策支柱都必须有良好的政府治理和完善的制度作支撑。

包容性增长甚至已经变得与后危机时期的全球经济秩序密切相关。近年来全球不平衡的加剧，导致要求 ACI 经济体更加注重内需发展的呼声越来越大。未来几十年，由于劳动力增多（尤其是印度）以及他们对更高生活标准的期待增加，ACI 经济体将面临更大的压力，不得不在城乡两地创造回报更多、工资更高的岗位。包容性增长战略将创造生产性就业岗位，扩大经济机会准入，从而造成消费增长，尤其是更贫困家庭的消费增长，这将有助于 ACI 经济体取得经济再平衡。

最近肆虐全球的食品、能源和金融危机表明，动荡是新的常态，因此发展中国家必须加强抵御未知风险的能力。同时，为了降低社会政治不稳定的风险，政府必须满足民众（尤其是弱势群体）不断增加的期待。高效的社会保障体系可减少冲击对日常生活的影响，因此它是包容性增长战略的关键要素。良好的政府治理和制度设施能加强社会凝聚力，也是包容性增长的核心要求。

许多 ACI 国家已经认识到这些挑战，为应对不断加剧的收入和社会不平等以及边缘化，已经采取了有效的包容性增长措施，而它们将有利于提高社会凝聚力，增强经济稳定性。

ACI区域的社会经济排斥造成的潜在风险非常高。如果处置不当，ACI区域的经济潜能将因为政治稳定和社会凝聚力遭到削弱而受到损害。但是只要密切关注包容性增长的政策支柱，如就业机会、平等准入、社会保障体系，ACI经济体就能提高增长弹性、维持高速经济增长、消除贫困，并在未来十年广泛提高更多人的生活标准和生活质量。上述目标尽管看似雄心勃勃，但是仍在ACI经济体的能力范围之内。

第四章

生产率和增长的引擎

4.1　介绍

ACI 经济体当前的经济模式在过去的几十年里已经取得了非凡的成就。它不仅造就了高速经济增长，而且还引发了与食品需求上升和基础建设蓬勃发展保持同步的绿色革命。它在中国和一些东南亚国家造就了具有全球竞争力，甚至占据主导地位的制造业，在印度、新加坡和中国香港产生了世界级的服务业。

但是未来几十年，在大多数地区，这种增长的几个关键推动因素不可能继续存在下去。其中一个是人口因素。在未来二十年，由于生育率下降和人口老龄化，大多数 ACI 经济体的"人口红利"将开始消失。到大约 2020 年时，中国和南亚的劳动适龄人口将达到峰值，并开始下降。

ACI 经济体已经从世界贸易和外国直接投资的爆炸性增长中享受了好处，它们带来了出口制造业的迅猛增长，并促进了生产率的提高。但是现在，由于世界贸易谈判停滞不前，关键市场也遭遇了金融动荡，全球化的步伐逐渐冷却。由固定资本投资和出口制造业推动的经济增长，将日渐难以持续，尤其是在亚洲工资水平几乎和发达经济体相等的情况下。

为了到 2030 年实现大转型，ACI 区域各国必须培育新的增长引擎，促进经济活动各个领域的生产率增长，以弥补劳动力人口老龄化带来的损失。如第二章所述，许多 ACI 经济体的生产率增长预计将减速，但仍将保持强劲。如果生产率增长低于极限情境，ACI 区域的人均收入将远低于当前预测。还有一个危险不得不提，如果不能提高效率，进行技术升级，许多 ACI

经济体将跌入所谓的"中等收入陷阱"。

ACI 区域所面临的结构性经济挑战各不相同，中国作为该区域最大的经济体和正在崛起的全球超级大国，它的首要发展战略是从由大规模资本投资和出口制造推动的发展模式转向由服务、个人消费和创新引领的模式。作为 ACI 区域的另一个巨人，印度拥有强大的服务业。但是在庞大的制造行业，它缺乏全球竞争力，发展依然缓慢，数以亿计的人口依然生活贫困。印度可以通过提高自己在全球生产网络中的作用，完善基础设施，推进农业现代化和科技升级，从而创造新的增长引擎。

东盟各国在面临的经济机会和挑战上彼此之间存在巨大的差异。这个组合包括富庶繁荣的新加坡——它的主要目标是建设成为 21 世纪知识创新型经济体，以及石油储备丰富的文莱。它同时还包括中等收入经济体，如马来西亚和泰国，庞大的发展中经济体，如印度尼西亚、菲律宾和越南，以及低收入经济体，如老挝、柬埔寨和缅甸。

东盟中具有低劳动力成本优势的国家，可以吸引在更发达国家面临成本压力的产业集群，因此依然颇有可能进入全球供应链。其他经济体不得不从低薪制造业转向由技术创新驱动的高价值产业，并提升其庞大人才库成员的技能。它们还必须在譬如农业这样的传统行业中培育新的增长动力。在大多数东盟成员国中，服务业将占据经济产出的更大比重。

要实现这些目标，必须在教育、技术和投资等领域实施针对性政策，以持续稳步推进生产率增长。这将要求打造世界级的互联互通体系，在交通和信息等基础设施方面进行大规模协调投资。这种转变还要求在 ACI 区域实现贸易和投资自由化，打造开放、竞争、一体化的环境。

4.2 技术升级：经济增长的关键

无论是来自新知识的创造，还是来自技术扩散，技术进步始终是经济发展的终极动力。科技进步有许多不同形式，在国家经济发展的不同阶段，它可以应对不同的优先选项。

迄今为止，ACI 经济体的技术进步主要来源于发达国家的技术扩散，这种趋势预计在未来几十年仍将继续。对于该区域某些欠发达的经济体而言，技术追赶过程本身就已经足够，但是为了达到发达国家的水平，ACI 各国还必须超越模仿，走向创新。

　　为了了解 ACI 各国技术进步的程度，本研究将它们分成三类，即模仿者、模仿创新者和创新者。这三大类别大致与一国人均收入水平的低中高相对应。本研究以韩国的科技发展经验作为指导，韩国的发展经历表明通过模仿到逐步创新再到创新的渐进过程，突破"中等收入陷阱"不无可能。韩国的工业已经大幅缩小了与日本的技术差距。

　　在专利、科研文章、商标数量等因素的基础上，本研究为 1998 年和 2008 年的 ACI 经济体创建了一个"技术成就指数"（图 4.1）①。分析发现，ACI 经济体的相对排名基本上变化很小。除了新加坡和韩国以外，其他所有 ACI 经济体与日本的技术水平相差甚远，而日本被视为代表着全球技术前沿水平。换言之，目前它们还只是模仿者。

　　1999～2008 年，新加坡缩小了和与日本的差距。即便日本与技术最不发达的 ACI 经济体之间的差距在显著缩小，文莱、马来西亚和菲律宾的水平仍然比日本的技术成就低 60%。尽管中国和泰国已经取得了巨大的成就，但是它们只相当于日本 30% 的水平。越南只有 10% 的水平。其他国家则更低。

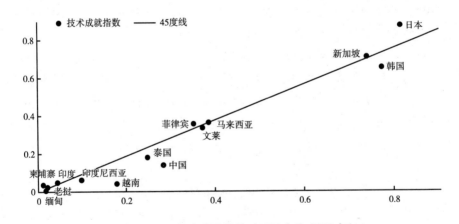

图 4.1　ACI 技术成果指数（1999 年和 2008 年）

来源：Hu（2012）。

　　展望 2030 年，本研究创建了六大技术指标进行预测：美国专利商标局（USPTO）专利、科学文献索引（SCI）发表科技文章、国内专利、实用新

---

①　在技术成就指数的构建中，综合考虑了技术创新能力、技术扩散能力和人力资源发展等因素。详见 Hu（2012）。

型专利、外观设计专利、商标。为便于比较，各指标均除以人口数量。韩国技术赶超的经验为最佳案例比较提供了可贵的框架。韩国在 20 世纪下半叶的大部分时期都是一个模仿者，它避开中等收入陷阱的能力给面临同样困境的 ACI 经济体提供了宝贵的经验。

表 4.1 揭示了 2009 年部分 ACI 国家在多个技术指标上落后于韩国的年数。并预测到 2030 年，这些差距将会缩小。预测显示，科技活动将会继续增加，且与 2000～2009 年的增速相同。换言之，我们认为每个国家都将沿着目前的线性轨道逐渐进步。最后，我们认为这种表现将继续改善，并且与韩国当年的速度相同。

表 4.1　各国技术预测（2009～2030 年）

	2009 年水平	等同于韩国的年份	2030 年水平（自身增长率）	2030 年水平（韩国增长率）
中国				
人均 GDP	3744.4	1982		
USPTO 专利	5.2	1987	4524.4	443.5
科技文章(2007)	43.1	1992	1271.9	1351.8
国内专利(2008)	146.9	1988	43357.1	3805.4
实用新型专利(2008)	169.0	1977	3764.1	1771.0
外观设计专利	255.2	1981	23447.4	738.5
商标(2008)	445.8	1985	10915.4	2220.5
印度				
人均 GDP	1134.0	1960 年前		
USPTO 专利	2.7	1984	333.4	525.7
科技文章(2007)	16.2	1987	49.3	612.7
国内专利(2006)	4.8	1965 年前	53.6	
实用新型专利				
外观设计专利(2008)	3.8	1968 年前	10.0	
商标(2005)	67.0	1966	230.1	809.8
马来西亚				
人均 GDP	7029.8	1989		
USPTO 专利	11.9	1989	173.4	488.8
科技文章(2007)	30.4	1991	131.5	1098.1
国内专利(2008)	30.3	1966	406.9	136.0
实用新型专利(2008)	1.2	1977 年以前	16.3	
外观设计专利(2008)	23.3	1968 年以前	1068.3	

续表

	2009 年水平	等同于韩国的年份	2030 年水平（自身增长率）	2030 年水平（韩国增长率）
商标(2008)	464.7	1985	3615.0	2314.6
泰国				
人均 GDP	3892.5	1980		
USPTO 专利	1.4	1981	6.5	139.9
科技文章(2007)	25.8	1989	327.4	676.9
国内专利(2008)	11.9	1963 年以前	30.1	
实用新型专利(2008)	21.1	1977 年以前	227.1	
外观设计专利(2008)	40.6	1968 年以前	509.6	
商标(2008)	325.7	1982	1485.5	2003.2
印度尼西亚				
人均 GDP	2349.4	1971		
USPTO 专利	0.1	1974 年以前	0.1	
科技文章(2007)	0.9	1981 年以前	1.3	
国内专利(2006)	1.3	1963 年以前	100.2	
实用新型专利(2008)	0.9	1977 年以前	4.2	
外观设计专利(2007)	16.2	1968 年以前	69.3	
商标(2008)	165.1	1973	736.7	1104.8
菲律宾				
人均 GDP	1752.5	1967		
USPTO 专利	0.6	1974	3.4	58.8
科技文章(2007)	2.2	1981 年以前	1.9	
国内专利(2008)	2.4	1963 年以前	2.9	
实用新型专利(2008)	5.7	1977 年以前	2.6	
外观设计专利(2008)	7.1	1968 年以前	8.0	
商标(2008)	77.1	1967	199.1	702.5
越南				
人均 GDP	1032.2	1960 年以前		
USPTO 专利(2008)	0.0	1974 年以前	1.4	
科技文章(2007)	3.3	1981 年以前	18.0	
国内专利(2005)	2.2	1963 年以前	268.2	
实用新型专利(2008)	1.3	1977 年以前	93.2	
外观设计专利(2007)	15.7	1968 年以前	509.4	
商标(2005)	155.0	1972 年以前	9121.2	1547.0
新加坡				
人均 GDP	36537.2	2009 年之后		

续表

	2009 年水平	等同于韩国的年份	2030 年水平（自身增长率）	2030 年水平（韩国增长率）
USPTO 专利（2009）	245.6	2003	1182.6	4252.5
科技文章（2007）	826.5	2009 年之后	5862.2	
国内专利（2008）	163.9	1989	811.4	
实用新型专利（2008）	NA	NA	NA	
外观设计专利（2007）	73.1	1968 年以前	177.8	
商标（2008）	867.3	1993	2173.9	2561.2

GDP = 国内生产总值；NA = 无；PRC = 中国；S&T = 科技；USPTO = 美国专利商标局。

来源：世界发展指标在线，http://data.worldbank.org/data - catalog/world - development - indicators（2012 年 9 月 25 日访问）；世界知识产权组织网站，美国专利商标局（USPTO）网站。

根据这一分析，中国将成为令人瞩目的创新者，它似乎正在追随韩国的脚步。印度的成就超过了其经济发展情况的对应水平，但是到 2030 年，它似乎不可能成为创新大国。印度在渐进式创新中一直表现较弱，这一点需要大幅加强。马来西亚可能在科技的方方面面都会有所改善，但是它的发展道路比韩国要慢。泰国是一个坚定的模仿超越者。尽管它在基础研究上将会超越马来西亚，但是在创新方面它有可能明显落后。印度尼西亚、菲律宾或越南不可能有明显的创新。但是，这些国家，尤其是越南，将在渐进式创新中取得长足进步。新加坡仍将是创新者，尽管相比技术创新，它在基础研究和应用研究中做得更好。

4.2.1 实现 2030 愿景

ACI 区域要取得明显的技术进步，只有通过公共政策、制度，以及各国创新体系中的利益攸关者之间彼此互动的复杂过程才能实现。对外贸易、外国直接投资、研发等都将发挥重要作用。对模仿者而言，外国直接投资和最新生产资料的进口都将加速推进技术扩散。对更发达的 ACI 经济体而言，贸易和投资将增加外国竞争，并逼迫公司创新。

知识产权保护（IPR）也同样十分关键。强大的知识产权保护体系可能会阻碍技术扩散，但是通过允许创新者获得较高的回报，可以鼓励更多的人才进行创新。在人力资本方面，模仿者需要得到基础科学教育和技术培训。创新国家则需要开展高水平的科技教育和积极的研发活动（R&D）。ACI 各经济体面临下列挑战。

中国：为了在 2030 年之前加入高收入国家俱乐部，中国必须完成从模仿者到创新者的转变。现在它正处于长足发展的轨道上。过去十年，中国的研究员、科学家和工程师数量增加了一倍。照此趋势，未来十年中国的科技人员数量将与韩国技术腾飞时的数量持平。但它在教育上进步较小。2010 年，15 岁及以上国民的平均受教育年限为 8 年多一点儿，而韩国是 12 年，马来西亚是 10 年。事实上，中国现在所处的水平与 20 世纪 80 年代早期的韩国基本相当。过去十年，中国仅仅将人口的受教育年限增加了一年。

中国在融入全球经济和参与区域高科技生产网络方面，已经取得了骄人的成绩。其贸易占 GDP 的比重超过 60%，对于一个大国而言，这是个很高的数字。高科技产品出口占总出口的比重与韩国相当，甚至比日本还要高。在向高收入国家迈进的奋斗阶段，中国庞大的制造业也可能有助于创新。

印度：直到 2030 年，印度总体上仍然是一个模仿者。因此，印度的优先战略应是促进技术扩散和技术引进。在所有 ACI 经济体中，印度的教育水平最低，而教育水平对于这一发展阶段而言至关重要。2010 年，印度 15 岁及以上国民的平均受教育年限略微高于 5 年。提升教育水平将是印度决策者所面临的主要挑战。

尽管印度的贸易增长极为迅速，所占 GDP 比重与中国基本持平，但是它的高科技产品出口在 ACI 经济体中位居末端，仅次于柬埔寨、老挝和缅甸。通过更加积极地参与区域高科技生产网络，印度可以加速推进技术扩散。在 ACI 经济体中，相对于其 GDP 的规模，印度的制造业规模最小，而且这个比例自从 20 世纪 70 年代以来基本没变。印度要想变成创新者，发展制造业十分关键。因此，吸引制造业外国直接投资非常重要。

东盟：到 2030 年，马来西亚可能是东盟成员中第一个迈进高收入阶段的经济体，也是唯一的大型经济体。它已经有效地融入了全球高科技生产网络。马来西亚要实现从模仿者到创新者这一跨越所面临的最大挑战就是人力资本，尤其是研究员、科学家和工程师数量。尽管在总体教育水平上，马来西亚高于中国，但是在科技人员数量上，甚至按照人均数量来算，也落后于中国。马来西亚和新加坡之间的对比更加鲜明。因此，除了通过本国教育体系培养科技人才之外，马来西亚也应当利用流散于发达国家的马来裔科学家和工程师。

菲律宾和泰国对国际贸易和高科技生产网络开放程度很高，两者都有强大的制造业基础，但是它们同样也缺乏科学和工程人才。泰国人均科学家和工程师数量略高于 2005 年的中国三分之一的水平，整体教育水平也低于中国。菲律宾的情况则发生了变化。菲律宾的科学家和工程师数量只相当于中国 2005 年水平的大约十分之一，但它的整体教育水平则高一些。两国的优先战略都是改善科学和工程教育。此外，它们都应当利用流散国外的科技和工程人才。

到 2030 年，印度尼西亚和越南仍将停留在模仿阶段。两国都必须加快技术扩散。尽管印度尼西亚和越南都比较开放，但是高科技产品出口的比重仍然较低，2009 年只占总出口的大约 10%，而与之相比，马来西亚是 40%，菲律宾是 66%。印度尼西亚和越南都必须提高出口的复杂程度。由于它们国民受教育年限仅有大约 6 年，两国也需要提高教育水平。

4.3　区域生产网络升级

由跨国公司（MNCs）发展形成的区域生产网络（RPNs）是 ACI 区域在制造业上全球竞争优势的主要来源之一。该网络从日本延伸到新兴工业化经济体，如韩国、中国台湾、新加坡和中国香港，并横跨印度尼西亚、马来西亚、菲律宾、泰国和中国。20 世纪 80 年代，跨国公司开始采用碎片化战略，将生产和子流程分散于不同国家，从而实现最低成本生产。遍布全亚洲的区域生产网络将合约商和跨国公司生产的五花八门的零部件整合在一起，并组装成电器和汽车等产品。

东亚地区能源源不断地供应掌握各种技能的、承受不同工资水平的劳动力，并通过培育各经济体的专长，有力促进了碎片化战略的成功。以电视机生产为例，半导体等高科技零部件在日本、韩国和中国台湾生产，因为那里的高技能工人比较充足。连接器和机盒等技术含量低的零部件则由印度尼西亚这样的国家生产。所有零部件在中国组装，因为那里的廉价劳动力比较充足。由贸易自由化、放松管制、物流技术进步，以及通信服务等带来的低贸易成本，促进了区域生产网络的发展。

在区域生产网络布局中，比较落后的发展中经济体的决策者开始追求外国直接投资，因为他们认识到外国直接投资在创造就业、提高国际贸易、提升大规模生产能力上的价值。它还能促进技术和管理技能的转移。假设未来二十年 ACI 区域仍能维持高低不同的工资水平，提供掌握各种技能的劳动力，而且能通过区域贸易协定继续降低贸易成本，那么区域生产网络将依然是该地区的主要增长引擎，而且它还将延伸到更多的国家，扩张到新的行业，例如农业和服务业。亚洲开发银行研究院的模拟显示，劳动密集型产业正经历从高薪经济体向低薪经济体的大规模产业转移，包括从中国转移进入印度和东南亚国家。由于技术升级，在未来十年，单是中国的低收入制造业预计将有 8500 万个工作机会流出。

4.3.1 三角贸易的作用

越来越多的制造类产品以三角贸易的形式流经东亚。生产资料和高科技中间产品（用于生产最终产品的输入产品，例如电子芯片）由位于日本、韩国和中国台湾的公司，以及位于东南亚的跨国公司生产，并运送到中国或东盟其他国家完成组装。日本是该区域最大的中间产品供应方，其次是中国台湾（图 4.2）。大部分成品最后出口到美国、欧洲、日本等其他发达经济体。

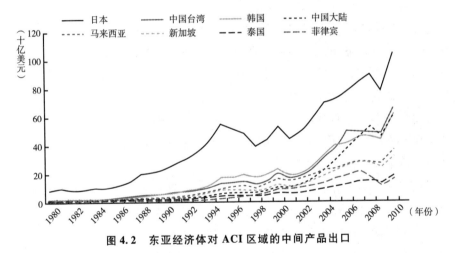

图 4.2　东亚经济体对 ACI 区域的中间产品出口

来源：CEPII - CHELEM 数据库，https：//chelem.bvdep.com（2013 年 3 月 27 日访问）。

东亚最大的出口商品种类是计算机和办公设备，约占 12%。仔细审视这两大类商品，有助于我们看清生产网络的演变，因为这两大种类都使用了由该区域制造的无以计数的零部件。2005 年之前，东盟国家是从亚洲其他地区进口电子零部件最多的地区（图 4.3）。2001 年，中国加入世界贸易组织，增强了外国公司对中国的信心，导致电子产品的最后组装开始从东盟向中国转移，随后此类出口开始迅猛增长。

印度还没有积极融入这样的区域生产网络，但是，它正在逐步融入。METI（2011）的研究发现，1999～2009 年，东亚对印度的中间产品出口增

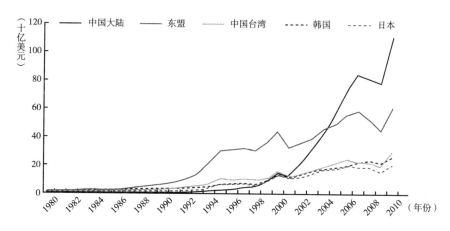

图 4.3 东亚对东亚经济体和地区的电子零部件出口

来源：CEPII – CHELEM 数据库，https：//chelem. bvdep. com（2013 年 3 月 27 日访问）。

长了 540% ，而同一时期印度对欧盟的成品出口增长了 330% ，对美国则增长了 200% 。下文将深入讨论印度对区域生产网络的参与。

未来几十年，东亚、美国和欧洲之间的三角贸易模式有可能变成圆形。换言之，随着亚洲收入的提高，越来越多的贸易将发生在亚洲内部。亚洲内部的零部件贸易将变得更加活跃，而其组装也在亚洲。尽管美国和欧盟仍然是重要的市场，但是产品贸易的更大部分将发生在亚洲内部。

4.3.2 区域生产网络在技术升级中的作用

生产网络能提高参与该网络的公司的生产率。跨国公司可以转移技术和传授高效运作模式（例如及时交付、供应链管理、与供应商的电子数据交换等）。知识的扩散传播具有无限价值，因为如果没有优秀的管理，再高的科技也不可能发挥其潜能。

技术和管理技能的转移有两种形式。一种是从跨国公司的母公司到其国外子公司的内部技术转移。另一种是技术外溢，例如外国子公司向当地公司传授技能。公司内部技术转让的形式有跨国公司母公司工程师对子公司的指导访问、本地雇员的培训以及工作手册的使用等。技术外溢的实现途径有工人流动、公司之间的交易以及模仿等。本地工人或经理在跨国公司子公司掌握技术之后，可能跳槽至一家本土公司，或者创建自己的新公司。Machikita和 Ueki（2012）在对印度尼西亚、菲律宾、泰国和越南公司的生产关系进行研究之后，发现工程师、培训师和培训学员在区域生产网络内的移动十分活跃，他们促进了技术和高效生产方法的传播。两位学者发现，当国内公司和国外公司进行交易时，技术转让更加活跃。这表明外国公司的存在有利于技术传播。

4.3.3　外国投资和区域生产网络

生产网络一直是亚洲吸引外国直接投资的主要磁石，对东南亚的投资先是日本，继而是欧洲和美国。进入 20 世纪 90 年代以后，中国成为吸引全球外国直接投资十分成功的国家，这种趋势一直延续到下一个十年（图 4.4）。东盟也一直不断地吸引外国直接投资。迄今为止新加坡在这方面最为成功，其次是泰国、印度尼西亚、马来西亚和菲律宾。随着生产网络的扩张，外国直接投资开始流入越南和更不发达的东南亚国家，并进入新的行业，例如服务业和农业。直到 21 世纪 00 年代中期，印度的外国直接投资流入依然处于较低的水平，但随后开始迅猛增加，仅仅 2005～2008 年就增长了 5 倍多，超过了东盟六大经济体的年度总和。

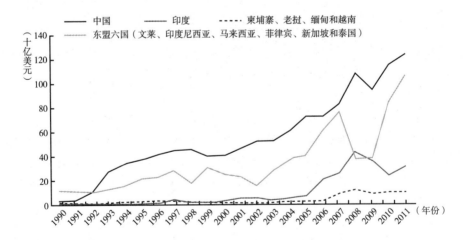

图 4.4　流入亚洲国家的外国直接投资

来源：作者根据 UNCTADStat 的外国直接投资数据库计算而得，http：//unctadstat. unctad. org/ReportFolders/reportFolders. aspx（2013 年 3 月 27 日访问）。

外国直接投资的流入通常受到经济因素、政策框架和商业贸易便利因素的影响，ACI 国家要做的不仅仅是提供廉价劳动力，它们还必须加强对基础设施、教育和技能培训等方面的投资。另外，积极参与全球和区域内贸易协定，促进半成品和设备的自由流动，这一点将变得越来越重要。国内市场的规模和增长，以及维持通胀稳定、保护投资的宏观经济政策等，也十分重要。

4.3.4　日本投资者的卓见

日本国际协力银行（JBIC）2010 年针对日本制造企业所作的一份关于海外有潜力国家的调查提供了宝贵的参考意见（JBIC，2010）。中国依然是日本制造企业最为青睐的投资目的国，但是印度成长很快（图 4.5）。

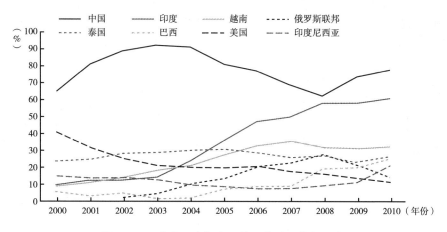

图 4.5　日本公司在投资目的国的外国直接投资

来源：JBIC（2010）。

该调查发现，在亚洲，尤其是在中国和印度，日本对外直接投资的最重要的考量是在投资目的国市场的销售情况。许多亚洲国家的下一个重要考量是，是否有廉价的劳动力和组装供应基地。这些观察表明，许多日本零部件供应商正在扩大与这些国家的组装商的商业合作。

日本公司看待印度、中国、越南、泰国和印度尼西亚的方式存在区别。其一是作为出口国的重要程度。对日本公司而言，印度并不是一个具有吸引力的出口平台。这表明，在可以预见的未来，日本公司可能不会计划将印度纳入其区域生产网络中来。相比中国和某些东盟国家，影响日本对印度直接投资的因素还有一点比较有趣，即产业集群的有限重要性（JBIC，2010）。

调查还揭示了日本公司在这些国家经商所面临的许多问题。法律适用缺乏透明性是比较严重的一个，这一点在中国尤其突出，但是印度、越南和印度尼西亚也很严重（表 4.2）。

表 4.2　日本公司在部分亚洲经济体中面临的问题

JBIC 调查排名	1	2	3	4	6	9	10	10
	中国大陆	印度	越南	泰国	印度尼西亚	韩国	中国台湾	马来西亚
受访公司数量	377	294	156	128	98	30	28	25
法律体系不完善	15.1	18.7	19.2	5.5	11.2	—	0.0	—
法律事务缺乏透明度	57.8	26.9	24.4	8.6	22.4	3.3	3.6	—
复杂的税务体系	12.7	24.5	4.5	5.5	4.1	—	—	—
税务处理缺乏透明度	31.8	16.3	11.5	6.3	10.2	3.3	7.1	—
重税	22.0	5.4	2.6	4.7	5.1	—	—	12.0
FDI 限制	27.3	11.9	12.8	7.0	7.1	—	—	12.0
复杂的或不透明的 FDI 筛选	25.2	15.6	9.0	3.1	6.1	—	3.6	—
知识产权保护不足	50.7	8.2	6.4	4.7	8.2	3.3	—	8.0
外汇交易限制	33.7	9.2	7.7	3.1	3.1	6.7	3.6	—
进口限制/海关程序有问题	18.8	11.6	9.0	5.5	8.2	6.7	7.1	—
工程师招聘存在困难	17.5	9.5	17.3	21.9	16.3	3.3	7.1	—
中层管理人员招聘存在困难	25.5	17.7	26.3	30.5	18.4	10.0	14.3	32.0
工资上涨	63.7	17.3	21.2	25.0	18.4	20.0	17.9	20.0
劳动关系	36.1	16.0	9.0	11.7	11.2	10.0	—	8.0
与其他公司的激烈竞争	56.5	31.6	19.9	32.8	25.5	66.7	57.1	28.0
回款困难	31.3	8.5	3.2	1.6	4.1	—	3.6	—
融资困难	5.8	6.1	3.8	0.8	2.0	—	—	4.0
本地配套产业落后	5.8	12.2	16.0	3.1	7.1	—	—	—
汇率/价格不稳定	4.5	4.1	9.0	1.6	10.2	6.7	—	—
基础设施落后	11.9	47.6	30.8	7.0	17.3	—	—	4.0
社会环境不稳定	10.1	19.0	3.2	50.0	28.6	6.7	3.6	4.0
FDI 东道主缺乏信息	1.6	20.4	14.1	3.9	8.2	6.7	—	4.0

FDI = 外国直接投资；JBIC = 日本国际协力银行。

注：受访公司的比例是指反映相关问题的公司数量占受访公司总数的比重。各经济体比重最高的三项作了标记。

来源：JBIC（2010）。

各国面临的其他问题因国家不同而各有差异。中国存在的主要问题是工资上涨和缺乏知识产权保护；印度和越南的头号隐忧则是基础设施落后，缺乏本土配套产业。配套产业较弱严重阻碍了日本机械制造商的投资，因为它们对本土零部件的来源十分敏感。许多日本公司指出，社会环境不安全是泰国和印度尼西亚存在的主要不利因素。这些发现表明，ACI 经济体必须妥善处理一系列问题，以吸引外国直接投资，并融入区域生产网络。

ACI 各国的专长也将影响它们对区域生产网络的未来贡献。处于技术模仿阶段的国家，例如印度尼西亚和越南，应当注重提升零部件供应的质量，获得适当的技术。模仿创新国家，例如马来西亚、泰国和菲律宾，应当通过研发，开发新型零部件。像中国和新加坡这样的创新国家，应当在节能汽车、机器人和先进机械设备制造等领域，通过自身努力和与发达国家合作，将自身打造成为新产品和技术的培育基地。

将印度纳入其中是扩大 ACI 区域生产网络的又一个机会。印度正成为越来越多汽车和电子零部件的来源地，这些零部件将在东亚国家组装，并出口到欧洲和中东地区。印度从东亚进口的电力机械和运输机械零部件到 2000 年增加了 6 倍多，到 2009 年增加了 9 倍多。而其电力机械产品出口增长了 11 倍多，运输机械产品出口增长了近 10 倍。① 如果印度能成功吸引外国直接投资，并发展制造业，将进一步融入区域生产网络。印度还需要提高自己的技术能力。鉴于它在许多行业中的信息技术外包和研发服务中颇有竞争力，印度潜力巨大。

4.4　ACI 区域增长的新引擎——服务业

ACI 区域的制造业已经取得了迅猛发展，它甚至将注意力从其他增长目标转移开来。由于 ACI 大部分地区的制造业都比较成熟，服务业将不得不成为更大的增长引擎。

1980 年以来，ACI 区域的服务业发展迅速。1980 年，它只占区域 GDP 的 37%，2007 年时，它已经占到大约 45%。但是与之形成鲜明对比的是，发达国家服务业占 GDP 的平均水平大约是三分之二。ACI 各经济体中，只有新加坡的服务业达到了这种水平。在文莱，服务业占 GDP 的比重为大约一半。2007 年，在中国和印度尼西亚这样的国家，其服务业的规模仍相对较小，与比它们穷得多的经济体（例如老挝和越南）水平相当（图 4.6）。

需求将推动服务业快速增长。一个原因在于，如果一国的服务业占经济的比重越大，人均收入就越高（图 4.7）。这表明，一个生机勃勃、具有竞争力的服务业不仅对 ACI 区域的经济转型十分重要，而且有助于 ACI 各国避免掉入"中等收入陷阱"。ACI 城市是重要的催化剂：城市密度将创造丰

---

① 　根据 RIETI 贸易数据库计算得出，http：//www. rieti－tid. com/（2011 年访问）。

富多样的商业服务需求与机会；它还能促进医疗保健、教育等公共服务发展，并产生购物中心、金融服务和文化设施等私人需求。

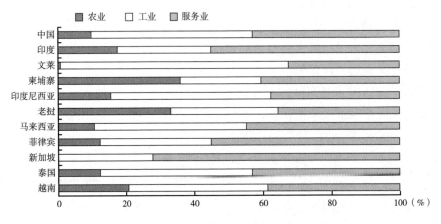

图 4.6　按活动类型细分的国内生产总值（2007 年）

来源：世界发展指标在线，http：//data.worldbank.org/data - catalog/world - development-indicators（2012 年 9 月 25 日访问）。

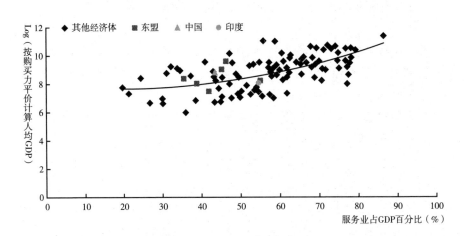

图 4.7　按购买力平价计算的人均收入和服务业占 GDP 百分比的对比图（2009 年）

来源：世界发展指标在线，http：//data.worldbank.org/data - catalog/world - development-indicators（2012 年 9 月 25 日访问）。

要使服务业充分发挥其增长潜能，必须进行经济改革。ACI 经济体对金融、电信和零售贸易等领域的政策限制较多。为了吸引资源和人才进入服务业，需要建立一个功能完善的劳动力和资本市场。

4.4.1 ACI区域的服务业和经济发展

服务业是ACI各国整体竞争力中不可或缺的一环，因为它和经济活动的其他方面密切相关。金融、电信和交通使得各公司可以在全球市场中从事商业活动、展开竞争（Arnold，Mattoo，and Narciso，2008）。例如，物流服务的质量与一国的贸易表现及其在国际市场上零部件贸易的竞争力密切相关（Arvis et al.，2010；Saslavsky and Shepherd，2012）。在印度，由于电信、保险和交通等领域的政策比较开明，银行业的生产率获得了提高（Arnold et al.，2010）。教育服务对发展人力资本十分关键。的确，宏观经济有证据表明强大的服务业可以转化成更快的经济增长（如Hoekman and Eschenbach，2005）。

服务业仅凭自身就成为生产率增长的重要源泉。和制造业相比，虽然每个工人的增值水平普遍较低，但是在有些情况中它比工业领域增长要快。例如，最近几十年印度服务业的人均产量增长和全要素生产率一直都比制造业高出许多。印度尼西亚和菲律宾也是如此（图4.8）。

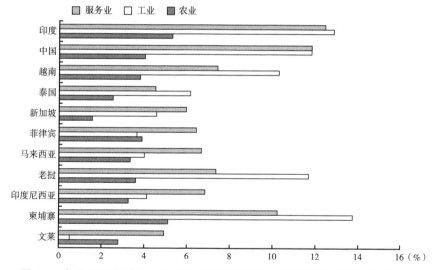

图4.8 部分ACI经济体各行业人均增值的平均年化增长率（2000~2007年）

来源：世界发展指标在线，http://data.worldbank.org/data-catalog/world-development-indicators（2012年9月25日访问）。

4.4.2 ACI区域服务贸易有待发展

在有些ACI经济体中，服务进出口正逐步成为增长引擎。然而，可用数据表明①，将 ACI 区域作为一个整体来看，其服务贸易的潜能尚有待进一步释放。服务贸易总额仅占 GDP 中相对较小的份额。相比制造业出口占总产量的比重，服务增值占增值总额的比重也要小得多。平均而言，相比中国或印度，东盟国家在国际服务市场的参与度较高（图 4.9）。

由于缺乏双边分类贸易数据，很难了解 ACI 经济体具体的服务贸易，这与 ACI 各国之间的贸易，以及它们与世界其他地区的贸易截然相反。不管怎样，从可用数据中依然可以得出一些推论。近年来，东盟对中国的出口以每年 29% 的速度迅猛增长，对印度则是 26%。东盟内部的服务贸易业同样增长迅速。预计未来仍将有相当可观的增长。正如下文所述，尽管 ACI 区域服务市场日益一体化，决策者还是能创造配套环境，加速推进这一进程。

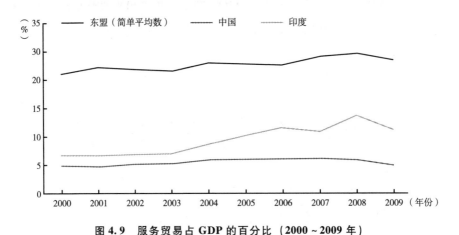

图 4.9 服务贸易占 GDP 的百分比（2000～2009 年）

来源：世界发展指标在线，http：//data. worldbank. org/data – catalog/world – development-indicators（2012 年 9 月 25 日访问）。

国际贸易能提高效率，降低服务成本。ACI 区域的服务贸易成本比货物贸易成本要高（图 4.10）。从全球范围来看，国际服务贸易成本是国内贸易成本的大约 2.5 倍（Miroudot，Sauvage，and Shepherd，2010），部分原因在于限制性政策的存在。在中国、印度和印度尼西亚，这个数字是 200%。②

最近的研究表明，向国际竞争开放的服务业往往生产率更高，而且增长

---

① 在国际服务贸易的数据分析中，必须留意大量的注意事项。例如，常用数据大多只记录纯粹的跨境贸易（服务贸易总协定模式 1）。详见 Shepherd and Pasadilla（2012）。

② 见经济合作与发展组织《中国和印度的产品市场调节指标》中的研究发现。

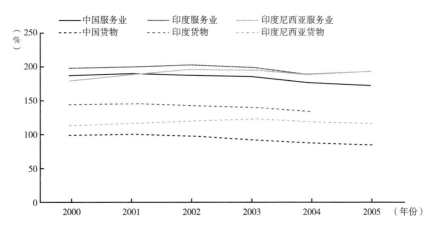

图 4.10 中国、印度和印度尼西亚的贸易成本所占百分比（2000～2005 年）

来源：Miroudot, Sauvage, and Shepherd (2010)。

更快（Miroudot, Sauvage, and Shepherd, 2010）。但是首先必须要有功能完善的劳动力和资本市场，这样资源才可以进入生产率更高的公司。有证据表明，区域服务市场的自由化能整体降低该区域与全球进行贸易的成本。因为区域服务市场自由化比货物的辨识度要低，因此它能成为多边贸易自由化的基石，而非障碍。

还有大量证据表明，服务贸易自由化能在其他经济领域，尤其是在制造业中产生溢出效应。例如，Blyde 和 Sinyavskaya（2007）发现，服务贸易每增长 10%，货物贸易就会增长 6%。制造业出口的最大好处来源于交通和电信服务效率的提升。服务贸易还对外国投资具有较强的积极溢出效应，因为服务贸易总协定包含了外国直接投资的范畴。Borchert 和 Mattoo（2009）指出，在经济危机中，服务贸易比货物贸易更具弹性。

4.4.3 服务业前途无限

各经济体之间服务业增长的机遇各不相同。医疗旅游在泰国、菲律宾、新加坡、马来西亚以及印度等国发展前景广阔，在这些国家享受高质量医疗服务的花费要低于发达国家。印度和菲律宾在医学文书、远程病理、电子诊断服务的出口上，处于世界领先水平。两国都因为拥有大量受过良好教育、会讲英语的工人而具有比较优势。高质量人才的稀缺限制了医疗服务贸易的高速发展。医疗旅游需求的增长给 ACI 经济体带来的压力，使得它们不得不允许更多的外国医生和医学专家在本国从业。东盟国家已经在内科、牙科以及护理服务方面签订了互认协议来增强劳动力流动性。

教育是 ACI 经济体服务业中另一个前景光明的领域。教育产业在亚洲有大量的交流合作，尤其是在高等教育方面。新加坡、马来西亚、中国大陆、中国香港等地的大学与北美和欧盟的顶级学府通过结对安排①、联合培养项目、特许协定以及远程学习保持了积极的合作关系。亚洲的主要城市十分欢迎外国大学来建立分校。世界名校的分校有 26% 在亚洲，其中 80% 分布在马来西亚、新加坡、中国大陆和中国香港（图 4.11）。

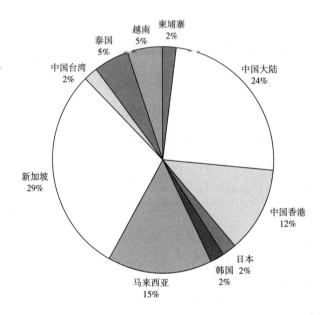

图 4.11　部分亚洲经济体作为东道国的国际分校分布情况②

来源：Shepherd and Pasadilla（2012）。根据 Becker（2009）附录 A 的数据计算。

为了吸引外国大学，ACI 经济体为它们在建立教学设施、降低租金，并且为学生提供奖学金方面提供帮助。在许多教育中心，由于政府给予的支持

---

① 结对安排是指来源国 A 的学校与东道国 B 的学校开展合作项目，以便学生可以在东道国 B 和/或来源国 A 进行课程学习，获得学分，并由来源国 A 授予学位。结对安排通常要遵循来源国 A 的规章制度。另外，亚太综合组织（2009 年）为高等教育中的各种主要安排计划提供了进一步说明。

② 该饼状图数据之和为 98%，因另有约 2% 分布在亚洲其他地区。——本书编者注

很少，所以半官方机构和非政府机构扮演着赞助商或合作伙伴的角色。尽管有一些分校由母校全资拥有，但是大部分的分校在当地都有合资伙伴。

我们有理由相信教育服务贸易将继续增长。其中一个原因就是，从历史上看，欧洲和北美的大部分留学生都来自亚洲。但是，最近北美和欧洲的学生已经有兴趣更多地了解亚洲。一项关于学生流动性的调查显示，在外国学生想去的目的地排行榜中中国排名第六（OECD，2010 年），排在传统上受青睐的国家，例如美国、英国和法国之后。在中国的外国留学生中，美国学生人数位于韩国学生人数之后排名第二。建立分校的第二个原因是在北美或欧洲学习和在亚洲学习所需成本存在巨大的差距。曾经有许多马来西亚大学生在国外学习，现在，他们只需花费一半的学费就可以在外国大学的分校中得到相同的学位或资格证书（Economist，2011）。吸引外国学生的竞争在亚洲国家刚刚开始，它们希望借此在未来十年吸引 8 万 ~ 50 万名来自世界各地的国际生（Bhandari，Belyavina，and Gutierrez，2011）。

在有些亚洲国家中，离岸外包已经成为一个非常重要的服务领域。作为全球外包服务先锋的印度，早已作为世界的后勤局，而享誉全球。由于印度方面发展迅速，加之越来越多的欧美公司改进了对离岸业务的观念，离岸外包已吸引了越来越多的国家加入全球竞争，抢夺市场份额。

离岸服务的范围正在扩大。在该行业的早期发展阶段，大多数外包服务主要涉及常规的呼叫中心、信息技术支持、软件和会计工作。如今，研发、产品设计和工程建造等具有更高价值的知识流程外包服务快速发展，这些都曾经被认为是核心竞争力。印度在外包服务的许多领域仍然占据优势。但是中国在外国制造型企业的帮助下，在某些特定服务中快速站稳了脚跟，例如采购和产品开发。菲律宾在呼叫中心和具体业务流程等领域竞争力增强，而且由于法律体系的相似性以及语言优势，它吸引了越来越多的来自美国的法律服务工作。东欧和中国都侧重于非语音服务。

调查发现，尽管外包降低成本仍然是一个主要推动力，但是其他原因也慢慢变得更加重要。这些原因包括优质的人才资源、重新设计业务的需求和进入市场增长速度（Shepherd and Pasadilla，2012）。这些新兴趋势的一个含义是，以大型外包市场为目标市场的政府部门必须在教育质量上进行投资，并且培育具有大量熟练工人的人力资本池。其他关键因素还有 IT 基础设施质量和相关制度等。

4.4.4 促进服务贸易的政策

ACI 各国决策者可以通过减少许多领域的准入障碍、减少现有公司成本的方法来大力促进区域和国际服务贸易的发展。监管必须变得更有效和更有效率，这样它才会对经济成本产生最小的影响。一般情况下，在现有公司和新进入者之间、在国外和国内企业之间实施区别待遇不利于实现监管目标。通过减少法律和实际的歧视，ACI 国家可以从服务贸易增长中获得显著的经济利益。

ACI 各国应当把向国外公司开放服务市场作为优先战略。对进入者采取法律形式的限制，要求它们组成地方合资企业，或者对外资股权的限制，都会导致本地市场竞争力的降低，并可能抬高价格，降低服务质量。外国直接投资有利于 ACI 区域服务业的技术升级，促进信息流动和劳动力技能提升。和制造业一样，外国直接投资将支持服务业形成区域生产网络。

ACI 经济体应大力推进区域一体化议程，促进服务业发展，这一点非常重要。这些目标都体现在东盟意欲建立单一服务市场的宏伟目标中；随着时间的推移，它们将需要覆盖整个 ACI 区域。和东盟－中国服务贸易协定一样，应当实施东盟经济共同体（AEC）蓝图[①]。东盟和印度之间的服务谈判进展困难，但各方都希望分歧很快得到解决。为了建立更加一体化和国际化的服务市场，监管机构还必须到位。

4.5 重振农业

尽管整个 ACI 区域的农业占 GDP 的比重一直在下降，但是农业依然能成为新的增长引擎。为了满足日益富裕的城市人口对合理价格的食物的需求，农业仍然是不可或缺的。根据基线预测，随着中国的快速发展，到 2030 年 ACI 预计将消耗世界粮食总量的一半，而 2004 年仅为三分之一。到 2030 年，ACI 区域实际人均食品消费预计将会是 2004 年的两倍（表 4.3）。中国人均消费量预计将增加 226%，印度是 177%，东盟是 121%

[①] 2007 年，东盟领导人正式通过了 AEC 蓝图并加快实施 AEC。这个蓝图要求东盟成员在 2015 年之前建立 AEC。AEC 的委员会有责任监控实施进度。这个蓝图是东盟致力于加强成员间区域经济一体化的一个里程碑（Soesastro，2008）。

（Anderson，2011）。国际食品价格到 2030 年将会更高。

ACI 国家粮食自给率预计将进一步下降。一方面，到 2030 年，中国大多数的食品自给率将下降，其中包括粮食和肉类。另一方面，印度预计将增加大米、小麦和其他粗粮在国内生产的比重，而肉类、油料种子、糖和棉花的自给率则会下降。在东盟，大多数食物的自给率将减少（表 4.4）。

表 4.3　农产品和食品的人均实际家庭消费量的预计变化

单位：%

	基线情境			贸易改革情境[a]			
	核心基线	更低的主要 TFP	更高的粮食生产力	ASEAN + 6，不含农业	ASEAN + 6，包括农业	ASEAN + 6 MFN	全面贸易自由化
中国	226	160	228	0.0	0.2	0.9	1.3
东盟	121	88	123	0.9	1.7	3.4	3.6
印度	177	130	178	− 0.3	0.4	1.3	1.3

ASEAN + 6 = 东盟 + 澳大利亚、中国、印度、日本、韩国和新西兰；MFN = 最惠国；TFP = 全要素生产率。

注：从 2004 年的基础上变化，2030 年的核心和可选择性增长情境，以及贸易改革导致的核心基础变化。

在本分析中，由于 2004 年是在食品和燃料价格激增以及北大西洋经济危机及衰退发生之前，因此以 2004 年为基准年比较理想。本章的核心预测认为，美国与中国的农贸政策和贸易不平衡将会继续，而且先天优势和生产率增长率上涨将使农、矿和工业产品的全球出口供应量增加，几乎与进口需求步调一致。该核心预测可以同 2030 年的两种可选增长情境相比较。一种是全球第一产业的生产率增长放缓，另一种是假定中国、印度和东盟为了减缓粮食进口依存度的增长速度，加大了国内农业的研发力度，从而使粮食生产率增速加快，否则，根据核心情境的预测，粮食进口依存度将上升。

a. 这个分析包含两种贸易政策情境：第一种情境是区域货物市场将会部分或全部开放；另一种情境是所有发展中国家依照对世界贸易组织的承诺，将农业出口关税提高至法定极限。

来源：Anderson and Strutt（2012）。

表 4.4　农产品自给率

	2004 年基线			2030 年预测[a]		
	中国	印度	东盟	中国	印度	东盟
大米	1.00	1.04	1.08	0.98	1.11	1.04
小麦	0.84	1.03	0.11	0.65	1.22	0.05
粗粮	1.01	1.03	0.92	0.96	1.08	0.90

续表

	2004 年基线			2030 年预测[a]		
	中国	印度	东盟	中国	印度	东盟
水果和蔬菜	1.01	0.99	1.05	0.92	0.97	1.03
油菜籽	0.47	1.01	0.79	0.19	1.00	0.66
糖	0.95	0.98	1.01	0.85	0.95	0.95
棉花	0.64	1.00	0.17	0.48	0.91	0.10
其他粮食	1.80	1.04	1.07	0.34	0.99	0.76
牛羊肉	0.89	1.03	0.87	0.64	0.99	0.78
猪肉和鸡肉	1.01	1.00	1.00	0.79	0.97	0.92
乳制品	0.97	1.00	0.65	0.93	1.02	0.70
其他食物	1.03	0.97	1.17	0.92	1.02	1.24

注：以 2004 年为基准年以及 2030 年 ACI 经济体关于加快粮食生产率增长的情境作出的预测。

a. 2030 年核心预测的基础是 ACI 经济体粮食种植全要素生产率增速不断加快。

来源：Anderson（2011）。

ACI 经济体的农业升级也将降低挑战的难度，否则在未来几十年形势将更加严峻。由于投资、研发和技术方面的欠缺，农业部门经常处于被忽视的地位。目前，许多 ACI 经济体面临着食品供应和居民营养不良的问题。2011 年，中国、印度、印度尼西亚、新加坡和越南经历了两位数或接近两位数的食品价格通货膨胀，这在一定程度上是受国内大米、小麦和其他主要原料价格上涨的影响。这导致全面通货膨胀上升，因为食品对这些经济体的消费价格指数影响巨大（ADB，2011d）。由于城市化和收入的上涨，ACI 经济体城镇居民的饮食模式预计将发生巨大改变。

要提高产量，必须完善灌溉体系。同样，必须提高农作物管理水平，特别是杂交水稻的管理水平。在农业基础设施建设中，必须加强对交通运输、通信和电力的投资。制定更完善的能源和水资源政策，改善土地管理方式，扩大融资渠道和完善当地制度建设对生产率的提高十分重要（Dev，2011）。

ACI 地区要将农业打造成更加强劲的增长引擎，就必须大幅提高生产率和创新能力。廉价劳动力供应正在减少，其他产业对于土地的竞争日益激烈。ACI 经济体必须将农业打造成为更加现代化的商业体，反映其在蓬勃的经济领域所取得的进步。政府也应该帮助农民丰富非谷物产品的生产种植，如肉类、鱼类、水果类、蔬菜类和乳制品等。由于 ACI 区域的大部分农业用地小而分散，小农场主们需要特别关注相关风险，例如种植新作物、生产率下降和环境挑战等带来的风险。建设更多的超级市场、发展订单农业、成立生产者组织等，将有助于防御风险。

营养管理、生物技术、信息技术和免耕方法等技术创新的潜力巨大。水资源的使用与管理制度、供应链、土地管理、妇女协作会和小型土地所有者可以帮助传播新技术和实践推广。

市场营销和价格激励是吸引农业私人投资的有效手段。大型零售商有巨大的购买力，它们比生产者更能协调消费者的需求和偏好，并且在产品质量、可靠度、产品分化和包装上有更强的专业知识。跨国公司通过实施承包种植项目、订单农业、产销合同和其他形式的垂直协作已经改善了农业价值链（Gereffi，1994）。

并不是所有农业生产者都具备资金和技术上的赶超能力。由于瘟疫和天气等风险因素，农民通常不能获得贷款。对于生产者和债权人来说，缺少担保机制也会使投资更具风险。ACI 政府正在采取措施处理这些问题。此外，还需要将 ACI 经济体的农民与全球价值链更好地连接起来（Nag，Bhattacharyay，and De，2012）。

如果 ACI 经济体能振兴农业，它将会有更多的发展机会。全球范围内对于农产品的需求日益增加。ACI 经济体和世界其他经济体将会受益于更加可靠的食物供给和更加高效的全球分配。

贸易壁垒的存在是阻止农业贸易发挥潜力的一个因素。贸易壁垒中的较高关税和数量限制阻止了农产品交易的增长。对实行贸易壁垒给出的理由常常是要保护当地工业或维持进口货物的质量标准。然而，这些绊脚石可以用妥善的政策措施来解决。这些政策措施将帮助那些受到不利影响的行业作出调整，并鼓励那些有天然竞争优势的行业继续从科技发展中受益（Nag，Bhattacharyay，and De，2012）。

为了促进农业贸易增长，进口税或增值税、出口限制、价格调控应该被废除或减少。这些举措也将吸引私人投资进入农业部门。对零售部门放宽外国直接投资规则也将是一个促进因素。

在 ACI 经济体中，农业区域合作的其他领域包括：

＊创建 ACI 食物银行，减少各国缓冲库存的开支。

＊加强新科学技术和研发合作，特别是在提高作物产量、发展非生物耐

压力品种和杂交、自然资源管理技术、水资源需求预测、遥感以及系统建模等多个领域。

＊发展区域性培训机构以提高能力和知识。

＊在种质、提高疾病管理技术和实践水平、提高动物繁殖率等领域开展经验、知识、技术以及信息的交流。

＊在国际农业研究磋商小组（CGIAR）系统以及国际半干旱热带作物研究所（ICRISAT）开展南南合作（Dev，2011）。

ACI国家也应掌握全球和区域主动权，阻止农业大宗商品贸易及农产品生物燃料制造等领域的投机性经济活动，近年来，这些投机活动已经对食品供应产生了严重影响。

4.6　自由贸易和外国投资

从20世纪80年代到90年代，伴随着各国国内大规模的经济改革，ACI经济体的贸易和外国直接投资的自由化促进了出口和对内投资的快速增长。原先促进进口替代性的激励措施转变为鼓励生产的措施，这使得国家对跨国企业更具吸引力。到2012年，中国、印度、菲律宾、泰国等国家的关税由原来的30%～40%，跌到了10%以下。非关税壁垒也下跌了。同时，许多东亚经济体在实行减税等优惠政策的基础上，还为外国直接投资者减少了一些阻碍，例如，放松了外国直接投资在本国市场准入、特定行业的"负面清单"、建立企业的权利和外资股权的限制等。这些改革措施使得ACI国家改善了资源配置情况，利用了规模经济，还从国外市场学到了有价值的知识和技能。

可是仍然存在巨大的障碍。例如，许多亚洲经济体仍然有行业保护现象，例如对汽车和钢铁制品等征收高关税，对投资进行限制等。农业也受到了严密的保护，当然这种情况在发达经济体也同样存在。但正如下文所讨论的，东亚国家之间扩展商业机遇的渴望引起了一股签订地区自由贸易协定（FTA）的热潮，这将会扫清许多障碍。

贸易与外国直接投资便利化也将会成为更重要的问题。大量的潜在便利措施包括技术标准的统一和海关手续的简化。表4.5表明印度、中国以及许多东盟成员国家仍然需要减少贸易往来的时间与成本。

表 4.5 跨境贸易——贸易便利化（2012 年）

	排名(185个经济体)	出口文件（数量）	出口时间（天）	出口成本（美元/集装箱）	进口文件（数量）	进口时间（天）	进口成本（美元/集装箱）
澳大利亚	44	6	9	1100	7	8	1120
文莱	40	6	19	680	6	15	745
柬埔寨	118	9	22	755	10	26	900
中国	68	8	21	580	5	24	615
印度	127	9	16	1120	11	20	1200
印度尼西亚	37	4	17	644	7	23	660
日本	19	3	10	880	5	11	970
韩国	3	3	7	665	3	7	695
老挝	160	10	26	2140	10	26	2125
马来西亚	11	5	11	435	6	8	420
缅甸	NA	NA	NA	NA	NA	NA	NA
菲律宾	53	7	15	585	8	14	660
新加坡	1	4	5	456	4	4	439
泰国	20	5	14	585	5	13	750
越南	74	6	21	610	8	21	600

NA = 无。

来源：2013 年世界银行经商指数，http://www.doingbusiness.org/data/exploretopics/trading - across - borders（2013 年 4 月 3 日访问）。

4.6.1 实施区域自由贸易协定

2000 年，亚洲有 3 个自由贸易协定。到 2012 年，变成了 71 个。还有 84 个协定已被提出或正在谈判中（Kawai and Wignaraja, 2013）。1992 年成立的东盟自由贸易区（AFTA）是唯一的区域协定。自由贸易协定的爆炸式增长不仅反映了各国对全球贸易对话进展缓慢的不满，还表达了该地区通过持续的贸易和投资自由化支持复杂生产网络的需要，同时这也是对世界各地广泛兴起的自由贸易协定的一种防范性回应。

自由贸易协定的利益和成本是多边谈判的主题。支持者指出，贸易协定能强化区域贸易一体化的政策，为多边贸易自由化打下基础。通过自由贸易协定推动亚洲市场一体化也能促进区域内贸易和投资，并为本地区提高产能、促进消费创造机会。然而，当某些行业自由化之后，也会有利益受损者。因此，有必要采取措施，通过工人再训练和能力提升，提高劳动力流动性（背景方框4.1）；通过减少新公司准入障碍，以及通过结构性改革促进破产公司的退市，帮助公司从利益受损的行业转移至受益行业。特定行业的贸易保护主义政策应当尽可能避免，而相互竞争应该加强。

批评者也担心自由贸易协定的浪潮会侵蚀多边进程，并导致"面碗效应"，即因原产地要求的规则重叠造成巨大经济损失。Baldwin和Kawai（2008）认为，自由化标准、排他性清单、原产地规则以及多种标准存在的差异，使得协议规则重叠化、复杂化，进而致使经济交流变得繁琐笨拙。

尽管顾虑重重，但一项研究显示复杂的原产地规则给东亚公司造成的负担是有限的（Kawai and Wignaraja，2009）。调查同时发现，亚洲公司，尤其是那些比较大的、根基稳固的公司，对自由贸易协定态度积极，并且更加广阔的市场准入和更低的中间品进口成本给它们带来的好处超出了与这些协定相关联的费用。这表示尽管全球经济危机导致全球贸易额下降和新兴保护主义抬头，但自由贸易协定确实促进了公司之间的贸易——尤其是在当前经济复苏的背景下。

为了尽可能地利用该地区的一揽子自由贸易协定，公司需要更有效地制定贸易业务计划。同时，决策者应该设法使与多个重叠的自由贸易协定相关的交易和管理成本最小化，同时将关税优惠和市场准入扩大的利益最大化。一些短期的补救措施有降低最惠国关税、使原产地规则合理化等。

通过制定该区域内许多国家之间的自由贸易协定可以解决面碗效应所产生的相关问题（Chia，2009）。Kawai和Wignaraja（2009）认为，区域性自由贸易协定也将推动亚洲贸易和投资的增长，并提高专业化程度和规模经济水平。签定区域性自由贸易协定使统一颁发原产地证书、使用自认证程序，以及实现原产地规则充分累积成为可能。

在东亚地区，越来越多的国家认识到加强双边和多边协定的好处。然而，与区域自由贸易协定相竞争的提议不在少数。例如，包括东盟、中国、日本和韩国在内的东亚自由贸易区（EAFTA）以及包括印度、澳大利亚和新西兰在内的东亚全面经济伙伴关系（CEPEA）。亚太经济合作组织成员的跨太平洋伙伴关系协定（TPP）也已被提出。

从Kawai和Wignaraja（2009）所作的可计算的一般均衡分析可以看出，

区域协议将会给许多双边协定带来很多好处。东亚自贸区将会为全球收入作出贡献，而范围更广的东亚全面经济伙伴关系带来的好处将更大。但作为第三方，如美国或者欧盟，对于他们而言，不论是被东亚自贸区抑或是被东亚全面经济伙伴关系排除在外，损失都很小。

对于较为贫穷的亚洲国家来说，自由贸易区既有机遇，也有风险。机遇包括更加广阔的市场空间，以及更多的区域生产网络参与机会。而由此带来的风险，包括来自效率更高的外国公司的更多更激烈的竞争。针对较贫困国家的保护措施和能力建设援助将对提升经济欠发达的东盟国家的供方竞争力起到重要作用。

东盟正在逐渐成为整个区域内一股主要力量。东盟已经同中国、韩国、日本、印度以及澳大利亚－新西兰分别签署了协议。东盟已经开始了到2015年建立东盟经济共同体（AEC）的步伐。

东盟经济共同体有助于为本地区服务一体化创建一个潜在的模板。东盟经济共同体的一个目标就是，"在遵循国内法规的前提下，东盟供应商在本区域内提供跨境服务、设立跨国公司等基本不受限制"（ASEAN，2008）。不同行业的自由化措施主要集中于服务贸易总协定模式 1 ~ 3。具体准则有取消在跨境贸易、外资持股和股权等方面的限制条款。与东盟之前的服务自由化方法相一致，亚洲经济共同体的发展蓝图指出在 2010 年之前优先实现四个行业的一体化，这四个行业是航空业、电子化东盟，医疗和旅游。到 2013 年，实现物流行业的自由化，而其他行业要在 2015 年之前实现开放。各国可灵活选择不同的速度，推进"东盟减 X"准则。该蓝图还分别谈及了各国的金融服务，并且指出金融自由化的速度和范围可能小于其他行业，这主要是因为某些国家对自由化和金融业稳定性之间的关系心存担忧。

然而，尽管亚洲经济共同体关于服务业的蓝图雄心勃勃，但真正落地实施起来，问题依然严峻。连续的自由化"一揽子方案"为成员国确定了一系列的实施措施。截至 2010 年（ASEAN，2010），随着该计划超过 70% 的目标和 80% 的单一市场目标的实现，东盟秘书处的 AEC 记分卡显示自由化进程取得了令人瞩目的进展。然而，记分卡也表明，尽管服务业已经启动了其他改革方案，但是任务依然很艰巨。对亚洲经济共同体的服务业发展蓝图上的进展，还有一些分析的质疑声音更大（详见Fink and Molinuevo，2007）。

同货物贸易相比，东盟与中印两国达成服务业双边协定的难度更大。它和印度的服务协议仍在谈判中，事实证明按照服务贸易总协定模式 4 难以取得进展。① 按照积极清单的方法，东盟于 2007 年与中国达成了一个服务贸易协定。换句话说，按照积极清单和消极清单列出开放水平的混合方法，自由化只在某些特定的行业取得成效（Fink and Molinuevo，2008）。中国在服务贸易下的义务比其在服务贸易总协定中的限制更大。这表明中国已经接受了程度较轻的附加自由化。

展望未来，ACI 经济体应该继续利用区域一体化提议，改革规范关键服务行业，这一点非常重要。鉴于商品贸易自由化的区域协定经常受到严重歧视，服务业的情况则好得多（Miroudot，Sauvage and Shepherd，2010）。这是因为降低准入障碍或者降低企业成本压力的改革平等地适用于所有贸易伙伴，而不是首选合作伙伴。因此，如果实施到位，ACI 区域融合背后的政治因素有助于在区域服务业方面获得广泛的好处。

投资自由化协议应该为投资保护、便利化和自由化提供实质性条款。协议也应该包含解决争议的程序。② 高质量的投资协议将会促进外国直接投资的流动，加快发展中亚洲的技术升级。ACI 经济体还通过促进工人流动——尤其是熟练工人的流动——和服务业自由化来提高生产力（背景方框 4.1）。

东盟经济共同体提出了投资自由化、便利化的倡议。东盟的投资合作通过 1998 年东盟投资区框架协议开展实施，而投资保护却是通过 1987 年的东盟促进投资与保护协定或东盟投资保证协定（IGA）来实施的。2009 年 2 月，东盟投资区被东盟全面投资协议（ACIA）取代，后一协议考虑了基于自由、保护、便利和促进四大支柱的国际最佳实践。东盟全面投资协议也包含新的条款。例如，所有产业，包括制造业，农业，渔业，林业和采掘业，以及这五个产业的附带服务业，都将实现自由化。东盟同中国、韩国、澳大利亚－新西兰签署的自由贸易协定都有投资协议条款。印度和日本正在协商投资协议。

---

① 正如服务贸易总协定（GATS）所定义的那样，四种服务贸易模式分别是：模式 1——跨境交易，模式 2——海外消费，模式 3——商业存在，模式 4——自然人移动。显然，服务自由化是正确的方向。然而，在本书写作时，由于事后评估尚未全部完成，自由化实际贯彻到何种程度并不明确（EIC，2012；ASEAN，2012a，2012b）。

② 本段参考了 Kotera（2006）。

背景方框 4.1：移民和生产率

移民的增多增加了一国劳动年龄人口的数量，有利于生产率提高和经济增长（Morley，2006）。人均产量增加，尤其是受到良好教育的移民的产量增加，对经济增长有积极的影响。由于输出国和输入国熟练工人相对于不熟练工人工资的增加，移民将重新分配部门就业和生产，从而提高生产率。由移民所带来的汇款增加能够使输出国经济形成一种有效的再分配机制。对于输入国来说，移民会增加资本形成并减少资本强度，增加资本的边际生产力，进一步鼓励全球储蓄，这意味着输出国和接收国的趋同（Levine et al.，2010）。

ACI 经济体劳动力过剩和劳动力缺乏的国家在廉价劳动力、低技能劳动力和高技能劳动力等方面的人口不平衡将会加剧。中国、泰国、越南、印度尼西亚和其他国家预计将有大量的老龄化人口，劳动人口和总人口的比例在 2030 年会达到 25%～40%。劳动力自由移动，尤其是 ACI 区域范围内熟练工人的自由移动，能够提高经济效益和生产率，并且大幅提高福利水平，改善生活质量。ACI 经济体的工资和生活标准差异巨大，这将在未来几十年成为跨区域移民的激励因素。随着劳动力减少以及储蓄与投资率的降低，人口老龄化预计会降低生产率，减缓经济增长。这可能会降低产出和消费增长率，并减少人均税收。因此 ACI 经济体需要制定妥善且一致的移民政策来共同承担因人口老化和劳动力人口减少造成的负担。

来源：依据 Wilson，Verma，and Jaynthakumaran（2012）编写。

4.7　基础设施作为经济增长的动力

自 21 世纪初以来，ACI 经济体在基础设施方面有了很大的提高。未来二十年，该区域的基础设施需求依然很大。仅中国就需要 4.37 万亿美元的投资，印度需 2.17 万亿美元。不管是硬件还是软件，基础设施项目的规划、协作、融资以及实施对区域生产率政策来说都是重大新机遇。

硬件基础设施的投资，如运输、信息技术服务、物流、电信等，都能在各个经济领域促进生产率增长。这减少了贸易和物流的支出，保证了经济增长具有充分活力，并可以提供互联互通以促进竞争性产业的形成以及加深区域性生产网络工作协调性。"软件"基础设施投资，即支持公司竞争的商业流程，同样很重要。

尽管区域经济取得了巨大进步，然而财政赤字依然很高。仅仅是满足能源、运输及水资源不断增长的需求都将会是一个极大的挑战，尤其是对于中国和印度而言更是如此。另一个挑战是提高基础设施质量，这也是全球化经济竞争的一个主要方面。如表 4.6 所示，ACI 经济体在这方面的表现差别很大。总体上，该区域已在提高基础设施质量和竞争力方面取得了成效。尽管如此，除新加坡之外，ACI 经济体其他国家的发展仍然落后于亚洲发达经济体及亚洲以外的经济体。

表 4.6 全球竞争力和基础设施质量指数

	全球竞争力排名			基础设施得分	
	2000 年	2000~2011 年	2011~2012 年	2010~2011 年	2011~2012 年
东盟					
文莱	NA	28	28	4.33	4.23
柬埔寨	NA	109	97	2.70	3.01
印度尼西亚	64	44	46	3.56	3.77
老挝	NA	NA	NA	NA	NA
马来西亚	30	26	21	4.97	5.22
缅甸	NA	NA	NA	NA	NA
菲律宾	48	85	75	2.92	3.09
新加坡	4	3	2	6.22	6.33
泰国	33	38	39	4.84	4.65
越南	60	59	65	3.56	3.59
中国大陆	39	27	26	4.44	4.63
印度	57	51	56	3.49	3.60
其他经济体					
中国香港	13	11	11	6.77	6.71
日本	21	6	9	5.69	5.69

续表

	全球竞争力排名			基础设施得分	
	2000 年	2000~2011 年	2011~2012 年	2010~2011 年	2011~2012 年
韩国	23	22	24	5.59	5.94
中国台湾	7	13	13	5.63	5.62
德国	17	5	6	6.43	6.35
英国	12	12	10	5.88	6.09
美国	2	4	5	5.65	5.68

NA = 无;

注:2000 年、2010~2011 年和 2011~2012 年全球竞争力指数涵盖的经济体数量分别是 75 个,133 个和 142 个。

分数:1 = 不发达;7 = 世界最佳

来源:WEF(2000,2010,2011a)。

4.7.1 加强互联互通

通过基础设施建设加强互联互通是未来二十年的主要任务,这其中蕴含了巨大的经济效益。加强互联互通需要从三个互联层面实现:国家内部、次区域的国家之间,以及次区域和大型 ACI 经济体之间。

ACI 经济体中的中、低收入国家,特别是印度、老挝、柬埔寨和越南,还没有充分融入东亚生产网络,这主要是因为这些国家基础设施建设尚不健全。缅甸和孟加拉国,这两个极其重要的经济体同中国、东盟和印度的互联互通十分薄弱。泰国、印度尼西亚和菲律宾等已融入区域生产网络的国家,仍需要加强本国基础设施建设,进一步深化融合。

将次区域(比如湄公河地区和孟加拉湾周边国家)与 ACI 经济体连接起来,是打造泛亚地区互联互通的基石。国家内部也需要加强互联互通。在像中国、印度和印度尼西亚这样的大型经济体中,还有一些偏远的岛屿和内陆地区依然孤立于经济中心之外。

加强 ACI 区域内部的互联互通将会给国家、地区及次区域带来严峻的挑战。这项任务需要强有力的领导、完善的所有权制度和强大的政治意志。必须采取与国家和区域基础设施优先战略与规划相匹配的行动,完善诸如政治、法规和跨境问题制度框架等软件基础设施。在政府、区域组织、发展机构和私营部门同样需要强有力的合作和协调。

4.7.2 国家内部互联互通

ACI 地区地形复杂，印度和中国的边境山脉连绵，印度尼西亚、马来西亚、菲律宾等国海岛密布，此外还有老挝这样的内陆国家。ACI 区域总人口到 2030 年预计将达到 34.6 亿，要使人口如此众多的国家互联互通，每个国家面临的挑战各不相同。

中国： 中国沿海地区彼此之间以及与亚洲其他地区之间联系紧密。然而，许多内陆地区同中国沿海发达地区以及世界其他地区的互联互通还很薄弱。中国已经成功发展了多个交通运输和经济走廊。长江经济走廊是基础设施和工业发展相结合的成功典范（背景方框 4.2），是其他 ACI 经济体学习的典范。对于中国来说，下一个挑战将来自加强内陆之间以及内陆和沿海地区之间的互联互通。2013 年，中国计划投资大约 1050 亿美元用于铁路发展，比 2012 年增长了 3%（People's Daily，2013）。到 2020 年，中国的高速铁路网将会超过 1.6 万公里，将给中国 90% 以上的人口提供交通服务（Financial Times，2010）。

背景方框 4.2：长江经济走廊

中国提供了基础设施发展和工业发展战略相结合的最为成功的案例之一。长江经济走廊贡献了中国国内生产总值的45%，成为中国经济发展的主要驱动力。有四条走廊将落后地区和这一先进沿海地区连接起来。它们分别是江苏长江经济走廊、安徽经济走廊、湖北长江经济走廊和重庆长江经济走廊。其成果包括：

*加强了沿海地区和内陆地区的互联互通；

*提升了集装箱运输设施和河道运输的服务；

*建设交通基础设施，比如公路、铁路、隧道、桥梁和港口设施。

来源：江苏省外事办公室，

http：//www.jsfao.gov.cn/yingwen/yanjiangkaifa.asp。

印度： 印度的基础设施严重不足，因此国内的互联互通面临严峻的挑战。在其"十二五"规划期间（2012～2017），印度计划投资1.2万亿美元用于基础设施建设。它还计划在东部、西部、南部和中心区域的大城市之间创造模范走廊，以此培育工业群和城市群。这项进程预计将创造一些新的超级城市。孟买工业走廊已经开发了一种商业模型，它将加速城市化进程（背景方框4.3）。第一阶段2013年完成，第二阶段将于2018年完成。

印度尼西亚： 印度尼西亚的西部比东部发达。印度尼西亚西部吸引了大量的投资并且有更多的机会发展基础设施，从而形成良性循环。印度尼西亚东部发展相对滞缓，部分原因是它是一个群岛国家。加强东部与印度尼西亚的高速发展地区以及世界其他地区的互联互通，将有利于其发展。

4.7.3　区域互联互通

泛亚倡议。 在泛亚层次，主要动议是包括所有ACI经济体的亚洲陆地交通基础设施发展（ALTID）项目下的多模式交通总体规划（详见背景方框4.4）。在接下来的几十年，ACI将兴建更多跨境交通走廊，它们将落后地区与主要经济中心和城市连接起来，从而繁荣经济活动。现有的交通走廊需要转变为经济走廊。

背景方框4.3：德里－孟买工业走廊（DMIC）：
经济增长之路

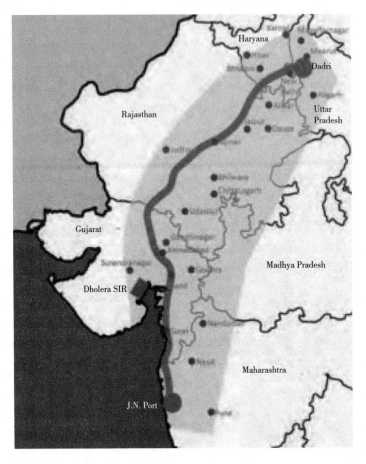

　　DMIC的主要目标是创造城镇化的"商业模式"。DMIC计划建设一条长达1483千米的快速专用货运通道，沿着这条通道，将会建设七个新的超级城市、工业区和其他城市。该项目强调扩大制造业和服务业的基础。政府已经公布这个项目的预算为900亿美元之巨。沿着这条运输通道的主干基础设施包括九个大型工业区、一条高速专用货运线、三个港口、六个机场、一条无交叉路口的高速公路和一个4000兆瓦的发电厂。一个部长级指挥机构是该项目的决策机构。

　　来源：德里孟买工业走廊发展有限公司，http：//www.dmicdc.com/。

背景方框4.4：泛亚和次区域的互联互通

亚洲陆地交通基础设施发展（ALTID）

亚洲陆地交通基础设施发展倡议由三部分组成：亚洲高速公路、泛亚铁路和通过联运终端促成的陆地交通工程。它的优先战略是使亚洲高速公路、泛亚铁路交通网和港口城市互联互通，并将于2015年之前在内陆国家建设700个"无水港"。亚洲高速公路工程旨在增强亚洲、欧洲和中东之间的经济联系。该工程计划建立一张跨越32个亚洲国家、总长141271公里的标准化高速公路网，其中包括155条跨境公路。泛亚铁路交通网将横跨28个国家，总长度达到114000公里。它将在多个地点连接泛亚和泛欧的铁路网，增强各主要港口之间以及内陆国家与海港之间的联系（UNESCAP，2010）。

大湄公河次区域（GMS）

为了加强大湄公河次区域的互联互通和竞争力，该区域已规划了一个十年战略框架。大湄公河次区域国家已开始着手实施三条经济走廊工程（东西经济走廊、南北经济走廊和南部经济走廊）来促进贸易、投资和经济发展，以及增强交通基础设施的互联互通。大湄公河次区域跨境运输协定几乎涵盖了跨境运输便利化的各个方面。根据一项政府间区域电力贸易协定，其成员国也正着手实现能源富余国家和能源短缺国家之间的跨境互联。另外，它们还建立了延伸至柬埔寨、老挝、泰国和越南的电信网。

孟加拉湾多部门技术经济合作计划（BIMSTEC）

孟加拉湾多部门技术经济合作计划致力于发展东南亚和南亚之间的联系，涉及的领域主要包括贸易和投资、运输和通信、能源以及民间交流等方面。随着天然气能源基础设施发展工程的开展，有关泰国提出的近海航运发展可行性研究的进行，孟加拉湾多部门技术经济合作计划多式联运框架协定的筹备，以及北碧－三塔山口铁路线的设计的进行，基础设施引起了特别的关注。

文莱－印度尼西亚－马来西亚－菲律宾东盟东部增长区（BIMP－EAGA）

BIMP－EAGA 基础设施项目着力增强航空及海运行业有关人口、货物和服务的流动性。该倡议预计将促进商用车辆的跨境运输，并建立一体化的海运航线。

印度尼西亚－马来西亚－泰国增长三角区（IMT－GT）

IMT－GT 有六个工作组。其中一个主抓基础设施和交通运输。在能源领域，IMT－GT 的马六甲－北干巴鲁项目致力于马来西亚半岛与印度尼西亚苏门答腊岛之间的电力互联。这一项目将会在接下来的十年中分两个阶段开展。

次区域及双边能源合作倡议包括：

＊东盟电网；

＊东盟能源管理行动计划；

＊斥资 70 亿美金，长达 4500 千米的泛东盟燃气管道建设；

＊促进大湄公河次区域能源市场一体化的能源供应策略及其环境影响模型；

＊在老挝和泰国之间建立出口到泰国的能够发电 1000 兆瓦的南屯 2 号水电站工程。另外三个 750 兆瓦的水电站工程正在建设中。

来源：作者编写。

次区域和双边倡议。有几个次区域倡议对于 ACI 地区乃至整个亚洲的一体化起着至关重要的作用。它们包括大湄公河次区域、孟加拉湾多部门技术经济合作计划、文莱－印度尼西亚－马来西亚－菲律宾东盟东部增长区，以及印度尼西亚－马来西亚－泰国增长三角区（详见背景方框4.4）。东盟已经开始启动一个全面的总体规划，涉及硬件基础设施、制度安排和人员往来等各方面的互联互通。部分东盟经济体、中国和印度同样也参与了双边倡议。

尽管跨境运输合作已经取得了一些进步，但是迄今为止跨境能源合作仍停滞不前。针对该区域的适当且统一的法规、政策、价格激励和制度框架将会起到至关重要的作用。

4.8 ACI 经济体生产率增长议程

为了保持 ACI 经济体的快速经济发展、避免中等收入陷阱、实现其增长潜力，加速生产率的增长非常重要。人口趋势、全球经济增长放缓、缓慢的全球贸易项目和投资自由化进程，以及环境和能源挑战等，都将阻碍生产率的增长。考虑到 ACI 经济体的能源和管理技巧，以上阻碍并非不可攻克。但是它们需要一致的政策、无畏的领导和区域凝聚力。提高竞争力的方法是解除国内市场管制，促进贸易和外国直接投资自由化，这将为新出现的国内公司和外国公司开放门户。

这需要一个多管齐下的战略。首先，公司必须面对更大的竞争压力来提升技术含量，提高效率并且鼓励创新。通过吸引国内外公司，激发鼓励创新创业的竞争压力，有助于解除国内市场管制，推动贸易自由化，从而实现这一目标。

其次，必须实施相应政策，促进区域生产网络的扩张，从而将该区域高工资国家和能提供廉价劳动力的生产地联结起来。将印度、越南、柬埔寨、老挝和缅甸融入区域生产网络，将帮助这些国家吸纳未来十年从中国流出的 8500 万个低工资制造业岗位，并获得发展具有全球竞争力的工业群的规模经济。更自由的贸易和投资可以促进外国公司向国内公司转移技术和管理技能。加强该地区的互联互通对促进货物、服务、人员、资金、信息和其他方面的流动具有重要意义，这也将有助于提高生产力水平。

再次，在 ACI 经济体中，要让劳动力获得进入高生产率行业和掌握新技术所需的高端技能，教育和培训投资十分重要。劳动力市场需要变得足够灵活才能使劳动力能够在国内乃至国家间转移，至少要比现在容易许多。

最后，ACI 经济体需要形成鼓励大规模创新的环境。它们必须在研发的技术能力（背景方框 4.5），加强知识产权保护，培育能使企业家获得金融帮助的、良好的生态系统，以及提供便于他们启动新一轮创业的培训和指导等方面进行投资。

背景方框4.5：技术能力在亚洲电子产品生产网络中的作用

亚洲在电子产品出口和其他行业所取得的成功，已经通过区域生产网络和外向型发展战略得到了巩固。但是，对于企业层面的因素（最显著的是技术能力建设）如何影响更具经济重要性的亚洲经济体的生产网络行为，相关研究所述甚少。

为了弥补这一差距，最近一项涵盖了亚洲四个新兴经济体（中国、印度、菲律宾和泰国）的1000多家企业的研究，通过公司层面的跨国研究，探讨了如何在亚洲电子生产网络构建技术能力。技术精良的电子产业是亚洲最大的出口产业之一，并在该地区的工业发展中起着至关重要的作用。中国吸引了大量的外国直接投资，并成为全球最大的电子产品出口国。与此同时，印度正试图模仿中国，在电子产品中培育全球竞争优势。泰国和菲律宾也有赖于外国直接投资，成为著名的电子产品出口国。

这个研究着重探究技术能力和出口之间的联系。出口、进口和转包是企业层面的与促进生产网络一体化有关的重要活动。本研究运用技术能力相关文献中方法论的最新发展，根据企业不同特点描绘了科技能力的不同层次，并从计量经济学角度分析了企业层面出口活动的影响因素。技术能力的绘制利用了由已故的桑加亚·拉尔（Sanjaya Lall）提出的框架，他将技术能力根据企业吸收外国科技的技术功能进行分类。利用拉尔框架，根据九项企业层功能而构建的技术指数（TI）代表了科技竞争力的不同层次，其数值界定在0至1之间。技术指数可以这样理解：技术指数分值越高，代表其科技能力越强。

表B4.5.1表明四个亚洲经济体的企业间技术指数在出口行为、所有权和规模上的得分。中国科技能力的总体水平高于其他三个经济体。泰国紧随其后，随后是印度和菲律宾。结果表明，各国企业层面的创新和学习过程存在显著差异。值得注意的是，不同规模、不同归属、具有不同出口行为的中国公司在技术指数上的差距，比其他三个经济体的公司要小得多。比如，中国的外国公司（0.54）和本国公司（0.51）在技术指数上的分值相对接近，这表明中国技术发展的基础较为深厚。在中国不同种类的公司之间,技术外溢的速度似乎比其他三个经济体更快。这就证实了这样一个论断:由于技术扩散和本土学习,生产力外溢在中国国内和国外公司之间交叉发生。同时,其他经济体中一些有一定技术竞争力的公司在技术上表现不佳。

表 B4.5.1 技术指数得分方式包括出口行为、所有权和规模

	泰国	菲律宾	中国	印度
所有公司	0.51	0.38	0.52	0.48
出口公司	0.56	0.46	0.55	0.58
非出口公司	0.39	0.28	0.50	0.46
大型公司	0.59	0.42	0.54	0.61
中小企业	0.31	0.27	0.48	0.47
外国公司	0.58	0.41	0.54	NA
本国公司	0.40	0.31	0.51	NA

来源:中国、菲律宾、泰国的数据来自 Wignaraja(2012a,2012b,2013);印度的数据来自作者的估算。

通过计量经济学分析发现,亚洲经济体在出口、所有权、人力资本等变量和技术指数之间存在有趣的联系。技术指数在出口中发挥着重要的作用,而且在所有四个亚洲经济体中具有积极和重大的作用。技术指数所产生的效应要比模型中其他解释变量更大。除了这些,企业出口还受以下因素影响:在中国和菲律宾体现为大公司的规模,在印度体现为更高水平的、技术成熟的人力资源,在中国体现为有较高教育水平的首席执行官,以及生产资本净值与员工价值之间的高比率。因此,研究表明,贸易的技术办法对公司的出口水平作出了有力的解释,而且补充完善了对生产网络的相关研究。

亚洲的经验表明,用以鼓励出口和支持融入生产网络的公司的最佳政策框架应当包含一系列激励措施、人力资本投资、技术支持、现代化基础设施,以及有效的政策管理。这包含了着眼于吸引出口型外国直接投资和获得技术能力的国内政策。尽管在本研究所用模型中,研发经费并没有表现出数据上的显著性,但是在技术快速革新的世界,为了应对未来竞争,它依然十分重要,而且必须进行政策扶持。

来源:参考 Wignaraja(2012a,2012b,2013)。

ACI 国家应该共同合作以实现这些目标。一个全面的区域自由贸易和投资协议（不局限于服务业和农业）将是一个重大的进步，并能够引起更广泛的经济合作。正在进行的将中国、韩国、日本、印度、澳大利亚和新西兰纳入其中的东盟＋6 框架探讨，将在亚洲形成全面的经济伙伴关系。ACI 国家，尤其是中印这两个正在崛起的经济巨人，应该进行双边合作。细致而务实地实施本议程极为重要。这将决定该地区能否实现生产率增长、能否找到大转型所需的新的增长引擎。

第五章

能源、水资源和环境管理

5.1 介绍

自 20 世纪 90 年代以来，ACI 经济体的快速发展虽然使该地区成为全球消费和生产增长的中心，但同时也对当地的自然资源和生态环境产生了巨大的压力。矿产、水资源、渔业资源、森林资源和其他资源的过度利用所造成的影响已经在这个地区扩散开来。碳排放量的急剧增长不仅影响了空气、水资源和耕地的质量，而且加剧了全球变暖的风险。

ACI 经济体预计还将保持强劲增长，这也意味着 ACI 经济体必须对亚洲和地球上不断加剧的资源短缺和生态健康问题的管理承担更大的责任。ACI 经济体不断增长的运输需求，不断累积的财富，对二氧化碳燃料的过度依赖，及其能源密集型工业，等等，意味着其能源需求还将急剧增长，并超出该区域的生产能力。而且，ACI 区域作为全球最大的温室气体排放源头，其排放量还将继续增加。

这些责任一旦处理不当，将会给能源和水资源安全、环境恶化和气候改变等问题造成放大效应，从而可能阻碍某一 ACI 经济体及其相邻经济体的经济增长（详见第二章）。当其他国家争夺资源，努力应对外部生态影响时，也会引发双方、地区乃至全球性紧张。当前的情况是不可持续的。

本章主要分析了 ACI 经济体对重要资源（例如能源和水资源）的消耗趋势及其影响，并探讨了相关的环境挑战。本章对 ACI 区域必须在能效和节能、环保能源开发、建筑和基础设施方面进行的投资进行了仔细审查。在该地区迈向低碳绿色发展道路的背景下，本章还探讨了 ACI 各国应如何与彼此乃至全球合作，共同管理资源、处理环境挑战、制定遏制温室气体排放的新标准，以保证能源和水资源安全。

就经济的快速增长来看，ACI 经济体是成功的。但是，如果将环境破坏考虑在内，它们的经济增长就没那么令人印象深刻了。[①] 大多数 ACI 经济体的快速发展都严重依赖于制造产品的出口。它们成为初级商品和工业产品的高效生产者，但是发展的代价是它们的自然环境和资源储备（Outlook Business，2008）。发达经济体越来越倾向于更清洁的、以服务为导向的产品的生产，它们以低廉的价格大量进口能源密集型产品。直到最近，相对于人口总量，ACI 区域对能源、金属、食品等资源的需求仍然只占世界需求总量的很小比例。2000~2009 年 ACI 区域能源消耗占全球能源消耗总量的比重几乎增加了一倍，从 16% 增加到 27%（EIA，2012）。

尽管 ACI 国家在工业生产能力、交通和能源基础设施方面投入了大量资金，然而他们在防治污染、能效、再生能源和可持续灌溉农业方面的投资却相对较少。现有的经济政策和市场机制仍然允许企业制造严重的环境问题，大多数环境问题未经审核，也未予解释。

1981~2010 年，ACI 经济体的规模扩大了一倍多。但是这一时期它们消耗了 60% 的自然资源储备。大部分地区的生态系统已经退化，或者被过度利用（UNESCAP，ADB and UNEP，2012）。

5.2 ACI 经济体持久且稳定的能源供应

5.2.1 减轻对矿物燃料的依赖以满足能源需求[②]

能源需求。 2009 年，ACI 国家的能源消耗占亚洲能源消耗总量的 92%，比 2008 年多出 3 百万吨油当量（Mtoe）（IEA，2011a），并占亚洲能源总产量的 95%。在 ACI 区域开采的能源几乎全部都流入本地区，并且其能源开采对日本、韩国等周边国家至关重要。无论是从整体还是从个体上来看，到

[①] 中国在一次性计算"绿色 GDP"的尝试中发现，2004 年环境污染带来的成本占了 GDP 的 3.05%，接近同年 GDP 增长量的三分之一（Sun，2007）。尽管这样的估算不可避免地具有一定的猜测性，但它表明真实的损失十分巨大，因为它指出的这些数字只包括直接经济损失（例如农业生产和卫生），且不包含自然资源破坏和长期的生态损坏。

[②] 除特别说明外，本节所用数据均来自 APERC（2009）。

2030 年，ACI 经济体的初级能源总需求相对于 2009 年来说几乎增加了一倍（表 5.1）。

到 2030 年，ACI 区域能源需求的主要来源消耗（电力消耗）预计将比 2010 年的数据增加一倍。中国的能源需求将会增加一倍，占 ACI 区域电力总需求的将近四分之三。相比 2010 年，到 2030 年，印度能源需求将增长几乎 2 倍，东盟将增长 1.5 倍（表 5.2）。

能源供应结构。到 2030 年，亚洲对能源的需求将有大幅度增长，并且仍将严重依赖矿物燃料。与 2000 的 42% 相比，到 2030 年，48% 的亚洲能源需求将由煤炭提供。对石油的依赖预计将达到 21%，比 2000 年增加了 4 个百分点。生物燃料是一种主要的清洁能源，它的相对重要性将从 2000 年的 24% 大幅下降至 2030 年的 10%。在此期间，由核能提供的清洁能源的比例将维持在 5% 左右（表 5.3）。

矿物燃料压倒性地主导了该地区的能源结构（图 5.1）。2008 年，煤炭占 ACI 区域能源消耗的 57.74%，石油产品占 22.84%，天然气占 7.62%。剩

表 5.1　过去 ACI 主要能源消耗总量及未来预测

单位：Mtoe

	2000 年	2009 年	2030 年
中国	916.1	2271.0	4320.0
印度	339.2	669.0	1204.0
文莱	1.6	3.2	6.8
柬埔寨	0.9	1.7	12.0
印度尼西亚	97.6	152.5	328.4
老挝	0.9	1.1	6.9
马来西亚	49.8	67.9	130.5
缅甸	3.9	6.4	26.9
菲律宾	28.6	30.2	79.6
新加坡	38.4	57.0	52.6
泰国	65.1	100.7	213.0
越南	18.5	42.8	131.5
东盟总计	305.3	463.5	988.2
ACI 区域总计①	1560.6	3403.5	6512.2

Mtoe = 百万吨油当量。

来源：2000 年数据来源于 EIA（2012），http：//www.eia.gov/cfapps/ipdbproject/IEDIndex3.cfm；中国和印度 2009 年的数据来源于 IEA（2011a）；东盟数据来源于 EIA（2012）；2030 年数据来源于 Fan and Bhattacharyay（2012）。

---

① 原书 ACI 区域总计的数据，2000 年为 1865.8，2009 年为 3867.0，2030 年为 7500.4。原书数据计算有误，似乎重复计算了东盟部分。译者作了相应修订。——译者注

表 5.2　ACI 经济体电力消耗

单位：万亿瓦时

	2000 年	2010 年	2030 年
亚洲电力消耗总量	3294	7053	14161
ACI 区域电力消耗总量	1771 （53.8%）	4925 （69.8%）	10862[①] （76.7%）
中国	1081 （32.8%）	3633 （51.5%）	7513 （53.1%）
印度	369 （11.2%）	699 （9.9%）	1966 （13.9%）
东盟	321 （9.7%）	593 （8.4%）	1383 （9.8%）

注：括号中的数字表示占亚洲电力消耗总量的百分比。
来源：IEA（2009b）；EIA（2012）；Kohli, Sharma, and Sood（2011）。

表 5.3　亚洲能源供应结构

单位：%

	2000 年	2007 年	2030 年
煤炭	42	47	48
石油	17	20	21
天然气	10	11	12
核电	5	4	5
水电	2	2	2
生物燃料	24	15	10
其他	0	1	2

来源：IEA（2009b, 2011a）；Kohli, Sharma, and Sood（2011）。

余部分为可燃再生燃料和垃圾。ACI 区域对煤炭和原油的高度依赖给环境造成了巨大的破坏，并导致了全球变暖和气候变化。

　　一国的自然禀赋和经济驱动力对能源消耗有巨大影响。中国是世界第二大能源消费国，2008 年中国能源消耗总量为 2116 百万吨油当量，其中 71% 为煤炭，石油占 19%。印度由于经济增速快，人口超过世界总人口的 15%，正快速成为主要的能源消费国，2008 年，其能源消耗达到 621 百万吨油当量。2008 年，印度能源总消费中的煤炭和泥炭的比例接近 42%，其次是可燃性可再生能源和垃圾（27%），石油（24%）和天然气（6%）（ECC，2011）。

---

① 原书该项数据为 4320。但根据中国、印度与东盟的各自数据，以及上文的论述，该项数据应为 10862。——译者注

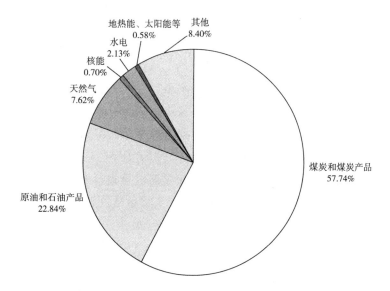

图 5.1　ACI 区域各类能源总消耗情况（2008 年）

来源：EDMC（2011）；IEA（2011b）。

在较不发达的 ACI 经济体中，再生能源在能源结构中占较高比例。2008 年，菲律宾的地热能、太阳能和其他再生能源占其能源总消耗的 41%，与之相比，石油占 33%，煤炭仅占 16%。2008 年，印度尼西亚能源总消费中的石油消耗占比接近 35%，其次是可燃性可再生能源，所占比例接近 22%，天然气的比例为 19%，几乎和煤炭相当。新加坡是世界最繁忙的航运港口，石油和天然气几乎就是其能源结构的全部。2008 年，文莱的能源消耗几乎完全依靠自身的资源储备，在其能源消耗结构中，天然气占 78.5%，石油占 21.5%（ECC，2011）。

能源政策的三大目标是确保能源供应的可持续性、安全性，并且有利于增长。ACI 区域经济和人口持续强劲增长，这意味着其对矿物燃料的高度依赖、对进口的依赖、对能源的滥用将使得要实现这三大目标面临艰巨的挑战。由于三大目标彼此矛盾，因此 ACI 区域的决策者将不得不在短期和长期发展战略中作出艰难抉择。

5.2.2　能源安全

大量而且不断增加的能源供应对 ACI 经济体的几乎所有行业都至关重要，尤其是制造业、农业和交通运输业。大多数 ACI 经济体一半以上的石油依靠进口，而且预计印度尼西亚、马来西亚和中国的石油产量将下降。

　　威胁能源供应的因素有很多，例如全球政治动向、能源生产国及运输路线的安全环境恶化，以及意外事故或自然灾害等。其影响通过供应链传导到经济的各个领域，并增加通货膨胀的风险。未来可能出现一种极端的情况：即使各个国家愿意以市场价格购买能源产品，但由于供应短缺，能源产品无法满足各国的需求。冲击导致能源价格暴涨也会影响能源需求。所以，各国在制定能源安全政策时，应该将以上因素全部考虑在内。像中国和印度这样快速发展的国家，对能源安全尤其担忧。其担忧如下：

　　能源自给。从其能源自给率①的降低或停滞可以看出（图5.2），近年来 ACI 经济体进口能源依赖度②有所提高。大多数 ACI 国家对各个主要类别的矿物燃料的依赖程度都有所增长。例如，在20世纪80年代，中国还是煤炭和其他资源的出口国。直到1997年中国基本上还能保持能源的自给自足。但由于能源密集型工业的发展和机动车的普及，能源需求迅速增长。2008年，中国可以供应其自身所需93.1%的能源。中国消耗的煤炭中的绝大部分仍然由自己生产。但是它在1993年成为石油净进口国，2008年它对进口石油的依赖度达到54.2%。到2035年，中国的日进口量将接近1280万桶，相当于其总需求的84%（Drysdale，2011）。

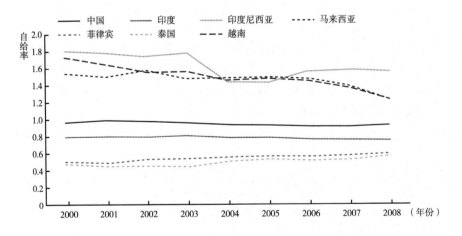

图5.2　ACI 经济体能源自给率的变化趋势（2000～2008年）

来源：EDMC（2011）；IEA（2011b）。

---

① 能源自给率 = 国内产量/总消费量。
② 进口能源依赖度 = 能源净进口/能源消耗。

相比之下，印度长时间依赖进口能源，它的自给率在 2008 年为 75.4%。虽然印度是主要的煤炭生产国，但它更依赖进口。2008 年，印度的能源产量只占其需求的 13.9%。① 东盟国家的自给率各不相同。一方面，文莱的能源生产量超过其自身需求量的接近 6 倍，它是主要的能源出口国。另一方面，新加坡的能源产量只占其需求的 0.5%，它完全依赖石油和天然气进口。印度尼西亚、马来西亚和越南也是主要的能源出口国，但三国的能源自给率都在降低。

到 2030 年，大部分国家的能源自给率都将会降低（表 5.4）。中国的自给率预计将降低至 62.7%，它的石油和天然气需求的近四分之三都将依靠进口。印度整体自给率将会降到 50% 以下。在东盟国家中，只有文莱仍将保持完全的自给自足。

表 5.4　2030 年 ACI 经济体能源安全预测

单位：%

	中国	印度	文莱	印度尼西亚	马来西亚	新加坡	菲律宾	泰国	越南
进口石油依赖度	74.75	86.60	0.00	60.50	44.70	100.00	100.00	72.50	72.80
进口天然气依赖度	72.47	31.40	0.00	0.00	0.00	100.00	91.50	100.00	1.30
进口煤炭依赖度	21.42	32.40	NA	0.00	95.70	NA	73.90	82.03	0.00
能源自给率	62.70	49.70	270.60	148.10	86.30	1.70	34.90	26.80	75.60

NA = 无。

注：进口能源依赖度 = 能源净进口/能源消耗。印度的能源自给率是指矿物能源的自给率。

来源：IEA（2010）；APERC（2009）；笔者分析。

5.2.3　地缘政治带来供应中断的风险

中国、印度和新加坡超过一半的原油需求需途经马六甲海峡从中东进口。这条狭长的海上走廊容易因为军事封锁、恐怖主义活动和海盗而关闭，从而带来供应风险。对航线的联合管理以及采取针对海盗和恐怖主义的警方联合行动有利于提高石油运输的安全性。另外，ACI 经济体应该加强同石油生产国的外交关系以确保能源稳定持续的供给。

---

① 根据能源资源研究所（TERI）Ramanathan（2011b）的描述，在一切照常的情况下，印度的煤炭进口依赖度将会增加至 80%。

5.2.4 再生能源的利用

出于风险考虑，ACI 经济体已经没有时间去草拟、实施其他新的能源方案。接下来的 10 ~ 20 年是一个关键时期，因为许多新能源在这段时间内会快速发展。大多数新能源都远远优于矿物燃料。ACI 经济体的煤矿和天然气资源丰富，但相对缺少原油。2007 ~ 2008 年，ACI 地区的能源产量增长了9% 以上达到 2931 百万吨油当量。煤炭占到能源生产总量的 65%，石油占13%，天然气占到 9%（IEA，2011a）。

中国和印度的煤炭资源丰富，而东盟天然气储量丰富。中国煤炭储量占该地区煤炭总量的 64%，印度占到 32.8%。印度尼西亚占 ACI 地区煤炭总量的 2.4%，泰国是 0.76%，而越南只有不到 0.1%。印度尼西亚和马来西亚的天然气储量是整个 ACI 地区总储量的一半，而印度尼西亚、马来西亚和越南的石油储备之和占总量的 40%（IEA，2011a）。

ACI 地区对可再生能源的利用（包括太阳能、风能、有机燃料、潮汐能、水力和地热）也在稳步增长。该地区也成为再生能源技术发展的关键驱动力，以及光伏电池和风力涡轮机等设备的主要出口制造商。但是可再生能源只占 ACI 总能源结构中的不到 10%（IEA，2011a）。大部分的可再生能源产于大型水电站、可再生能源装置以及传统生物质能源。但是这一行业目前发展势头迅猛。2009 年针对可再生能源的投资额达到 1620 亿美元，占新增装机容量的 25%，占新增容量投资总额的 18%（UNEP and Bloomberg，2010）。虽然这些数据看起来很可观，但是 ACI 区域起点很低。为了满足 ACI 经济体未来的能源需求，要大力发展可再生能源，特别是低碳能源。根据 2010 年《世界发展报告》，有些国家虽然可能会有资金，但这些资金并没有分配给或投资于可再生能源项目（World Bank，2010b）。

核能将会成为 ACI 区域可再生能源结构中的重要组成部分。然而，从20 世纪 80 年代后期起，核电站的建设步伐开始放缓。目前急需相关研究来证明核能可以作出的贡献，政府也需要投入资金用于推动核电站的建设，以及发展相关教育计划来培养能够建造和操作核电站的技术人员。此外，鉴于2011 年发生在日本的核灾难，政府也必须帮助找到办法，以便安全高效地处理核电站所产生的核废料。

5.2.5　发展区域性或跨境能源基础设施

考虑到各成员国的地理环境和经济资源，ACI 经济体适时地着手进行跨境能源项目的建设，以此来保证未来能源的稳定及安全。通过成员国之间的合作，ACI 经济体还可以降低发展替代能源的成本。例如，湄公河的联合开发，可以改善该区域的资源利用。同时，ACI 可以建立一个类似于国际能源署的成员国间的联合石油应急体系。该区域也可以就能源技术共享和转让、战略石油储备管理，以及区域电力与天然气网络的运营三个方面进行合作。ACI 各国在能源领域的区域性合作也可用于能源技术的转让和共享、战略石油储备管理和电气网络的整合。

东盟能源合作行动计划（APAEC）可以作为能源管理区域性合作的蓝图（ASEAN，2009）。APAEC 取得的重要成果包括东盟电力网的建设，该项目预计耗资 59 亿美元。泛东盟燃气管道将于 2020 年前建成（图 5.3）。

一些涉及 ACI、南亚和中亚国家双边和特大能源合作的倡议已经展开（背景方框 5.1）。例如，老挝和泰国就曾实施了一些联合水电贸易项目。最引人瞩目的是南屯 2 号工程（Nam Theun 2），它是老挝最大的水利工程。[①] 色卡门 3 号（XeKaman 3）水利工程装机容量 250 兆瓦，2010 年投产，为老挝和越南提供电力。老挝的其他水电合作项目还包括 60 兆瓦的腾欣邦（Theun-Hinboun）扩建工程，该工程将为泰国提供电力。

背景方框 5.1：ACI 经济体的双边和特大区域能源合作

南屯 2 号工程（老挝）

南屯 2 号工程是老挝最大的水力发电工程。该计划削减了贫困，提供了可再生能源和清洁能源，为地方和区域发展作出了巨大的贡献。该水力发电工程在 2010 年 3 月 15 日开始全面投产，为泰国电力局提供 1000 兆瓦电量。

来源：ADB（2012c）。

西塞提水电工程（尼泊尔）

该大坝高达 195 米，是存储型大坝，容量为 750 兆瓦。一条 132.5

[①]　更多内容，详见 NTPC（2012）。

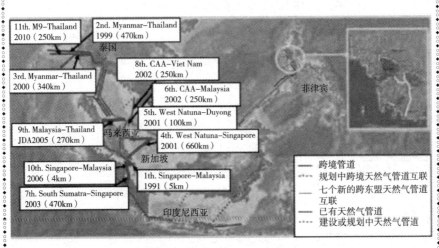

图 5.3　泛东盟燃气管道

注：泛东盟燃气管道是一个区域性的天然气网络，将于 2020 年投入使用。它包括总长 4500 公里、主要在水下的管道建设，耗资 70 亿美元。目前，本地区有八个双边天然气管道互联项目正在建设之中，总长度约 2300 公里，将连接马来西亚和新加坡、缅甸和泰国、印度尼西亚和新加坡等国家。根据该计划，还将再建设 13 个管道。

来源：东盟（2010）。

公里长的输电线路一直延伸到尼泊尔和印度边境卡拉利地区的马亨德拉那加。另外一条总长 98 公里的输电线路将北方省连接到了印度电网。预计投资 4500 万美元。

来源：ADB（2007b）。

土库曼斯坦－阿富汗－巴基斯坦－印度（TAPT）

这一价值 76 亿美元、总长 1600 公里的天然气管道项目由亚洲开发银行支持建设。项目投产后，每年能够把 330 亿立方英尺的天然气从土库曼斯坦运输到阿富汗、巴基斯坦中部以及印度西北部。该项目将于 2014 年竣工。

来源：ADB（2012d）。

中俄能源合作

中国已经和俄罗斯联邦签订了一系列能源合作协议。这些协议包括天然气供应、能效、可再生能源以及核能等。两国已经铺设了从俄罗斯东西伯利亚的油田到中国东北的大庆生产基地的长达 1000 公里的石油管道。在另一个协议中，俄罗斯将在 2015 年开始向中国供应天然气。

来源：BBC（2010）。

5.3　水资源危机正在逼近

水是重要的资源，是工业和农业的关键投入品。然而，许多 ACI 经济体对水的需求已经超过供应量，并且供需缺口预计将大幅增长。因此水安全的妥善管理是一个关键问题，是一个能够决定该地区未来是走向合作、竞争、敌对或甚至冲突的问题。

在亚洲，年人均可用淡水量不到全球水平（6380 立方米）的一半。把河流、湖泊和地下蓄水层的估计储量加起来，ACI 的人均可用淡水量也不到非洲的一半、欧洲的三分之一和南美洲的十分之一。目前，该地区已接近用水紧张的处境（Chellany，2012）。在亚洲，仅农业灌溉用水就已达到该地区淡水总量的 80%。

根据目前的趋势，到 2030 年亚洲可能会面临 40% 的淡水供应缺口，这将对粮食生产和能源领域的投资产生重大影响（Thapan，2010）。到 2030 年，中国的淡水需求预计将超过当前淡水供应量的 25%（达 1990 亿立方米）。印度的缺水量将达到需求的 50%（达 7540 亿立方米）（表 5.5）。不幸的是，ACI 国家已经在利用明天的水来满足今天的需求。中国正在抽取的地下水量超过了其可再生量的 25%，同样，印度超过了 56%（UNDP，2007）。

2010 年，印度有 9700 万人无法获得改良水源，19 个州中 200 多个地区地下水已被污染（表 5.5）。2030 年，水需求预计将增长到 1.5 万亿立方米，这主要来自农业用水的需求。据估算，2005 年印度淡水供应只有 7400 亿立方米，但预计到 2030 年每年仅农业用水量就将接近 8000 亿立方米（Water

Resources Group，2009）。

2010 年，中国有 1.19 亿人无法获得改良水源，近 25% 的河流和湖泊不适合任何用途。2005 年中国的水需求为 6180 亿立方米，到 2030 年，预计将达到 8180 亿立方米，预计其中一半来自农业，32% 来自工业，并且其中很大一部分来自热力发电。中国的工业和城市用水正在以每年至少 3% 的速度增长。然而，目前 21% 的全国地表水资源将不能满足农业用水需求（Water Resources Group，2009）。

东盟也面临着严重的水资源限制。在 2010 年，该区域大约 7300 万人口享用不到改良水源。新加坡、菲律宾和越南用水中来自内部水资源的比例有了显著的增长。随着东盟经济体城镇化步伐越来越快，更多的水资源将会从农业生产转而被重新分配到家庭用水、工业和商业用水当中。目前，东盟 80%~90% 的水资源都是为了满足工业和家庭用水。为了满足经济活动的需要，预计该地区的水资源开采工程在未来的二十年会增长三分之一左右。（Zakaria and Leitner，2011）

表 5.5　共同水域的水资源管理问题

问题/变量	地点	描述/数值
人均水资源[a] 平方米/（人·年）	中国	2112
	印度	1618
	东盟	11117
	全球中值	4042
水污染（2010 年）	中国	24.3% 的河流和湖泊不适合任何用途，包括工业用途
	中国	大约 1.9 亿农村居民饮用水不安全（2012）
	印度	19 个州中 200 多个地区地下水遭到严重污染（2008）
无法获得改良水源的 人口[b]（2010 年）	中国	1.19 亿
	印度	9700 万
	东盟	7300 万
2030 年水赤字（占需 求百分比）	中国	25%（1990 亿立方米）
	印度	50%（7540 亿立方米）

注：

a. 联合国粮食及农业组织规定，判断水资源短缺的界定标准是 1000 立方米（FAO，2011b）。国家或者更广泛意义上的总量会将掩盖地区性或者季节性的短缺。比如，东盟的人均水资源占有率还是相对较高的，但是在一些城市，如马尼拉或者其他一些地区仍旧存在普遍的水资源短缺。

b. "改良水源"指的是家庭连结、公共储水塔、钻井、受保护的挖掘井、受保护泉水和瀑布，以及集蓄雨水等（WHO and UNICEF，2008）。尽管它意味着可以获取更加安全的水源，但它并不涉及对水质的直接评估。

来源：世界贸易组织和联合国儿童基金会水供应和卫生联合检测项目在线数据库、中国水利部网站，Reuters（2010）；Howes and Wyrwoll（2012a）。

一些 ACI 地区经济体，如中国、印度、印度尼西亚和越南，是世界上最低效的水资源消费国。水资源危机威胁着区域经济增长和环境可持续发展。在一些 ACI 经济体内部以及经济体之间，水资源也日益成为竞争和冲突的来源，例如共享公共水域资源导致的关系紧张，当地居民抗议政府或公司发展耗水产业等（Chellany，2012）。

河流和地下水流域资源往往与一个国家的经济身份密切相连。因此，对资源的所有权和控制权对于国家经济发展而言十分关键。这就产生了一些宏伟但是在生态环境方面存在争议的构想，例如中国的大型西线调水工程要将青藏高原的水调至干旱的北方地区，老挝的湄公河大坝，以及印度目前暂时搁置的将国内主要河流连接起来的提案等（Anbumozhi，Yamaji and Islam，2002）。

ACI 地区迫在眉睫的水危机是由以下几个因素造成的。首先，该地区是世界上人口最多的地区，也是世界上发展最快的经济体。即使 ACI 各国可以从很远的地方进口矿物燃料、矿石和木材，但是它们只能依靠自身水资源来解决问题，况且其中相当一部分水资源是多国共享的。正因为如此，在这些国际水源流出本国边境之前，一些国家有极强的动机要对其进行控制。

其次，随着 ACI 地区日益繁盛，其消费也日趋增长，而这可以从饮食习惯的变化上显示出来。比如说，ACI 区域居民开始摄入更多的荤肉，而这些荤肉极其耗水。此外，灌溉也是 ACI 区域用水紧张的一个主要原因。1960～2000 年，中国和印度的农田灌溉面积增加了一倍多。ACI 区域的灌溉面积占世界总面积的一半，却使用了全球四分之三的农业淡水（FAO，2011b）。

水和食物之间的关系对 ACI 至关重要。大米和小麦的产量在经历了连续三十年的激增之后，从 20 世纪 90 年代后期开始增速放缓，由此引发人们的担忧，到 2030 年 ACI 经济体将成为粮食净进口国。ACI 经济体庞大的进口需求难以在全球食品市场得到满足。农业和水资源对气候变化十分敏感，所以干旱、洪水、季风带来的挑战将会加剧食品安全问题。据估算，气候变化可能导致发展中国家的农业产量减少 10%～25%，印度可能减少 40%（Cline，2007）。

最后，通过水坝、拦河坝、水库以及其他缺乏长期环境考量的人造建筑大规模蓄水，是 ACI 区域用水紧张的另一个因素（Anbumozhi and

Radhakrishnan，2005）。有的河流流经两个以上的国家或省份，由于建在上游的水坝会影响水质和水量，它往往给下流地区带来更广泛的社会影响。

气候变化给亚洲水资源安全造成巨大风险。例如，气候干燥和来自喜马拉雅山脉冰川的水流减少，造成严重的水资源短缺。亚洲的几条主要河流，比如印度河、恒河、湄公河、长江、黄河都源自喜马拉雅山。如果喜马拉雅山脉的冰雪层继续融化，亚洲绝大部分地区的水供应量将大幅减少，甚至有可能引发冲突。20 世纪 90 年代，喜马拉雅冰川以比上个十年快 3 倍的速度缩减。数据表明，它可能将于 21 世纪末消失（UNDP，2007）。

ACI 经济体必须在国家、次区域、区域层面采取行动，减少因气候变化带来的风险，加强水资源和能源安全。区域行动的重大政策性问题是：ACI 各国如何防止日益激烈的水资源争夺逐渐演变为隐性的冲突源。为牵制安全风险，ACI 各国必须大力开展跨境水域资源制度化合作，加强战略稳定性，保证经济持续增长，推动环境可持续发展。此外，它们必须妥善处理下列问题，例如投资基金的非可用性、公共事业的信誉缺失、政治家不情愿计收水费、公共部门供应商的低能和水资源管理的低效等，从而提高管理水平（ADB，2011b）。

此外还必须实行相应的综合政策，妥善管理水资源和能源之间的关系，保护公共利益。比如，湄公河沿岸内陆国家在水力发电方面的合作，不仅为亚洲开辟了关键的电力来源，并且可通过电力贸易为邻国的经济发展作出巨大的贡献（UN，World Bank，and National Development and Reform Commission，2004）。

跨境水资源协议也能发挥重要作用。亚洲只针对 57 条跨境河流中的 4 条签署了水资源分享或其他制度性合作协议。相关安排的缺失致使水资源竞争成为重大安全隐患，提高了地缘政治不稳定的可能性。专家估算表明，通过虚拟水交易，[①] 亚洲将增加粮食进口，从而能将灌溉用水最高减少 12%（Hoekstra，2003）。因此，建立不同领域的更紧密的伙伴关系对于亚洲水资源治理改革至关重要。这种伙伴关系应当针对一个共同目标，即高效的水资源输送及其可持续管理（ADB，2011b）。

---

① 用于农产品和工业品生产过程中的水被称为"虚拟水"。虚拟水包含在成品中。如果一国向另一国出口水密集产品，它同时也是出口了虚拟形式的水。水资源丰富的国家可以支持水资源紧张的国家（参见 http：//www.waterfootprint.org/Reports/Report12.pdf）。

　　ACI 区域跨国河流众多，通过建立政治和技术伙伴关系，有助于稳定沿河国际关系、鼓励提高用水效率、促进环境可持续发展、采用实用的节水策略以及清洁水技术投资等，从而保持繁荣。此外，还需要增加私营部门的投资，尤其是在水服务的管理和输送，以及利用适当技术和创新提高用水效率和生产率方面。

　　ACI 经济体需要制定政策和规划，并采取行动，处理与水资源、能源和食物紧密相关的风险。这些措施必须是全面、一体化和系统化的，并且在国家、次区域、区域和全球层面展开实施。

5.4　日益严峻的生态挑战

　　ACI 区域的能源消耗正在加剧区域和全球环境面临的严峻风险。这些风险包括温室气体排放增多、空气污染以及土质恶化。

　　ACI 经济体中消耗最多原材料的经济体和排放二氧化碳最多的经济体之间存在高相关性。在不同发展阶段，各国物质代谢和与能源相关的二氧化碳排放密切相关，只是各国的人均 GDP 水平差异巨大。2030 年，中国的二氧化碳排放量预计将增长几乎 1 倍（和 2010 年的排放水平相比），达到近 133 亿吨（表 5.6）。和中国相似，到 2030 年，印度的二氧化碳排放量预计将比 2010 增长几乎 1 倍，达到近 29 亿吨。到 2030 年，东盟的排放水平也将比 2009 年增长大约 1 倍。

表 5.6　ACI 经济体二氧化碳排放量

单位：百万吨

	1990 年	2010 年	2030 年
东盟[*]	423	1191	2079
中国	2289	7214	13290
印度	582	1635	2856

　　注：[*]因缺乏东盟 2010 年的数据，使用了 2009 年的数据。
　　来源：1990 年、2009 年和 2010 年的数据来源于 IEA（2011b）和世界发展指标在线数据库，http：//data. worldbank. org/data – catalog/world – development – indicators（2012 年 7 月访问）；2030 年的数字来源于 Fan and Bhattacharyay（2012）。

5.4.1 空气污染

室外空气污染是工业生产和机动车交通的常见副产品，而且也的确是过去一个世纪以来全球经济增长的中心推动力。反之，室内空气污染则被视为不发达的象征。由于缺乏廉价的替代品，许多家庭获取能源的途径是燃烧粪便和木柴。由此产生的空气污染成为疾病和死亡的主要原因（无论在发展中城市还是贫困的农村地区）。这个问题降低了生产率，减少了劳动力收入，造成了严重的经济损失。一项研究表明，2005 年空气污染给中国造成的福利损失高达 1510 亿美元（Matus et al.，2011）。[①]

ACI 经济体的空气污染程度普遍较高。表 5.7 显示，菲律宾和马来西亚等国的污染水平均不高了 20 微克/立方米（μg/m³），而印度尼西亚、中国和印度则是这个水平的三倍多。与大多数东盟国家相比，中国和印度的空气污染物明显更多。空气质量满意度在 ACI 各国之间各不相同，在柬埔寨是 96%，新加坡是 97%，但是在印度尼西亚只有 76%，在中国和越南只有 73%（表 5.7）。

在发展中亚洲，城市的空气污染常常超过安全水平（图 5.4）。机动车和工业排放产生的有害气体和微粒物质，以及缺乏防护的城市人口的增长，导致呼吸道疾病和癌症患病人数的增加（HEI，2010）。Quah 和 Boon（2003）在回顾了发展中城市空气污染对人体健康的影响的相关文献研究之后，发现空气污染的人均经济成本在每年 15 美元到 247 美元之间。在城市空气污染导致的全球死亡病例中，亚洲估计占 65%（Cohen et al.，2005）。总体而言，ACI 区域近来已经取得了明显的进步（CAI，2010），但是如果不采取新的减排措施，例如实行更严格的排放标准和更完善的监管计划，ACI 区域的空气质量还将持续恶化。

快速城镇化将可能加剧空气污染。如第二章所述，2010～2030 年，中国、印度和东盟的城市人口预计将增加 6.58 亿。伴随着富裕程度的提高，人口增长将导致亚洲机动车保有量的爆炸式增长。中国道路上的机动车数量预计将从 2008 年的 1.3 亿辆，激增至 2035 年的 4.13 亿辆。在印度，这个数字预计将从 6400 万猛增至 3.72 亿（ADB and DFID，2006）。收入提高也增加了对空调这样的能源密集消费品的需求。由于工业和能源生产所在地往往在城市周边，由此将相应地增加污染。

---

① 这个数字是作者根据报告中的估算值 1115 亿美元（1997 年美元）换算而来。

表 5.7 ACI 国家空气质量满意度

	空气污染（微克/立方米）	空气质量满意度（%）
东盟		
文莱	50.6	NA
柬埔寨	41.2	96.0
印度尼西亚	72.4	76.0
老挝	38.5	89.0
马来西亚	20.0	83.0
缅甸	46.1	88.0
菲律宾	18.7	87.0
新加坡	30.8	97.0
泰国	55.3	82.0
越南	52.7	73.0
中国 *	65.6	73.0
印度	59.2	86.0

NA = 无。

注：＊中国的数据包含中国台湾的数据。空气污染包含国家层面的数据，表明每立方米所含直径小于 10 微米的微粒物质的微克数，微粒物质成分包括硫酸盐、硝酸盐、元素碳、有机碳、钠和铵。空气质量满意度数据表明对空气质量满意的受访者比例。

来源：ADBI（2012a）。空气污染数据来源于世界发展指标，http：//data.worldbank.org/data - catalog/world - development - indicators（2011 年访问）。空气质量数据来源于盖洛普世界民意调查数据库（2010），www.gallup.com。

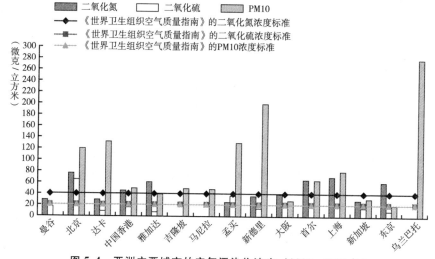

图 5.4 亚洲主要城市的空气污染物浓度（2000～2005 年）

注：PM10 指直径小于 10 微米的微粒物质，《世界卫生组织空气质量指南》中，PM10 和二氧化硫的年平均值为 20 微克/立方米，二氧化氮的年平均值为 40 微克/立方米。数据为 2000～2004 年的五年平均值。

来源：作者根据 WHO（2006，2011）数据估算；世界卫生组织数据库。

ACI 区域大城市的空气污染不仅仅是当地的问题。城市污染物还能引发城市外围的问题。例如，城市二氧化硫排放物造成的酸雨可导致农耕用地土质恶化，并污染地下水。某个城市的空气污染问题也可能混杂了其他城市的活动。过去二十年中国香港的历次主要空气污染事件都适逢偏北风，正是偏北风将中国大型工业城市的污染物带到了香港（Huang，2010）。森林火灾也会带来城市问题。

减少室内空气污染面临不同的挑战。在发展中亚洲，超过 20 亿人口因为贫穷而使用固体燃料，包括生物燃料、煤炭，用于烹饪和供热（IEA，2010）。微粒物质、一氧化碳和其他有害化合物对人体肺部有害，可引发癌症和各种疾病。发展中亚洲微粒物质每日接触量超过了世界卫生组织所界定的安全水平的 8 ~ 100 多倍（Rehfuess，Bruce，and Smith，2011）。其结果就是，根据世界卫生组织的估算，东盟、中国和印度每年因室内空气污染而直接致死的病例超过 100 万（WHO，2009）。

5.4.2 森林砍伐和土壤退化

森林既是生活的来源，也是主要的碳汇。大量的森林砍伐和土壤退化是 ACI 区域不可持续发展模式的一个显而易见的例子。ACI 区域各国已经越来越清楚地认识到，不可持续的土地滥用所造成的长期经济代价最终必将超过眼前的既得利益。森林砍伐和过度耕作将会导致土地生产率下降和产量减少。

尽管不同研究对 ACI 区域森林砍伐规模的估算有所不同，但它们的结论却是一致的，即 ACI 区域的森林资源正在以惊人的速度退化[1]（表5.8）。

实际上，由于亚洲其他地区（尤其是中国）加强了监管，从而东盟国家的森林不断遭到砍伐（Demurger，Yuanzhao，and Weiyong，2007）。譬如，棕榈油种植园的扩张是印度尼西亚和马来西亚砍伐森林的主要原因（Fitzherbert et al.，2008），两国的棕榈油出口占全球出口总量的超过 85%。中国和印度占全球进口总额的 45%（FAO，2011b）。亚洲木材贸易与之类似（Meyfroidt，Rudel，and Lambin，2010）。

---

[1] 例如，Verchot 等人（2010）引用政府数据指出，ACI 区域每年消失的森林面积高达 120 万公顷。FAO（2011a）则报道指出该数字是每年 49.8 万公顷。这种差异比较常见，其原因在于衡量这样一个动态的、地点分散的问题存在很多困难。

表 5.8　部分亚洲土地数据

问题/变量	地点	描述/数值
森林面积变化年率（2000 ~ 2010 年）	中国	1.6%（2986000 公顷）
	印度	0.5%（304000 公顷）
	印度尼西亚	− 0.5%（− 498000 公顷）
	马来西亚	− 0.5%（− 114000 公顷）
	柬埔寨	− 1.3%（− 145000 公顷）
	缅甸	− 0.9%（− 310000 公顷）
土地退化国土比例（1981 ~ 2003 年）	中国	22.86%
	印度	18.02%
	泰国	60.16%
	印度尼西亚	53.61%
水土流失率	中国	37.2%
	印度	34%
可用耕地面积减少百分比（1990 ~ 2008 年）	中国	14%（~1500 万公顷）
	印度	2.9%（~460 万公顷）
	泰国	15%（~220 万公顷）

来源：Howes and Wyrwoll（2012a）。

卫星观测显示，2000 ~ 2008 年，在印度尼西亚最大的陆地苏门答腊和加里曼丹，有 540 万公顷森林遭到砍伐，相当于该国陆地面积的 5.3%，占该国 2000 年森林覆盖面积的 9.2%（Broich et al.，2011）。印度尼西亚森林砍伐主要是由于木材需求、棕榈油种植园的开垦，以及自由农业的扩张（Verchot et al.，2010）。

土地退化是一个重要的经济问题，因为正如充足的淡水一样，肥沃的土地对于食品安全不可或缺。印度政府估算该国有接近一半的土地已经退化。糟糕的管理（尤其是农业管理）已经导致水土流失、土壤含盐度升高、农药污染，以及其他一些问题（Government of India，2009）。中国尽管实施了大范围的土地修复工程，但是由于水土流失和污染，可用耕地依然持续减少（Liu and Raven，2010）。

中国北方的荒漠化值得特别关注，荒漠化是指可用耕地或可居住地退化成沙漠。尽管荒漠化的主要原因是气候变化和地貌过程，但是人类活动加剧了荒漠化，并由此威胁了超过两亿人的生活（Wang et al.，2008）。在整个东南亚，为了农业用途而对沼泽地进行排水致使土地沉淀、酸度增加，并且不适合任何用途（ASEAN Peatlands Forests website，东盟泥炭地森林网站）。联合国粮食及农业组织估算，由于人类活动，东盟三分之二的国家中（新加坡除外），有40%的土地出现了严重退化或者非常严重的退化（FAO，2011b）。

制度能力欠缺、当地政府管理贫弱以及腐败是 ACI 区域森林砍伐、土地退化的主要原因，因为它们限制了国家法律的力量。政府管理区的非法砍伐现象十分常见。[1]

其他原因还包括地区收入的短期财政利益，以及与森林砍伐活动相关的就业增加，这在印度尼西亚尤为突出（Tacconi，Jotzo，and Grafton，2008）。20 世纪 80 年代鼓励改变土地用途的政府政策、治理权力分散化等因素也起到了推波助澜的作用（Herawati and Santoso，2011；Arnold，2008）。由于本国和外国的砍伐公司以及棕榈油公司利用自身对区域经济的影响力，从政治家手中获得优惠待遇，这使得符合长期可持续发展利益的决策很难实行。

5.5 ACI 区域的排放管理

5.5.1 温室气体排放

二氧化碳和其他温室气体排放正在改变低层大气的热平衡，并造成全球变暖。2008 年，ACI 经济体的二氧化碳排放量达 91 亿吨，占世界总排放量的 30%（IEA，2010）。这意味着 ACI 经济体每美元（按 2008 年美元价格计算）的 GDP 要排放 1.21 千克二氧化碳，相对于其经济规模而言，这超出了太多，因为全球平均水平是 0.73 千克（图 5.5）。

中国是 ACI 区域二氧化碳排放量最大也是增长最快的国家。2008 年，中国的二氧化碳排放量达 65 亿吨，占世界总量的 21%。大约一半的二氧化碳排放是由供热和发电而产生的，35% 是由制造业和建筑业而产生。中国的二氧化碳排放密度是每美元 GDP 产生的排放高达 2.30 千克，这有点不同寻常。相对于其经济和人口规模，印度的二氧化碳排放量要少一些，自从 1995 年以来，印度已经在持续减少每个 GDP 所产生的二氧化碳

---

[1] 例如，Broich 等人（2011）研究发现，20% 的森林砍伐发生在法律保护区内。

排放量。2008 年，东盟的二氧化碳排放为 10.6 亿吨，占全球排放总量的 3.5%，自从 2000 年以来，其二氧化碳排放增速已经开始放缓。东盟国家二氧化碳排放的前三名是印度尼西亚、泰国和马来西亚，三国最大的排放源是发电和供热（图 5.6）。越南最大的排放源来自制造业和建筑业。相对于 GDP 增长，新加坡、菲律宾、印度尼西亚和泰国的二氧化碳排放量已经开始下降。

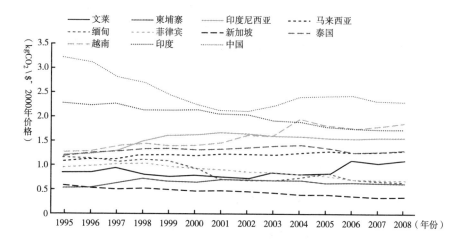

图 5.5 ACI 区域二氧化碳排放相对国内生产总值的变化
（kgCO$_2$/ \$，2000 年价格）

来源：IEA（2010）。

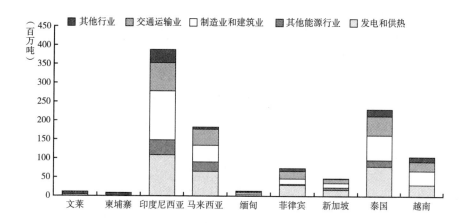

图 5.6 东盟各行业二氧化碳排放（2008 年）

来源：IEA（2010）。

5.5.2 气候变化

气候变化的证据是明显的（IPCC，2007）。这将对 ACI 区域的经济和健康产生巨大影响。ACI 区域是世界上与能源相关的二氧化碳排放的头号来源之一，缓解全球变暖不仅与该区域自身利益息息相关，而且也是该区域的全球责任。

影响 ACI 各经济体碳排放的主要决定因素是它们各自的经济结构、能源禀赋和进口依赖度，这同时也决定了它们对气候变化的影响大小。与比较发达的制造业和服务业相比，资源开采和加工的初级阶段对能源和资源的利用率通常很低（Howes and Wyrwoll，2012b）。和那些资源丰富的国家相比，煤炭和其他自然资源较少的国家往往在能效方面更加出色（SERI，2010）。和那些在本国开采加工原材料的国家相比，原材料进口比重较大的国家在资源利用方面效率也会高一些。这要求使用更加全面的指标体系，来衡量原材料消耗和生产率评估，包括上游资本流动（Kalirajan，2012）。

5.5.3 解除增长与排放的耦合关系

许多 ACI 国家已经认识到了上述风险，并在经济发展战略中赋予环境问题更多的权重。有的国家已经承诺自愿强制约束本国的碳排放。中国设定的目标是到 2020 年，将每美元 GDP 的温室气体排放在 2005 年的基础上减少 40% ~ 45%。印度的同期目标是减少 20% ~ 25%。印度尼西亚承诺到 2020 年，在低于一切照常水平的情况下，将碳排放减少 26%。不过，这三个新兴 ACI 经济体的目标都过于宏伟。要实现上述目标，它们需要在个人和集体层面都采取坚决行动，培育创新理念，制定创新政策（表 5.9）。

表 5.9　ACI 区域、日本和韩国的二氧化碳减排承诺

国家	截至 2020 年减排目标和缓解行动	基准年份
中国	通过以下行动,争取将 GDP 二氧化碳排放浓度减少 40% ~ 45%: ·将非化石能源占一次能源消费比重提高至 15% ·增加森林覆盖面积 4000 万公顷 ·增加森林蓄积量 13 亿立方米	2005

续表

国家	截至 2020 年减排目标和缓解行动	基准年份
印度	通过以下行动,争取将 GDP 排放浓度减少 20% ~ 25%,农业除外: ·到 2020 年,将风力、太阳能和小型水电站发电的比例提高至 20% （2005 年这一比例为 8%） ·到 2012 年,实行建筑物能源效益守则 ·到 2011 年,实行燃油效率标准 ·增加森林覆盖面积,以隔离年排放总量的 10%	2005
印度尼西亚	采取以下行动,减排 26%: ·可持续的泥炭土地管理 ·减少森林破坏和土壤退化 ·在林业和农业中实施碳封存项目 ·提高能效,使用再生能源,鼓励低碳交通	BAU
日本	根据一项公平有效的、由全部主要大国参与的国际框架, 在各国一致同意的设定目标基础上,实现减排 25%	1990
韩国	到 2020 年,在低于预测水平的基础上,实现减排 30%, 大约比 2005 年水平低 4%	BAU
马来西亚	到 2020 年,实现减排 40%,且低于 2005 年的水平	BAU
新加坡	通过达成具有法律约束力的全球协议,实现减排 16%	BAU
泰国	在一切照常水平之下,实现减排 30%	BAU

来源：UNFCCC（2010a；2010b）。

中国的"十二五"规划（2011 ~ 2015 年）将绿色增长作为发展的中心，并在可再生能源、碳浓度、能效和主要污染物排放等方面制定了宏伟的目标（Zhang, 2011）。印度政府也有类似的目标，并将能源和水资源安全视为经济发展的基本（Mathur, 2011）。印度尼西亚（Patunru, 2011）、泰国（Chotichanathawewong, 2011）、越南（Toan, 2011）、新加坡（Doshi, 2011）官方都认识到低碳绿色增长的必要性。尽管在过去二十年，ACI 经济体的能效已经提高了很多，但是经济增长早已将其抵消了。亚洲必须采取解决行动，走绿色增长之路，并将原材料消耗和与能源相关的二氧化碳排放分离开来。

在此背景之下，有必要区分资源效率和资源消耗的绝对水平。从环境角度来看，能源消耗绝对水平受到限制甚至下降至关重要。提高能效是实现这一目标的关键战略。

ACI 区域发展中经济体所面临的挑战是将经济增长和资源消耗进一步分离开来。能源消耗水平居中和较高的国家应当实施针对性政策，以便大幅提高能效，减少资源吞吐量。有必要明确过度消耗的模式，并对其加以处理。充满活力的新兴经济体也应当在基础设施建设中，将提高能效作为优先战略，例如提倡节能建筑和节能交通，又如在金属制品、化工品和造纸等产业中提高资源利用效率等。当前面临的挑战是，如何避免被锁定在材料和能源密集型的发展模式中，因为这种模式可导致高水平的人均消耗。

但是，由于 ACI 区域中贫穷的以及发展中经济体的能源消耗水平原本就很低，它们最先达到材料和能源消耗的最低水平。有些贫穷国家的人均资源消耗仅有一两吨，这么点资源即便是满足诸如饮食、住宿、医疗和教育等基本需求，也是捉襟见肘。对这样的国家而言，必须提高其绝对能源消耗，以改善人民福祉。因此，和节能或者实施可再生能源战略相比，减少贫困应保持高度优先。而且，为了实现尽可能提高能效的发展目标，它们将尤其依赖国际环保技术转移。

5.5.4 提高效率的好处

提高能效应当被视为能源供应的来源，相当于发现或者获得了新的燃料来源。提高能效可以释放供应，以便使其用于其他用途。提高能源效率往往意味着节省两到三倍的初级能源。例如，省下一度电，相当于避免发电 2~3 度。

城市规划是节能的另一个宝贵机会。全球 70% 有害温室气体的排放来自城市（UN-HABITAT, 2011）。鼓励提高能效的生产生活方式以及向利用低碳能源转变应当既包括技术解决方案，也包括生活方式的改变（Mohanty, 2011）。能效目标应该融入城市规划、建筑法规和有关标准中。城市应当协调铁路、高速公路以及其他交通体系的规划，并鼓励和提倡相对低碳的出行方式，例如公共交通、自行车和混合动力或者电动汽车。

农村地区面临的挑战更加艰巨。在 ACI 区域，将电网延伸到偏远的地区往往成本高昂。由于缺乏足够的培训和技术人才，分散的能源体系在有些地区已遭到失败。如果不能充分考虑能源服务在百姓生活中的重要作用，就不能制定妥善的政策，不能提供完善的服务。如何提高农业活动的能效往往被人们所忽视，这与工业生产形成鲜明的对比。改变农作习惯、使用改良的灌溉技术可以有效减少能源消耗，甚至隔离二氧化碳（Reddy, Pachekpy, and Marani，1997）。

许多国家已经把提高能效所节省的资金，重新投入到节能项目中。而且，这也是一个制度性问题，需要采取全面的方法进行能源管理。亚洲也已经培育并成功实施了小额信贷机遇，例如孟加拉国对农村妇女的清洁能源融资项目、中国特定的家庭节能产品贷款项目等。泰国在对石油小额征税的基础上，建立了一个大规模的节能基金。中国也成立了清洁能源基金（ADBI，2011）。

5.5.5　降低矿物燃料的碳密度

降低矿物燃料碳密度的一个途径就是从使用煤炭转向使用天然气。天然气每单位能源产出所排放的二氧化碳仅为煤炭的大约一半，这使其成为未来向低碳转型的理想燃料。在 ACI 区域的初级能源发电中，天然气已经占据了较大比例，并且这个比例还在继续提高。为了更好地体现二氧化碳排放在燃料价格中的预计成本，转型的速度可以更快一些（Anbumozhi and Kawai，2009）。东盟在泛东盟燃气管道和东盟电网规划中发挥着重要作用。此外，区域合作有助于协调和统一有关领域的定价、税收、法规和相关标准，并能扩展到其他跨能源体系中，例如电网。

5.5.6　环境可持续发展新思维

低碳绿色增长能给 ACI 区域长期可持续发展打造更加坚实的基础。绿色经济不仅不会拖累经济增长，反而会是新的增长引擎（ADB and ADBI，2013）。它能创造就业，还能稳定能源供应及其价格，并推动技术进步。因此，进行可再生能源的重大投资能带来经济、社会和环境方面的多重好处。研究表明，与矿物燃料之类的非再生能源相比，可再生能源能增加两到三倍的工作机会（Pollin，Heintz，and Garrett‐Peltier，2009）。

对于大多数成员还依靠进口能源的 ACI 经济体而言，无论从长期还是短期角度，国内可再生资源能提供更好的经济稳定性。贫穷经济体的国际收支和增长前景也能因此更好地规避全球能源价格波动所造成的影响。同时，使用可再生能源能减少与空气悬浮颗粒之类的污染物接触，从而带来显著的健康利益。

无论如何，清洁能源投资都能加速创新和技术进步的良性循环。提供智能电网开发、能效提高和能源储存等服务的供应商将会从中受益，生产和安装可再生能源设备的私营部门经营者也会受益。从世界银行和亚洲开发银行等多边发展银行获得的支持将会大幅增加，同样，对相关技术的私人投资也会显著增加。

与铁路建设、家庭电器化和互联网发展相类似，能效增长的转型将产生巨大的经济动力。技术能促进转型，但是经过深思熟虑的经济政策和方案是催化剂。ACI 区域亟须实现绿色增长转型。该区域有充足的劳动力和技术人才，对可再生能源也有巨大的需求。和更加发达的经济体相比，ACI 区域实现转型的成本应当更低，因为该区域传统能源基础设施的规模较小。

5.5.7　缓解气候变化的政策

缓解气候变化可以采取基于市场和技术的政策。能源定价政策（如电价补贴和税收），可以实现资源的保护和排放的控制。政府能够通过直接公共投资、低息贷款、税收冲销、加速折旧这些手段来刺激对可再生能源技术的投资。

在电价补贴政策的激励下，可再生能源急剧增长，该政策以最低的投入获得了最大的利益（Tian，2011）。电价补贴可以与政府资助同时进行，以此消除公用事业公司付给可再生能源供应商的担保价格和收取顾客每度电的平均价格之间的差价。以地方融资来支持价格保证将会为加快可再生能源投资和发展创造非常有利的条件。

一直以来，电价补贴政策仅施行于电网连接。有关部门应当修改政策框架，将离网区域也囊括在内。正确的政策组合可以实现市场稳定，并最大限度地发挥公共融资的杠杆作用（Kim，2011）。正确的政策能调动相当于原始投资 15 倍的额外后续投资（Hongo，2012）。

为了补充各国提供的国家担保金，需要建立一个新的"区域投资基金"。这将有助于刺激太阳能、风能和其他可再生能源技术的快速、大规模扩张，并使它们加快发展，达到成为主要能源选项的经济临界点。

当可再生能源的成本变得可以与矿物燃料成本相竞争时，便可以停止补贴。ACI 经济体的大部分穷人将可使用负担得起的可再生能源。到 2030 年，全球能源领域的经济技术将发生转变。

碳源定价。相对较高的价格是 ACI 各国广泛采用可再生能源的主要障碍。目前，在全球范围内，光伏电池板发电的平均成本为每度电大约 36 美分，而风力发电成本则低至每度 10 美分。这些价格已经超出了 ACI 区域穷人的支付能力，即使每度电只需 3～5 美分，他们也负担不起。因此仅仅一味提高传统能源的价格并希望以此来推广可再生能源使其更具竞争力的做法，对于 ACI 经济体中的欠发达国家来说不太实际。几乎没有哪个 ACI 经济体的政府可以负担大规模的、使可再生能源价格降到那么低的可再生能源补贴。在发达的 ACI 经济体中，通过市场提高可再生能源的竞争力，减少温室气体排放的策略并未奏效（Economist，2009）。

然而，大多数 ACI 经济体可以通过逐步取消对化石能源的补贴，来消除定价扭曲。传统补贴方式包括价格控制、对化石能源生产商和研究项目的补贴以及对运输线的武装保护。全球能源补贴每年估计高达 5570 亿美元（UNESCAP，ADB，and UNEP，2012）。政府也应该为使用化石燃料所造成的巨大间接成本承担责任，其中包括为了应对和处理温室气体排放和污染导致的健康问题和环境影响所带来的长期成本。政府也应该考虑到，一旦不可再生的矿物燃料资源使用殆尽，寻找替代能源或其他资源的成本将越来越高，而且可能毫无经济性可言。

政府需要给穷人提供直接补贴，以抵消碳基燃料的高价格。政策制定者也应该考虑这一事实，在某些情况下，要使人民脱贫就应使用更多的化石燃料。

ACI 区域可建设一个区域项目，一方面注重融资和补贴的最佳实践，另一方面确保融资以减少各方风险的方式进行，通过该项目可促进国家的工作。另一个选项便是组建区域性和全球性的管理项目，由基金会、政府和全球机构共同组织并共同出资。

要在未来 20～30 年实现能源结构的大转变，首先必须在能效和再生能源使用等方面制定目标明确的政策框架。这一框架将有助于决策者量化潜在利益、确保政治上的坚定承诺，并为有助于实现目标的措施找到融资途径和实施方法。有了正确的政策和制度安排，提高能效将会在财政上变得十分可行。工业、城市和交通规划、建筑设计、发电、汽车等领域的创新信息需要广泛推广。区域机构和合作组织（如那些监督性的自愿合作机构），可以帮助编写和传播这些信息和良好实践。

5.5.8　推广清洁能源的投资机制

ACI 区域所面临的一个重要挑战是如何为清洁能源和可再生能源设施提供融资。低碳替代能源的资本成本主要集中在项目周期的前端，这增加了长期融资的需求（Anbumozhi and Kawai，2009）。尽管太阳能发电的前期成本很高，但是此后基本不需要任何成本。相反，高碳能源工厂的燃料构成了大部分成本。ACI 需要像亚太碳基金这样的创新融资方案来提高能效和实施可再生资源的部署。直接公共投资和投资支持将极其重要。在欧洲所实行的围绕碳价格的抵消交易和其他市场机制也会帮助 ACI 实现这些目标。

对矿物燃料或其排放征收"绿色"税或采取其他措施是为清洁能源投资筹集资金的一个选择。虽然有些人认为征收绿色税收是倒退，对穷人不利，但是最近的研究表明，如果税收经过再循环进入经济，绿色税可能产生十分积极的影响，因为贫困家庭比富裕家庭的碳密集度低得多（Aubumozhi and Patunru，2010；Zhang，2011）。

目前，很多国家都允许私人资本进入绿色投资。2009 年，中国、印度、泰国、印度尼西亚和越南的清洁能源私人投资总额首次超过美洲地区，达到 408 亿美元。然而，风险管理和筹资困难仍然是阻碍企业家开展清洁能源业务计划的障碍。对于这些企业家来说，通过寻求与全国金融机构和政府的合作来改善投资环境的可能性是存在的（Kim，2011；Hongo，2012）。在区域内分享成功的融资机制，也会有所帮助。

但是，如果要使可再生能源的装机容量达到可负担得起的规模，在短期内政府或消费者仍需对其进行补贴。政府对基础设施和能源供应商的投资是必要的，因为低碳、资源节约型的增长将给公众带来社会和经济利益。目前，ACI 的这种补贴是有限的，而且在实施中也缺乏协调。这便需要区域合作来提供额外的资金和技术支持（Wyes，2011）。

在 ACI 经济体中，有多种方法可以动员国际金融对绿色能源的投资，而且最佳选择和可能就是这些方法的综合利用。潜在的机制包括电价补贴、贷款担保、基于业绩的资金支持、与可再生能源投资有关的"绿色"债券，以及建立一个区域可再生能源基金。要在 ACI 经济体内发展电网的补充性投资，可通过现有机制和机构（如区域发展银行等）进行融资。

以下为私营部门提供投资支持的例子：

*清洁技术风险投资基金：亚洲开发银行给风险投资基金提供了 4000 万美元的早期股权融资和咨询服务，这些风投基金可用于投资致力于减缓气候变化和采用新的清洁技术的新兴公司。

*印度太阳能保障设施：在印度，亚洲开发银行将为国际和地区银行提供 1.5 亿美元部分信用担保，用于给早期进入太阳能项目的企业提供贷款。对于 2~25 兆瓦的小型太阳能项目，该担保包括贷款总额最多 50% 的未付款风险。英

国拨款 1000 万美元以折扣价购买担保费用以减少项目的总体融资成本。亚洲开发银行给银行提供有关风险评估和技术尽职调查方面的技术援助和培训。

　　*泰国太阳能农场：亚洲开发银行清洁能源基金将向泰国的第一个大型光伏农场提供 200 万美元的拨款，用于支付临时费用、降低项目成本和偿还债务。

　　*气候公私合作基金：这一创新的投资工具，旨在将养老基金和主权财富基金等机构的大型投资，打造成一个总额为 10 亿美元的长期投资基金，用于为缓解气候变化进行融资。亚洲开发银行和英国国际发展署是锚定投资者，合计出资 2 亿美元（ADBI，2012b）。

5.5.9　调动私营部门，促进绿色发展

　　私营公司发展清洁能源大有可为。然而，由于能源服务供应商的收入与他们的节能能力挂钩，所以商业银行认为他们是高风险的借款人。来自政府和国际发展银行的融资、技术支持和优惠政策有利于这个重要产业的发展。例如，经过世界银行十年的支持，中国的私人能源服务业从 1997 年的仅有 3 家公司，到 2007 年已经壮大到 400 多家，能源绩效合同达到 10 亿美元（Anbumozhi，2008）。

　　ACI 经济体应通过国际协议来制定激励方案，以便统一税收政策、法规和定价。ACI 经济体可以考虑制定类似《联合国气候变化框架公约》的区域碳减排协议和方法。例如，ACI 经济体可以建立区域性碳交易机制。这样的协定应以《京都议定书》的成败为借鉴，同时考虑地区的独特性。

　　政府也可以大力支持与私营企业合作建设的可再生能源示范工程，尤其是当这些工程与国家基础设施建设计划，如电网及交通系统建设等相关联的时候。成功的示范工程要逐步扩大规模。政府也可以在跨区域电网计划中开展高水平的公私合作。

　　公私合作研发与绿色能源工程的区域中心将会为许多国家提供不同观点，促进科技创新与技术转让（Ramanathan，2011a）。以电动汽车充电站网络的发展为例，它可由一国发起，但是它也需要其他国家的合作和共同出资。这些区域中心也应该在绿色科技的区域一体化上积极开展项目。在某些情况下，区域中心有助于实现从 ACI 富国向穷国的技术转让。当然，在其他一些情况下，从一些穷国利用并不先进且成本较低的技术中吸收经验教训，往往更加合适和有用（Anbumozhi，Kimura，and Isono，2010）。

5.5.10 促进绿色增长的项目

如何将经济增长与 ACI 的排放情况解耦，这是一个传统的协调性问题。减少经济增长对自然资源消耗的依赖，需要对新一代能源与新型环保技术进行更大规模的投资。提高能源利用率、消除贫穷、降低高耗能国家的资源消耗应该是 ACI 经济体不同区域的优先战略。对于那些旨在减排、促进环境可持续发展的区域政策联合议程，各经济体也应积极参与。正如上文所述，ACI 经济体在哥本哈根已对此作出多番承诺。

但是达到这些目标并不意味着气候变化的危害就会被控制在安全范围内（Derviç et al. ，2009）。在哥本哈根谈判中，多数国家都作出了量化的减排承诺。此外，一些发展中国家也提交了符合各自国情的减排方案。这些减排目标虽然没有强制约束力，但是受各自国内的测量报告与计量检查的监督。与 ACI 一切照常的情境相比，这些承诺委实谨慎温和。

并没有一种能在所有 ACI 国家都万能通用的方法，然而，优先战略应当视各国的经济状况而定。资源消费和排放处于中高水平的国家必须实施针对性政策以快速提高资源效率，限制或减少排放。对于充满活力的新兴经济体来说，优先重点应是提高建筑及交通系统等新建基础设施的资源效率，以及五金、化工制品和制浆造纸等基础工业的资源效率。对于资源消耗水平较低的贫困的发展中国家来说，它们需要在亚洲其他富裕国家的支持下，增加物质财富，提高生活水平，并消除贫困。在经当地机构本土化改造后，从国外输入的先进绿色科技对这些国家的发展尤为有益。

推广可再生能源、提高资源效率也需要一个可预测的有利环境。ACI 应当实施相关机制，迅速推广有关废物处理、污染防护以及能源效率的新技术，比如那些用于开发智能电网、智能城市、碳捕获以及清洁煤的先进技术。在建筑领域，科技的快速进步将导致新房翻新房在能源需求量上的锐减。耗电量大为减少的照明、加热、制冷以及其他能源依赖型的服务现在已触手可得。

推动绿色增长的重要一步是建立 ACI 专家小组，为国家机构出谋划策，提供人员培训与技术支持。理想情况下，可以动员来自大学、科技机构、行业协会以及志愿者团队的专家，共同参与这项全球事业。这个小组也有助于加快培养下一代技术专家，从而为经济快速增长服务。

由于具有开放的区域主义政策和推行经济一体化的制度，亚洲可以以区域合作为战略来促进区域内和全球的低碳绿色增长。如果低碳技术产品和服务能自由贸易，一些亚洲国家的规模经济将会有利于其他国家克服成本障碍。

最后，可以建立研究及决策机构网络来观察全球内发生的技术创新与发展。对采用更先进技术和实施政策扶持中出现的新机遇，该网络可提供相关分析。

5.5.11　协调投资区域的项目

面临环境与气候变化的挑战，ACI 各国需要在技术能力、知识技术与大规模投资等方面进行合作。区域合作有助于减少碳排放、优化水资源和能源管理、调动资金完善基础设施建设。尤其是通过区域基金进行的投资合作可带来经济、社会和环境的多重收益，从而提高 ACI 区域内的能源和环境安全。这种区域性协调融资机制不仅会给全球可再生能源服务带来补贴与技术支持，而且对各国提供的国家担保也起到一定的补充作用（UN，2009）。亚洲环境基金，这一区域融资机制或机构的建立，可大大调动区域内的资金，有效提高 ACI 区域的能源与环境安全。

5.6　迈向可持续的未来

走低碳、资源节约型之路将降低未来应对环境退化的经济和社会成本。它有助于减少贫困，通过扩大能源服务提高生活品质，通过改善空气质量保护健康，同时增强 ACI 经济体竞争力，提高能源安全性。当然，走绿色增长之路还有更多显而易见的收益。对清洁能源和资源效率技术的投资，以及价格支持、税收刺激、直接补助和贷款支持等，能促进能源、水和减排产业的发展。这样的发展道路将使各国在减少污染排放与资源浪费、提高自然资源利用率的同时，促进本国的经济发展（ADB and ADBI，2013）。

处理 ACI 各国复杂的环境与资源问题并非易事，这需要各部门决策者与各类私营部门、国际组织和学术机构的共同协调努力。当务之急是强化有关机构的职能，以保证政策的制定与实施高效有序。

发展是 ACI 经济体的主要任务。扩大对穷人的能源供应可能会导致某些国家能源消耗总量的增加。然而，特别是在市区，提高能源效率能大幅抵消能源消费的增长。

要将国家能源、水资源和环保目标付诸行动，需要创新政策，宏观和微观层面的融资方案，以及大批利益相关者的参与。这需要制定广泛的政策措施组合，其中包括在排放与污染方面利用市场手段，如税收、电价补贴和定价等，创造优惠，刺激企业技术革新，引导消费者选择清洁绿色替代能源。ACI国家还需要建立相关规章制度，明确市场的正确条件，为可再生能源投资消除阻碍、降低风险和增强信心。

ACI区域各国政府必须在有关能源及水资源保护、防止污染和可再生能源转换方面给予更多的投资与优先权。在某些情况下——正如中国最近经济政策转变那样——ACI区域各国也需要彻底改变当前的发展道路。与此同时，各国政府应当限制那些可能导致资源耗竭的支出，如人为降低使用矿物燃料成本，以及阻止消费者及企业采用本应该会更划算的节能措施的相关补贴。考虑到既得利益者将谋求维护自身利益，改革上述补贴方案面临重重挑战。但是仍然还有许多示范项目可改善其对社会的不良影响，例如针对穷人家庭的有条件现金调拨计划。

针对绿色科技的补贴政策有价格优惠、税收减免、贷款以及直接拨款等，借助这些措施可以促进能源、水资源和减排等新兴产业的发展。各国政府也应在能力建构、培训和教育方面加大投入，以确保ACI区域各国能够抓住机遇开展基础设施建设、培养劳动力，帮助各经济体和民众应对挑战。在帮助发展中国家加速发展的过程中，技术转让十分必要。需要在国家层面上发展与新兴碳市场、国内融资方案密切相关的策略补充机制。

这一议程也需要具有胆识的领导。在应对气候变化、国家能源枯竭以及能源安全等挑战的多边组织与外交活动中，ACI各国必须发挥更多更积极的作用。他们应当设法强化国际治理机制，推进《京都议定书》的实行。以中国为例，作为当今世界主要的能源消费国，中国虽然不是国际能源署成员方，但也应该通过该机构加强与其他主要石油进口国之间的协调。其他亚洲国家也必须共同努力保障未来能源的稳定供应（Drysdale，2011）。

ACI国家必须在区域内进行更多合作。为确保水资源安全及利用效率，ACI经济体必须加强合作，共享跨境淡水资源，满足区域基础设施建设的融资需求。建立区域内碳市场可以显著提高部署速度，扩大可再生能源及节能项目的规模。区域内各政府应当协调统一能源定价、税收、法规和有关标准。在共享水资源及水利基础设施融资方面，区域性解决方案必不可少。

积极主动地应对这些挑战，必然符合 ACI 各国的经济利益。拖延和犹豫只会增加未来的成本。通过加快向低碳发展转型，ACI 经济体将能在全球清洁能源竞赛中赢得胜利，并实现伟大变革。

第六章

——❧ ❦ ❧——

未来金融转型

6.1 介绍

ACI 的金融体系一直对该区域超常的经济发展速度发挥着积极作用，并帮助该区域在过去的二十年里经受住了多次金融风暴，如 1991 年的印度危机、1997～1998 年的亚洲危机、最近的 2008～2009 年全球金融危机，以及因此产生的经济衰退等。2010 年，ACI 区域拥有 4.3 万亿美元的储蓄，3.8 万亿美元的外汇储备，ACI 现有的金融体系有财力将经济增长维持至 2030 年。现在 ACI 的金融系统与其在 20 世纪 90 年代的金融系统相比更具弹性、更加多样，同时也更加复杂。

然而，如果想要实现 2030 年的经济增长目标，并使增长成果惠及广大群众，那么 ACI 必须找到调节其巨大储蓄剩余的有效途径。必须深化发展金融市场，让正规金融业务能够服务于更多的个人和公司，使其具有更强的抵挡外部冲击的能力。银行必须提高资金分配的效率，并在建设大宗复杂项目、管理相关投资风险等方面积累更多的专业知识。ACI 金融市场也要加强内部联系，让资金可以实现跨区域流动。

在经济发展以及经济增长过程中，金融业发挥了许多关键作用。一方面，金融业可促进货物和服务贸易发展、评估投资项目、调动储蓄以投资项目建设、促使资金向需求方转移、监督资本使用者的活动、分散和管理风险，并向投资者提供各种理财产品。毫不夸张地说，金融业是经济体系的命脉，所以该区域迫切需要完善金融基础设施，用于支撑长期可持续增长。众所周知，金融体系相对完善的国家，往往能保持长时期的快速经济增长

（King and Levine，1993；Levine，2005；Beck，Levine，and Loayza，2000；Rajan and Zingales，1998）。这一现象是否存在因果关系依然存在争议，尤其是考虑到金融创新所发挥的作用（Rodrik，2008a；Schularick and Steger，2010）。

另一方面，金融体系失灵会对实体经济产生严重的负面后果，尤其是当错误的金融政策、监管不力和金融机构的轻率行为交织在一起的时候（Minsky，1974；Kindleberger，1978；Bhagwati，1998；Rodrik，1999；Easterly，Ritzen，and Woolcock，2000；Rajan，2005，2010）。因此，保证金融稳定、防范内外风险是重要的政策责任，也是在近来的多次重大金融危机中屡屡被证实的经验与教训。对于亚洲的新兴市场，游浮资本流动管理对宏观经济和金融稳定而言至关重要。

虽然 ACI 的金融业总体上运行良好，但由于区域内各国到 2030 年将跻身发达经济体行列，人民也将变得更加富裕，其金融业必须更加完善发达。

但是，与高水平的制造业生产率增长相比较，大多数 ACI 经济体的金融业发展较为滞后，这主要是由于过于严格的管控，以及在某些情况下规模的不足。ACI 区域的金融市场也呈现高度碎片化。

6.2 ACI 区域金融发展议程

亚行在《区域一体化机构》中概述了东盟、中国和印度的金融发展愿景，并为亚洲经济共同体制定了以下目标：

＊建立无货物和服务流通限制的一体化市场。

＊打造更加深化，更具流动性，并为跨境资金流动开放的金融市场，并为本国或外国的投资者提供高水平的监管和强有力的保护。

＊建立协调宏观经济政策和汇率政策的有效框架，并将全球性挑战和各国不同国情考虑在内。

＊建立区域性论坛和对话机制，以应对贫穷、排斥、收入不稳定、移民、人口老龄化、健康、环境威胁等社会问题。

＊在全球政策论坛中形成一致的声音，表达区域担忧，提高全球治理责任（ADB，2010b：201）。

金融一体化可减少借贷者和投资者的成本，提高竞争性，从而促进经济发展。务必要谨慎管理发展、全球化和创新的进程。即使是用意良好的政策，如果仓促执行、次序紊乱，加之保护措施不足，也会增加发生金融危机的风险。该区域的金融业还面临提升金融包容性、适应人口老龄化和支撑绿色发展三个方面的挑战。不断增长的金融服务预计也将成为 ACI 区域经济增长的新引擎。

本章对 ACI 经济体金融市场发展的现状和前景提出了独家观点，并指出加强基础设施建设的关键优先领域，而这正是金融发展和区域融合所急需的。本章提出了四个优先领域：

*通过发展债券市场、建立金融衍生品和外汇掉期的基础设施等措施，促进金融市场深化改革、开放发展和效率提升。

*为个人和小型企业扩大金融服务的准入。

*通过完善金融监管和监督、实行宏观审慎政策来加强金融稳定。

*在多个领域提高金融一体化，加强区域和全球合作，如加强 ACI 区域监管和税务框架的协调、区域债券市场和外汇协调等。

本章为国家、次区域和区域等不同层次的政策提出了建议。

6.3　ACI 金融市场的现状

按照目前的发展轨迹，到 2030 年，ACI 区域在全球金融市场所有主要资产种类中所占的比重都将急剧增长（表 6.1）。ACI 在全球银行的存款中所占比重预计将从 2010 年的 23.7% 增长到 2030 年的 44.1%，而在全球对私人借贷者的银行信贷和股市股权价值方面，该区域所占比重预计将会达到三分之一。由于起点较低，ACI 区域在私人债券市场中所占比重预计将仅增加到 13.7%。然而，这代表着在未来二十年这一数字将会增加 2 倍。ACI 区域的私人融资预计将增加 1 倍左右，达到 26.5%。

表 6.1　ACI 金融资产的发展

	2010 年(十亿美元)		占世界总额比例(%)	
	2000 年	2030 年预测	2010 年	2030 年预测
银行存款				
ACI	13390	53768	23.7	44.1
东盟	1339	4194	2.4	3.4
中国	10945	42332	19.4	34.7
印度	1106	7243	2	5.9

续表

	2010 年(十亿美元)		占世界总额比例(%)	
	2000 年	2030 年预测	2010 年	2030 年预测
银行存款私人信贷				
ACI	8278	32998	16.7	32.9
东盟	966	3023	1.9	3
中国	6679	25831	13.4	25.8
印度	633	4144	1.3	4.1
股票市场资本化				
ACI	10686	42442	19.4	34.4
东盟	1596	5071	2.9	4.1
中国	7474	28907	13.6	23.4
印度	1616	8464	2.9	6.9
私人债券市场资本化				
ACI	2162	17203	4.1	13.7
东盟	348	1704	0.7	1.4
中国	1663	12866	3.2	10.2
印度	151	2632	0.3	2.1

来源：CEIC 数据库，http：//www.ceicdata.com（2011 年 4 月 12 日访问）；国际金融统计数据库，http：//www.econdata.com/databases/imf - and - other - international/ifs/（2011 年 4 月 12 日访问）；BIS（2012）；世界交易所联合会，http：//www.world - exchanges.org/statistics/annual/2011/equity - markets/domestic - market - capitalization（2011 年 8 月 8 日访问）；作者估算。

ACI 区域在世界金融领域的重要性不断攀升，这一方面反映了它预期的经济增长，另一方面也反映了在印度、印度尼西亚、菲律宾、泰国和越南等国，金融资产占国内生产总值的比重在不断增加。到目前为止，中国在这方面作出了最大贡献。

正如它在其他领域一样，ACI 有望在全球市场发挥越来越重要的作用。随着中国逐渐开放资本账户，人民币有望成为越来越有影响力的国际储备货币。上海和孟买预计将成为主要的国际金融中心。

6.3.1 金融业的深化与开放

世界经济论坛《2010 年度金融发展报告》认为，金融发展是指"有助于形成高效的金融中介和金融市场，以及有助于深化拓宽资本和金融服务准入的一系列政策和制度"。其中包含七大支柱：制度环境、商业环境、金融稳定、银行类金融服务、非银行类金融服务、金融市场和金融市场准入

（WEF，2011b：xiii）。除量化指标之外，该方法还使用了大量其他指标来评估金融发展[①]。表6.2表明了2009~2010年ACI国家在57个国家中的排名情况。

除了菲律宾、印度尼西亚和越南以外，其他ACI国家排名中等，只有新加坡排名较高。2009~2010年，ACI的排名总体提高了，其中马来西亚和中国的排名提高最多。然而，大部分ACI国家的金融体系仍然落后于发达国家。

表6.2 金融发展评估中的变化

	2010年排名	2009年排名	2010年得分(1~7)	得分变化
新加坡	4	4	5.03	0.01
马来西亚	17	22	4.2	0.23
泰国	34	35	3.37	0.03
越南	46	45	3.03	0.04
菲律宾	50	50	2.97	0.14
印度尼西亚	51	48	2.9	0
中国	22	26	4.03	0.16
印度	37	38	3.24	-0.05

来源：WEF（2010）。

6.4 ACI区域金融进步的衡量标准

过去十年，ACI经济体已经在扩大金融市场规模、提高效率和国际化方面取得了长足进步。通过使用与世界银行的金融发展和结构数据库相类似的方法论也能分析出此进步（Lee，2008；Capannelli，Lee，and Petri，2009）。Beck和Demirguc-Kunt（2009）把收入水平分为四个层次：高收入、中高收入、中低收入和低收入。使用他们所提出的指标，可对亚洲和其他国家的

[①] 在金融稳定方面，银行系统稳定性的权重（40%）要高于货币稳定和主权债务危机（各为30%）。在银行类金融服务业中，主要有三个小类：银行系统的规模和效率（各为40%），财务信息披露的作用（20%）。在金融市场方面，股票和债券市场所分配的权重为30%，外汇和衍生产品市场（比股票和债券市场的发展更为重要）的分配权重为20%。

进步作出比较。

金融规模的所有指标都显示出这一稳定进步（表6.3）。这些指标包括中央银行资产、银行存款、银行活期存款资产、流动负债①、银行存款私人信贷、股票市场资本化和私人债券市场资本化。所有指标均按名义GDP的比率计算。通常，中央银行资产在GDP中所占的比率会随收入的上升而下降，而其他所有指标则都是随着收入上升而上升。由于与收入水平高度相关，因此私人债券市场资本化也被采用。公共债券市场资本化几乎和收入水平没有关联。

表6.3　金融业规模测量

占GDP比重	2007年各收入类别的比率中位数				东盟		中国		印度		ACI*	
	高	中高	中低	低	2000年	2009年	2000年	2009年	2000年	2009年	2000年	2009年
中央银行资产	0.01	0.01	0.04	0.02	0.08	0.03	0.02	0.05	0.08	0.02	0.07	0.03
银行存款	0.87	0.43	0.39	0.20	0.73	0.83	1.04	1.47	0.42	0.64	0.73	0.89
银行活期存款资产	1.14	0.55	0.31	0.15	0.85	0.78	1.13	1.07	0.41	0.65	0.83	0.80
流动负债	0.90	0.45	0.43	0.27	NA	1.05	NA	1.57	NA	0.75	NA	1.08
银行存款私人信贷	1.01	0.47	0.31	0.14	0.70	0.77	1.06	1.10	0.26	0.47	0.69	0.77
股票市场资本化	1.05	0.42	0.30	0.26	0.87	0.77	0.38	1.00	0.36	0.90	0.73	0.82
私人债券市场资本化	0.36	0.16	0.03	0.00	0.13	0.17	0.07	0.19	0.00	0.05	0.10	0.15

NA = 无。
注：＊简单平均数。
来源：Beck and Demirguc–Kunt（2009）和作者估算。

表6.3将2000、2009年东盟、中国、印度以及ACI整体的数值和2007年按收入分组的世界样本库的中位数作了比较（Beck and Demirguc–Kunt，2009）。ACI的数据是中国、印度、印度尼西亚、马来西亚、菲律宾、新加坡、泰国和越南的比率的简单平均数。数据显示，与高收入国家相比，如果真有什么区别的话，那就是ACI经济体的流动资产和银行业规模通常比较大。然而，他们在银行活期存款资产、银行存款私人信贷和股票市场资本化方面却比较欠缺。在这些指标上，中国得分最高，东盟中等，印度最低。然

① 流动负债的定义是现金加上活期储蓄和银行及其他金融机构的生息债务。

而，在私人债券市场资本化方面，三者都很落后。

2000~2009 年，所有 ACI 经济体，尤其是中国、印度和越南，在和 GDP 相关的总体私人负债中都出现了大幅增长。表 6.4 表明，在负债类型上，各国存在重大区别。由于受 1997~1998 年亚洲金融危机余波的影响，银行私人信贷在马来西亚、菲律宾和泰国有所下降。股票市场资本化在所有 ACI 经济体中都有所上升。在私人债券市场资本化方面，只有新加坡出现下降。然而，在 ACI 经济体中，只有马来西亚的私人债券市场资本化程度较高，这意味着在这个领域各国还需要进一步发展。

表 6.4　私营部门资金来源（占 GDP 百分比）

单位：%

	银行存款私人信贷		股票市场资本化		私人债券市场资本化	
	2000 年	2009 年	2000 年	2009 年	2000 年	2009 年
东盟*	70.4	76.9	72.4	76.2	12.6	16.9
印度尼西亚	17.8	24.0	16.3	33.0	1.4	1.5
马来西亚	123.1	113.2	124.7	132.6	32.9	49.6
菲律宾	38.2	29.9	32.0	47.6	0.2	1.0
新加坡	96.7	102.2	164.8	169.5	16.9	13.2
泰国	116.3	95.2	24.0	52.4	11.8	19.1
越南	30.4	96.7	NA	21.8	NA	NA
中国	106.4	110.0	48.5	100.3	7.0	19.0
印度	26.4	46.5	32.2	85.4	0.5	4.6
ACI*	69.4	77.2	63.2	80.3	10.1	15.4
其他国家或地区						
中国香港	150.9	152.4	364.4	1088.6	17.2	14.2
日本	195.3	107.2	67.6	67.1	47.4	37.8
韩国	69.7	105.0	32.2	100.3	51.5	69.3

NA = 无。

注：*未加权平均值；其他东盟国家数据未获得。

来源：IFS 2011 年 2 月光盘，CEIC 数据库，http://www.ceicdata.com（2011 年 4 月 12 日访问）；BIS（2012）；世界发展指标在线，http://data.worldbank.org/data-catalog/world-development-indicators（2011 年 4 月 12 日访问）。

作为 GDP 的一部分，人寿保险的保险费在新加坡和中国香港已经达到了很高的水平。这符合两国国际金融中心的地位（表 6.5）。[①] 马来西亚的水平也相对较高，达到 GDP 的 6.3%。中国和泰国的水平与韩国相对接近，其保险费相当于 GDP 的 4.5%，这代表了一个良好的长期基准。印度、印度尼西亚、菲律宾、越南则仍需进一步发展。

由于收入增加、储蓄率较高，以及大多数经济体出现人口老龄化现象，预期 ACI 的资产管理产业将会迅速增长。然而，区域内不同经济体之间也存在很大差异（表 6.5）。新加坡和中国香港管理资产比例非常高，其次是泰国。韩国的这类资产约占 GDP 的 20%，以它为参考基准，中国和印度等国家似乎还需要进一步发展。

表 6.5　保险业和共同基金产业发展情况（占 GDP 百分比）

单位：%

	保险费总额		共同基金资产	
	2000 年	2010 年	2000 年	2010 年
东盟 *	4.7	4.8	47.5	106.8
印度尼西亚 **	1	1.6	0.4	2.3
马来西亚	NA	6.3	12.2	49.3
菲律宾 **	1.3	1	NA	1.1
新加坡	14.1	14.2	169.8	461.1
泰国	2.5	4.2	7.7	20.1
越南 +	NA	1.4	NA	NA
中国	1.6	3.7	0.9	6.2
印度	NA	2.3	6.4	8.5
ACI *	4.2	4.4	35	81.9
其他国家或地区				
中国香港 **	32.9	88.2	184.1	442.9
韩国	5.5	4.5	17.7	20.9

NA = 无。

注：* 未加权平均值。** 采用 2009 年数据，+ 采用 2008 年数据，而不是 2010 年的数据；其他东盟国家的数据未获得。

来源：CEIC 数据库，http://www.ceicdata.com（2011 年 8 月 1 日访问）。

[①]　大部分经济体的资产数据没有获取。

6.4.1 金融开放

随着经济体的发展和资本账户等领域限制的放宽，金融体系变得更加开放。然而，资本项目机制也可以变得限制性更强，尤其是在一些经历过快速资本流入或流出冲击的国家。在亚洲，1997～1998 年的亚洲金融危机对与资本账户开放有关的风险来说是个转折点。正如下文所讨论的，一定程度的资本市场开放是区域金融一体化的先决条件。其任务是找到管理资本流动的适当方法。

对金融开放程度进行衡量委实不易。有两大类方法：法律方法和事实方法。法律方法使用外汇和资本账户交易等领域已发布的相关法律或法规，对其限制性进行评估。这些通常以《关于外汇安排和外汇限制的年度报告》（AREAER）为基础（IMF，2008）。使用这种方法的例子包括 Quinn（2003）和 Chinn-Ito 指数（Chinn and Ito，2008）。[①]

根据 1996 年和 2009 年 Chinn－Ito 指数（图 6.1），ACI 经济体开放程度的差异十分巨大，主要 ACI 经济体的开放程度也发生了重大变化。新加坡和中国香港被评定为完全开放，这与其区域金融中心的地位相符。中国和印度的分值为 −1.15，两国的评分一直保持相对较低的水平，这表明它们的开放程度相对封闭。印度尼西亚和越南已明显变得更加开放，而马来西亚和泰国的开放程度变小，这主要是因为它们经历了亚洲金融危机。

然而，众所周知，法律方法并不能完全精确地捕捉到资本市场开放的有效程度。另一种方法是根据对实际资本流动的估算，衡量资本市场开放的实际程度。此方面的主要文献来源之一是 Lane 和 Milesi－Ferretti（2006）。其基本观点就是外部资产与负债（相对于 GDP 或其他一些标准而言）水平越高，则资本市场的有效开放水平越高。此系列更新于 2009 年，见 Kawai、Lamberte 和 Takagi（2012）。数据总结见表 6.6。

1990～2009 年，亚洲各经济体的外部资产与负债占 GDP 的比重普遍有所上升。2009 年，尽管整个区域的总体法律开放性得分相对较低，但是除了两个经济体之外，其他所有经济体的占比都接近甚至超过了 100%。因此，看上去许多亚洲经济体的资本账户实际上已经实现了充分开放。

---

① Chinn-Ito 指数的编制依赖于对境外账户四类限制的评估：（1）存在多重汇率制度；（2）存在对经常项目交易的限制；（3）存在对资本账户交易的限制；（4）要求上交出口收入。指数的分值范围为 −1.84 至 +2.48，前者表明完全关闭，后者意味着完全开发。

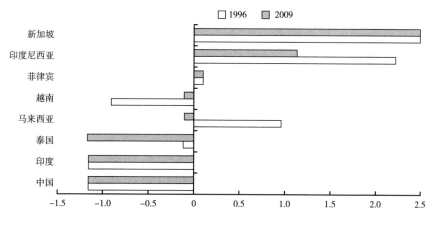

图 6.1　主要 ACI 经济体的 Chinn-Ito 指数

来源：Chinn and Ito（2008）。

表 6.6　亚洲新兴经济体外部资产与负债占 GDP 百分比（1990~2009 年）

单位：%

	1990 年	1995 年	2000 年	2005 年	2009 年
柬埔寨	NA	96.3	176.8	145.2	156.0
中国	38.9	58.7	84.7	90.6	108.3
中国香港	1462.9	1338.6	1246.5	1434.5	2097.1
印度	30.2	39.7	42.3	49.1	64.1
印度尼西亚	80.6	86.2	136.8	86.1	76.9
韩国	35.4	50.9	82.7	107.5	161.9
老挝	215.3	147.5	198.7	148.0	153.2
马来西亚	121.6	160.8	185.5	183.9	242.2
菲律宾	95.0	97.3	143.3	114.7	99.2
新加坡	361.3	419.5	809.5	966.7	1216.4
中国台湾	103.4	97.7	132.3	257.0	369.7
泰国	68.8	114.4	142.7	135.1	168.0
越南	NA	96.2	110.7	100.2	129.8

NA = 无。

来源：Kawai, Lamberte, and Takagi（2012）。

6.4.2　金融状况和治理措施

自 1997~1998 年亚洲金融危机至今，ACI 区域的金融体系已经取得了巨大的进步。尽管在 2000~2009 年，资本充足率的平均值有所下降，但它们依然保持在较高的水平。区域内的不良贷款急剧下降，从2000年占贷款总额的14.1%（未加权平均值）下降到2009年的3.5%（表6.7）。所有的ACI经济体都进步显著，尤其是印度尼西亚、马来西亚、菲律宾和泰国。大多数的进步都归功于各国2000年以来经济的持续增长，当然，结构性的改善也起到了一定的作用。

从治理和监管效率的定性指标来看，能证明这一进步的证据则少很多。2000~2009年，按照世界银行监管质量和法治指数（WB，2011b），ACI区域的表现整体上一直保持稳定。泰国和印度的退步在一定程度抵消了一些国家取得的进步。

表6.7 金融稳定和治理的相关措施

	资本充足率(%)		不良贷款（占总额百分比）		监管质量 +		法治 +	
	2000 年	2009 年	2000 年	2009 年	2000 年	2009 年	2000 年	2009 年
东盟 *	16.4	15.6	14.4	4.0	0.3	0.3	0.1	0.1
印度尼西亚	21.6	17.5	18.8	3.8	−0.3	−0.3	−0.8	−0.6
马来西亚	12.5	14.6	15.4	3.8	0.4	0.3	0.4	0.5
菲律宾	16.2	15.8	16.6	4.6	0.1	0.0	−0.5	−0.5
新加坡	19.6	16.5	3.4	2.3	2.0	1.8	1.4	1.6
泰国 **	11.9	13.8	17.7	5.7	0.5	0.3	0.5	0.0
越南	NA	NA	NA	NA	−0.7	−0.6	−0.4	−0.4
中国	13.5	10.0	NA	1.6	−0.3	−0.2	−0.4	−0.3
印度	11.1	13.2	12.7	2.4	−0.1	−0.3	0.2	0.0
ACI *	15.3	14.6	14.1	3.5	0.2	0.2	0.0	0.0
其他国家或地区								
中国香港	17.8	16.6	6.1	1.5	1.7	1.8	0.9	1.5
韩国	10.5	14.2	6.6	1.5	0.6	0.0	1.4	0.0
中国台湾 **	NA	11.4	NA	1.2	NA	1.1	NA	0.8

NA = 无。

注释：* 未加权平均数；** 采用2008年数据而非2009年；+ 分值范围为 −2.5 至 +2.5。
来源：IMF（2010）；World Bank（2011b）。

6.5 促进 ACI 区域的金融深化和开放

银行业是ACI经济增长模式的主要动力。一方面是因为决策者可以根据经济发展的目标来影响银行的放贷行为；另一方面则是因为 ACI 区域的银行与借贷者们建立了长期的合作关系，因此更好地发挥了监督的作用。然而，亚洲金融危机凸显出大部分地区在银行治理和监管上仍存在不足。这些危机促使 ACI 银行业进行了大刀阔斧的改革，也使它们意识到要发展债券市场，并将其作为危机时期的融资备胎。

为了促进债券市场发展，各方已经实施了许多区域倡议，例如亚洲债券市场倡议和亚洲债券基金。但是，为了充分发挥亚洲债券市场的潜能，尤其是企业债券市场的潜能，还需要做进一步的工作。在很多领域都可以取得进展，例如完善证券市场和外汇市场的基础设施，扩大信用评级机构的覆盖范围，加强政府债务管理，提高支付、结算和清算体系的运作效率。ACI 也应该发展相关机制来帮助基础设施建设融资，以及处理行业竞争的相关问题。

6.5.1　证券和外汇市场基础设施

ACI 经济体可以逐步深化发展区域性债券市场。债券市场的长期活力同流动性强的外汇和衍生产品市场密切相关，两者有利于风险管理、转型和监管，从而促进与市场参与者之间的合作，同时有助于解决不同市场之间基准和竞价问题（Batten，Hogan，and Szilagyi，2009）。政府要加强债务管理。零风险基准对企业债券市场的定价和套期保值十分重要。从根本上来说，零风险政府债券为信用差价提供了基准。因此，无论财政需求如何，重要的是有充足的流动资金。

扩大和完善国内国际信用评级机构的覆盖范围至关重要（Spiegel，2009）。全球和区域性评级机构各有短长，因此两者都应该受到鼓励。幸运的是，在亚洲已经建立了很多国家级信用评级机构。

ACI 还需完善金融监管和课税制度，很多市场缺陷是由市场自身引起的。比如，预提税和法律约束造成了市场和国际资本的分割（Jiang and McCauley，2004），这似乎对投资者造成了巨大威胁。亚洲开发银行研究院所作的一个关于机构投资者的调查，找到了亚洲债券市场的很多准入障碍（表 6.8）。

预提税，以及在外汇兑换、外汇汇回上的限制，是出现频次最高的几大障碍。值得注意的是，像监管和税收上的一些障碍，更多地出现于公共部门领域。而其他结算程序上的不便，则由私营部门所导致。因此，要克服这些障碍，公共部门和私营部门都要出力。

表 6.8 各经济体债券市场壁垒（反映相关问题的受访者数量）

存在的问题	PRC	HKG	IND	INO	MAL	PHI	SIN	THA	VIE	总计
缺乏衍生品工具										0
缺乏回购操作	1			1	1	1		4		8
缺乏证券借贷								2		2
外汇交易结算				3	1					4
当地货币借贷	1		1	2	3	2		2	1	12
外汇现金回流限制	1		1	6	2	3		8	3	24
外汇交易限制	2		1	8	4	5		10	4	34
收益付款				1						1
法定管辖	1			1						2
税收	2			6		5		2	2	17
投资者注册	5		3	1		1		1	4	15
法律制度差异	1			1						2
本地结算	2			1		1			1	5

HKG = 中国香港；IND = 印度；INO = 印度尼西亚；MAL = 马来西亚；PHI = 菲律宾；PRC = 中国；SIN = 新加坡；THA = 泰国；VIE = 越南。

来源：ADB（2010a）；Morgan and Lamberte（2012）。

6.5.2 基础设施融资

亚洲基础设施投资需求量很大，2010～2020 年，预计需要 8 万亿美元投资（ADB and ADBI，2009）。一些经济体在财政上受到很大限制，这给相关项目的筹资带来了困难。通过发展海外发展援助、区域性机构的公共融资以及私人资本，可以缓解这种财政限制。

但是，由于海外发展援助不太可能出现大幅增加，所以资金压力都落在了区域公共融资和公私合作上。本书6.8.3讨论了支持公共投资融资的区域性机构。虽然公私合作模式听起来很有潜力，但它很复杂，成本也很高（Nishizawa，2011）。由于基础设施服务的公共性和长期固有的不确定性，风险分配具有挑战性。有一种看法认为，这种模式是以公共支出为代价，有利于私人盈利。投资者、政府部门、贷款人和公众的不同态度也会带来困难。尽管公私合作模式具有商业化和合同制的结构和运行形式，但是这种模式可能极具政治性，尤其在实现阶段。

6.5.3　公共债务管理

政府部门必须加强债务管理以支撑债券市场的流动性。在企业债券市场中，定价和对冲交易离不开零风险基准。从根本上来说，零风险政府债券为信用差价提供了基准。因此，不管政府财政需求如何，在不同期限保持充足的流动性至关重要（Batten，Hogan，and Szilagyi 2009）。

6.5.4　支付、结算和清算体系

没有高效的支付、结算和清算体系等重要渠道，银行和债券市场不可能运行。通常，这些体系在全球金融危机中有效支撑了亚洲。然而，这些体系可以通过多种方法加以强化。例如，虽然所有 ACI 大型经济体（越南除外）都拥有实时总结算支付系统，但这些国家仍需要大幅度升级来处理小规模交易和应对各种各样的风险。

6.5.5　竞争限制

无论国内还是国外，在 ACI 各国金融业的不同领域中，准入门槛依然很高。这导致低效率和高成本。金融业可分配储蓄和投资，而上述问题的存在意味着它已成为 ACI 维持增长前景的一个主要障碍。

银行业。由于外国金融机构进入各国国内市场仍然受到限制，因此 ACI 各国银行业的竞争十分有限。ACI 本土银行在本区域其他国家市场的低渗透率可以证明这一点。在中国、马来西亚、菲律宾和泰国，其他 ACI 国家的银行非常少（表6.9）。如下所述，为了促进区域金融一体化，必须解决准入壁垒的问题。

表 6.9　ACI 市场的外资银行（银行数量）

	本研究中银行数量总计*	本地银行	外资银行	非亚洲外资银行	亚洲外资银行	非 ACI 银行	ACI 银行
东盟	335	94	241	121	120	52	68
印度尼西亚	36	10	26	7	19	6	13
马来西亚	23	9	14	8	6	1	5
菲律宾	38	19	19	10	9	4	5
新加坡	119	6	113	69	44	18	26
泰国	32	12	20	9	11	4	7

续表

	本研究中银行 数量总计*	本地银行	外资银行	非亚洲 外资银行	亚洲 外资银行	非 ACI 银行	ACI 银行
越南	87	38	49	18	31	19	12
中国	38	37	1	1	0	0	0
印度	75	48	27	14	13	8	5
ACI	448	179	269	136	133	60	73

注：*不包括储蓄机构。"非 ACI 银行"项指亚洲外资银行中的非 ACI 银行。

来源：全球银行及金融机构信息数据库，www.bankscope.com（2011 年 5 月 25 日访问）。

保险。许多 ACI 经济体在保险业的市场准入方面存在限制，尤其是对外国公司，这导致了低效率和高成本。

资产管理。未来二十年，在许多 ACI 经济体中，由于人口迅速老化，对资产管理服务的需求预计将会扩大。然而除了新加坡、马来西亚和中国香港以外，私人资产管理的发展在 ACI 经济体中仍然受到限制。由于资本流动的限制，这种服务的跨境竞争甚至更为罕见。

6.6　金融包容

自 20 世纪 90 年代初期以来，与之前缺乏银行信贷渠道的情况相比，虽然 ACI 经济体已经在提供金融服务方面取得了令人瞩目的成就，但是现在大多数家庭还是只有部分准入机会。数以百万计的人口仍然被排除在外。提高金融包容性不仅可以提高 ACI 经济体大多数人的福利，而且还可以通过更深入、更丰富的金融体系来加强金融稳定。

融资渠道的缺少限制了那些低收入家庭和小企业为经济增长作贡献。此外，也会产生一些其他不良影响，例如导致非必需的高储蓄水平、高水平的收入不平衡，以及消费和投资的不稳定。因此，拓宽金融服务准入对于确保更公平和可持续的经济增长十分重要。

6.6.1　当前状况

在 ACI 经济体中，超过 5 亿的人口（图 6.2）以及相当数量的微型和中小企业没有机会进入正式或半正式的金融体系。仅仅大约 40%～50% 的亚洲家庭有一些渠道享受正式或非正式的金融服务。日均生活费用小于 2 美元的亚洲家庭中，只有25%有一些渠道获得金融服务。在泰国，超过50%的成年人有金融准入渠道。在印度、中国、印度尼西亚和越南，这一数字为从30%到49%不等，然而在柬埔寨、缅甸、菲律宾和老挝，这一数字少于30%（Fernando，2009）。

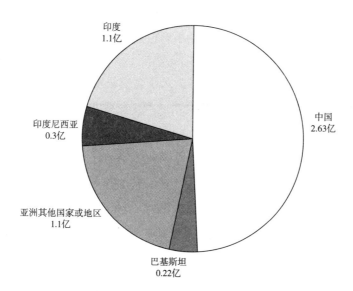

图6.2　金融包容——遭排斥的人口

来源：Fernando（2009）。

由于小额信贷的发展，在过去的四五年间一些 ACI 经济体的信贷可得性已经取得了突破性进展。对于印度贫困家庭来说，金融服务准入水平已从2004年的小于8%增加到2009年的20%~25%。2008年，印度微金融的客户达到990万，自2006年以来，越南则新增了210万。在中国，在银行和农村信用合作社改革之后，农民的信贷准入水平出现下降。如果它们一直依赖津贴，那么类似项目就会不可避免地难以持续下去。

6.6.2　中小企业金融

亚洲银行一直以来都比较忽略中小型企业（SMEs）。各方应采取措施，建立国家和区域层次的企业信用信息数据库和信用保证体系，给中小型企业创造融资环境。如何为中小型企业贷款确定适当的抵押品往往存在困难，上述措施将有助于缓解这些困难。

政府有强有力的理由促进中小型企业的信贷准入。中小型企业有助于促进经济可持续发展、减少贫困和推动创新。实证研究表明，私营部门的信贷在经济增长中起到了重要作用（Beck，Levine，and Loayza，2000；Khan and Senhadji，2000）。研究还表明，信贷流动水平和中小型企业的业绩表现之间存在关联。通过跨行业和跨国家的数据，Beck，Levine 和 Loayza（2000）发现提高金融发展程度（通过衡量私人信贷占 GDP 的比重）可促进中小型企业的发展。因此，许多政府为促进中小型企业信贷而对金融业进行干预，这不足为奇。

政府应该运用市场力量纠正市场失灵。政府最重要的作用是加强金融贸易的制度性基础，而不是提供金融服务（ADB，2009）。这需要完善金融体系的法律、法规和信息基础设施。

贸易金融对于中小企业也非常重要，它们往往因为抵押品和数据不足而融资受阻。减少此类障碍，可以增加具有进出口资质的公司数量，从而为经济增长作出重大贡献。关键在于找到降低交易成本的创新方法。

6.6.3　小额信贷

小额信贷（将小额贷款延伸到大量贫困家庭和企业）已经取得了迅猛增长。然而，最近该领域在印度和其他国家遭遇了越来越多的烦恼。在有些方面已经引起了争议，例如费用是否过高？过于激进的借贷是否会导致破产甚至自我毁灭？然而，小额信贷已经在技术创新领域成为领军者，例如在银行交易中手机的广泛使用。在大多数情况下，小额信贷的规章制度（包括消费者保护法和破产法）还不够完善，亟须解决。消费者信用数据库的创建和完善也可以促进该行业的健康发展。

6.6.4　绿色金融

绿色增长融资的投资领域包括传统污染控制、替代能源、节能和减少温室气体排放的项目等。在这些领域，传统的融资机制通常不能给社会效率投资水平提供充分的动机。

温室气体控制尤为复杂，因为"共同"区域是整个地球。在寻找能减少温室气体排放且成本效益高的解决方案中，像清洁发展机制这类制度是一个重大发展。该框架允许发达经济体获得排放配额，条件是为发展中经济体的低成本温室气体减排工程提供资金。水污染和资源管理通常是区域性问题，湄公河三角洲便是如此，所以国际金融转换机制在该地区非常有用。

6.6.5 法律和法规基础设施

要促进消费者和中小企业专业借贷机构的发展，可能需要对这些机构进行监管创新，并减少潜在的系统性金融风险。通过完善信息披露渠道、防止募集资金滥用来加强对消费者的法律保护，也是相当必要的。

6.7 ACI区域金融稳定

1997～1998年的亚洲金融危机和2008～2009年的全球金融危机凸显了产量损失和金融混乱的高昂代价。对于危机防范和一旦危机爆发后的危机管理，它们也凸显了发展和完善制度框架的重要性。欧元区的主权债务和银行危机便是最近全球金融不稳定的最新表现形式，并且表现出建设制度框架的需求，以便将ACI经济体与外部贸易和金融冲击相隔离。

亚洲金融体系在2008～2009年全球金融危机期间总体上运行良好，部分是因为它们避免了复杂但有毒的金融产品的侵蚀。然而，总有一些经验教训值得学习。首先，在传统的微观审慎监管或者个体企业层面的监管上，重点应该是如何提高监管能力和关闭监管漏洞。其次，此次危机表明，甄别和管理系统风险并不必须通过宏观审慎的监管对各个金融机构进行观察。在很多情况下，亚洲的监管部门在这一领域已经领先于发达经济体。然而，还要进一步采取一些重要措施。最后，完善的制度框架可以有效管理国际资本挥发对金融稳定和经济增长带来的巨大风险。

6.7.1 微观审慎监管政策

全球性金融危机引发了人们对微观审慎监管的担忧。其一是银行应该持有更多资金，因为先前的缓冲已经证明不足以让银行恢复。其二是银行应该有流动性缓冲，这样银行才可以抵御相当长时期的货币市场枯竭。其三是银行不应该过度杠杆化，这在危机时期可以迫使它们以人为压低的价格大幅出售资产。所有这些都在新的《巴塞尔协议Ⅲ》中有所反映（Basel Committee on Banking Supervision，2010）。

由于监管者难以跟上金融业日益自由和复杂的步伐，所以监管者的能力发展对于亚洲经济体来说仍然是一个重要的问题。这对于银行和其他金融机构同样适用。

6.7.2　宏观审慎监管政策

宏观审慎监管政策旨在降低系统性的金融风险。在新兴经济体，这样的风险容易从三个方面产生，一是面临顺周期性，它指的是在经济扩张时，倾向于乐观和冒险，在经济低迷时，倾向于松懈；二是遭到市场和机构的互联性；三是遭遇通常导致资本流动逆转的外部冲击。首先，为了抵御重大冲击，必须通过多种手段完善金融体系，例如废除那些一旦失效就会扰乱金融体系的机构，又如一旦核心服务供应商运行失灵，就强制其他机构实施应对计划。其次，必须拥有可自由支配的宏观审慎工具，它可以作为自动反周期稳定机制和标准货币政策工具的补充，从而限制系统风险的累积，并降低危机造成的金融业潜在损失。这样的工具可以有各种形式，包括贷款的质押率、对具体行业的贷款限制，以及准备金要求等（Kawai，2011）。

宏观审慎管理的制度框架对监督管理、危机管理和解决方案的协调非常重要。Adams（2010）和 Kawai（2011）主张建立一个系统风险委员会或者系统稳定调节机构。这样的一个委员会应该是高级别的，将不仅负责监管和协调，而且也要确保负责机构能采取先发制人的方法和纠正性的宏观审慎的措施。尽管这样一个委员会可以由类似央行这样的机构来主导，但是一个独立的委员会可以减少利益冲突。Cho（2010）提出了一个类似的建议，认为危机管理团队的一项主要任务就是"分诊"。特别是对于所有机构部门之间的沟通，需要达成共同诊断和一致反应。

顺周期性

特别是按照《巴塞尔协议Ⅱ》，资金充足率监管对于提高金融和经济周期的振幅起到了非常重要的作用。市场走高时，资本价值增加。因此，无须刻意努力满足资本需求，因为通过经济循环，资金总能保持恒定。但是，市场低迷时，损失不仅仅意味着对新资本的需求，而且也意味着资本本身的价值降低，并且融资成本也会增加。银行为了保持足够的资本，不得不紧缩贷款，这使得已经处于压力之下的实体经济雪上加霜。《巴塞尔协议Ⅱ》的另一个方面的影响是，无论是从内部或者外部生成的信用评级在决定资本需求方面起到日益重要的作用。然而，信用评级往往遵循一个周期，部分原因在于机构的跟踪记录影响着它的信用评级。总的来说，这些因素可以扩大经济周期。这明显是《巴塞尔协议Ⅱ》的一个意料之外的结果，不过它早在协议生效之前就已经被指出来了（Peura and Jokivuolle，2003）。

其中一个应对策略是引进反周期要素，当经济增长回升时提高资本比率，而当经济增长放缓时，允许降低资本比率。在成本低时增持资本，成本高时没必要这么做，这对于银行来说是有利的。在许多国家，这种变化或许没必要建立新法规。《巴赛尔协议Ⅲ》提供了这样的缓冲，但最近并没有明确地说明其实行方式。过去，亚洲经济就应用了反周期条款。例如，中国香港利用了贷款与价值比率，当支撑贷款等的资产价格上涨越快，就越谨慎。Andritzky 等人（2009）提出了一系列广泛的反周期措施，可用来应对经济衰退期间的资产流动性问题。在经济衰退时，银行对贷款质量的担心，将引发市场撤资，并逼走边际参与者。

系统重要性金融机构

全球金融危机表明，某些机构由于规模庞大，加之和其他公司联系紧密，它们的倒闭可能会影响整个经济。《巴塞尔协议Ⅲ》的改革进程已经针对这个问题采取了多管齐下的办法，其中包括提高资本要求，建立债转股的纾困机制，资产评估的资本费用，为系统重要性金融机构（SIFIs）（包括那些辐射全球的金融机构）建立可信的解决方案（Basel Committee on Banking Supervision，2010）。对新兴市场而言，经济下行可能引发系统风险，因为国家监管机构对风险知之甚少，或者不够重视，因此建立应对全球系统重要性金融机构的框架十分重要（Kawai，2011）。

创新金融产品与投资集团

ACI 并不急于采用各种衍生工具，如债务抵押债券和信用违约掉期等。当潜在贷款的价值遭到质疑后，此类衍生工具给美国经济造成了困难（Fujii，2010）。因此，随着经济危机的蔓延，对于如何处理这些问题各方存在许多疑虑（Morgan 2009）。然而，许多工具对分散和对冲风险还是很有价值的。就像上文解释的一样，在该区域运用这些工具有助于深化市场，加强风险管理。但是，它们也有可能会破坏市场稳定。这就需要考虑到对此类产品的需求及其对监管的影响。

世界各国政府对某些投资集团（如对冲基金）的投机活动可能破坏稳定的效应一直忧心忡忡。一个主要的担忧就是这类机构基本上不受监管，对它们的了解也很少。另一个忧虑是这些机构可能对金融稳定带来巨大风险。然而，随着 2008～2009 年金融危机的发展，对冲基金并没有带来什么系统问题，这一点显而易见。事实上，对冲基金通过购买不良资产和吸收其损失已经产生了一种稳定作用。也没有证据表明对冲基金是整个市场的传染病源（例如参见 Wooldridge，2009）。在这场辩论中，私募股权基金与对冲基金被混为一谈。然而，两者的活动跟导致全球金融危机的因素几乎没有一点关系。

在这场危机中，信用评级机构的声誉严重受损。通过增大透明度，把这些机构的收入与评估资产的表现挂钩，可增加公众信心。尽管区域评级机构的出现十分缓慢，鉴于 ACI 区域金融发展的水平，主要评级机构在该区域的表现没有预想中那么积极。这就意味着该地区金融资产的价值很难被评估。ACI 经济体在前进过程中，需要看到评级机构的发展，但是在一个新的信心框架里，也没有因为评级机构既扮演顾问又充当评级者所产生的利益冲突（Plummer，2010）。

6.7.3 资本流动

资本流入对 ACI 区域的持续发展非常重要。但是，开放的经济体很容易突然停止或发生逆转。它们需要具备相应能力，应对资本的快速波动。举例来说，在亚洲金融危机中有一对不匹配的问题，外债需要用不断贬值的本币偿还，流入资金主要是为长期项目提供资金的短期债务。获得外资好处必须与潜在固有的金融不稳定保持平衡。

2008～2009 年全球金融危机中的经历就好得多。但是资本波动性还是一个问题。尽管许多 ACI 国家仍然在跨境资本流动中保持多种控制手段，[①]他们的资本账户貌似仅仅相对开放。通过流动的外国资产和债务占 GDP 的较高比例，而且这一比例还在不断上升，可以看出这一点（Kawai and Lamberte，2010；Kawai，Lamberte，and Takagi，2012）。图 6.3 表示在印度尼西亚、马来西亚、菲律宾和泰国（东盟四国）外国直接投资金额仍然庞大。总体资本净额在 2007 年保持基本平衡的状态，但在 2008 年和 2009 年上半年，即经济再次复苏之前，突然转变为大量资本流出。尽管其在 2009 年有所下降，但中国的外国直接投资流入依然很庞大（图 6.4）。与此不同，在印度的资本流入中，外国直接投资和投资组合流入共同占据主要地位（图 6.5）。

许多亚洲国家已经在寻求一种折中办法，以解决资本流动不稳定的问题（Mohan and Kapur，2010；Kawai and Lamberte，2010；Kawai，Lamberte，and

---

① 见国际货币基金组织《关于外汇安排和外汇限制的年度报告（2007 年）》。

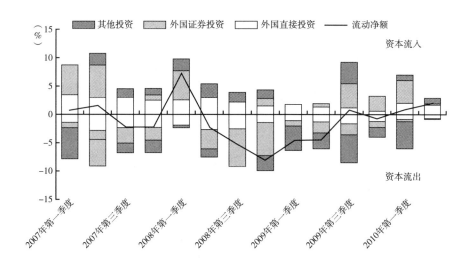

图 6.3　东盟四国金融账户流动（占 GDP 百分比）

东盟四国 = 印度尼西亚、马来西亚、菲律宾和泰国。

注：其他投资包括金融衍生品。2010 年第二季度数据不包括马来西亚。

来源：亚洲开发银行员工根据国际货币基金组织和 CEIC 数据库的国家统计数据计算而得。

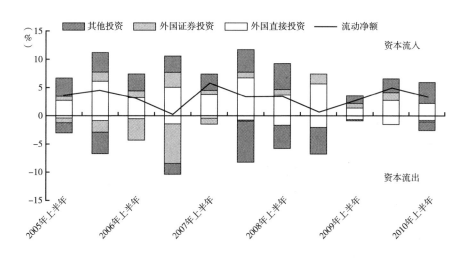

图 6.4　中国金融账户流动（占 GDP 百分比）

来源：亚洲开发银行员工根据国际货币基金组织和 CEIC 数据库的国家统计数据计算而得。

Takagi，2012）。他们试图通过维持某些资本管制来给大量资本流入消毒，从而防止通货膨胀。同时他们也在条件可行时调整货币和财政政策，并控制

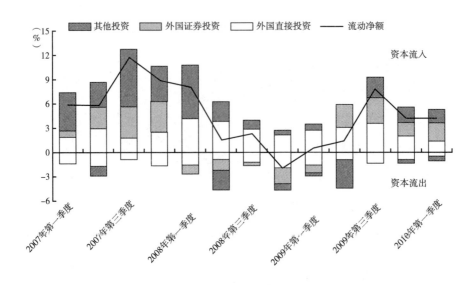

图 6.5　印度金融账户流动（占 GDP 百分比）

来源：亚洲开发银行员工根据国际货币基金组织和 CEIC 数据库的国家统计数据计算而得。

汇率以限制汇率波动。在某种程度上，采取这些举措都是为了确保竞争力和出口的快速增长，同时也是为了避免资本波动引起经济和金融不稳定。然而，这些举措在很大程度上受各国开放程度的影响。

许多新兴经济体，如泰国、马来西亚和印度，已经采取了一些维护稳定的措施，一方面防止短期资本流动，另一方面使长期投资资本流入的前景不受影响。然而，要制定和实施资本流入控制措施，谈何容易。这需要极具能力的国家监管机构。这些机构必须一直留意通过其他渠道流入的有害或伪装资本。对于一些相对开放的经济体，想要回到以前资本控制严厉的时代，或者再建立一套宽泛的行政控制体系已不再可能。表 6.10 显示了亚洲地区近期采取的一些资本管制措施。

表 6.10　部分亚洲经济体近期实行的资本管制措施

中国:封闭	2002:引进 QFII
资本账户	2006:引进 QDII 限额
印度尼西亚	2010:持有期为一个月的 SBIs(央行票据)
韩国	2010:限制国内银行(50% 的资本)和国外银行(250% 的资本)的外汇衍生品合约

续表

泰国	2006：对贷款、债券、共同基金、互惠信贷和非居民泰铢账户的无息存款准备金要求为30%
	2010：对外国债券资本收益和利息收入征收15%的代扣所得税

QDII = 合格境内机构投资者；
QFII = 合格境外机构投资者；
SBI = 印度尼西亚央行债券。
来源：央行报告和新闻报道。

资本流入控制的效果各不相同（Kawai and Takagi, 2008）。国家经验表明，良好的市场型管制可以延长资本流入的期限，但对总量的影响微乎其微。随着时间的流逝，资本管制的效力将逐渐减弱，因为市场代理机构已经找到了规避的方法。资本管制也会产生不利的影响。资本管制趋向于增加国内金融成本，减少市场约束，降低金融资本的配置效率，歪曲公司决策，因此终将使实施变得困难重重，代价巨大。

6.7.4　关于货币政策框架

近几年，关于货币政策的传统观点认为，中央银行应专注于稳定和保持较低的通货膨胀率，这导致各国央行广泛采用了通货膨胀目标机制，甚至许多央行虽然并没有明确地制定此类目标，但其行为似乎表明它们早就这样做了。然而，全球金融危机表明，各国对于金融不稳定性风险的考虑仍有欠缺。许多经济体的通货膨胀率因"大缓和"而饱受赞誉，这实际上掩盖了金融风险的积聚。

许多评论家早就建议中央银行的指令应该包括金融稳定和物价稳定。然而，Genberg 和 Filardo（2010）强调这种方法也会带来问题。当然，那种针对金融市场层面的机械方法既不可行，也不合适。但是从长远来看，金融不稳定与物价稳定不一致，这一点十分明确。中央银行必须提升对这种风险的监控能力。在这种情况下，为了促进金融稳定，中央银行需要在一个整体框架下考虑国内宏观审慎工具和资本流动管理工具。

6.8　促进区域融合与合作

在 ACI 和全球市场加深金融一体化被看作是一条支持经济增长和发展

的关键道路。《亚洲2050》把金融一体化同贸易、运输、宏观经济协调和自然资源管理等一起确定为区域合作的关键领域（ADB，2010b）。

金融一体化提供了许多益处。首先，它能帮助亚洲的小型经济体。一些研究比如亚洲开发银行（ADB，2010a）表明高交易成本和不充分的流动资产使小市场难以吸引外资。其次，经济一体化可以更好地调动亚洲的大量储蓄，为地区大规模的基础设施建设和其他的投资需求供给资金。最后，与金融稳定的区域进行合作可以更有效地降低系统风险。欧洲是证明金融一体化益处的最好例子，尽管欧元区危机也同样凸显了风险。

6.8.1 区域融合现状

相对于贸易一体化，ACI区域的金融一体化依然薄弱（ADB，2010b）。在有些情况下，一体化的程度甚至比预期的低很多。Lee（2008）审查了亚洲经济体的资产组合情况，以确定他们是否打算不成比例地持有对方的资产。根据2003年证券投资联合调查数据，Lee提出了一种包括区域虚拟变量的组合投资引力模型（IMF，2003）。[①] 在控制了区域贸易一体化的影响之后，他发现即使将区域金融中心新加坡和中国香港排除在外，亚洲内部持股仍然低于模型所预测的平均值。

随着时间的推移，亚洲金融资产的交叉持股已经呈现不断上升的态势，这是金融一体化不断加强的体现。然而，这是从一个比较低的基础发展起来的。表6.11展示了世界主要地区国际投资组合资产和债务总额的跨境持股的比例。2006年，16个一体化进程中的亚洲经济体[②]持有的区域内金融资产比例仅有9.6%，而持有债务的比例则是11.1%。将日本排除在外，持有资产的比例上升到25.3%，债务上升到16.8%，这很大程度是因为新加坡和中国香港所占比重较高，两者资本市场都非常开放，且拥有很多重要的国际银行。这些比重虽然不是特别高，但是从2001年开始显著增加。2001年，一体化进程中的亚洲持有的区域内资产比重只有5.6%，排除日本则有15%，而持有债务的比重则是10.1%，排除日本后是13.7%。

---

① 引力模型假设国与国之间资本流动的主要动力同经济规模和距离有关。把这些和任何其他不寻常的特性（比如共同语言）考虑进去之后，如果两个国家之间显示出比预期更频繁的互动，就可以推测出某种异常的水平。

② 这16个一体化进程中的亚洲经济体是文莱、柬埔寨、中国、中国香港、印度、印度尼西亚、日本、韩国、老挝、马来西亚、缅甸、菲律宾、新加坡、中国台湾、泰国和越南。

表 6.11　区域内的组合投资

单位：%

占组合投资总额比重	资产		负债	
	2001 年	2006 年	2001 年	2006 年
一体化进程中的亚洲 16 国	5.6	9.6	10.1	11.1
一体化进程中的亚洲 15 国（不含日本）	15	25.3	13.7	16.8
东盟	11	10.4	11.8	9.4
东盟 + 3	3.1	3.7	5.9	4.3
东亚峰会	5.7	7.2	9.1	6.9
欧盟 15 国	60	61.7	57.1	62.3
南方共同市场	5.6	4.5	1	1.4
北美自由贸易协定	16.2	13.9	11.8	12.8

来源：Capannelli, Lee, and Petri（2009）。

6.8.2　推进一体化的举措

作为打造东盟经济共同体（AEC）计划的一部分，深化金融一体化的措施在东盟取得了显著进展。中国和印度之间的主要议题包括进一步开放资本账户和货币的自由兑换。

东盟经济共同体计划。东盟经济共同体计划为 ACI 区域更广泛的金融一体化提供了样板。该计划绘制了发展蓝图，并在 2007 年获东盟成员国批准（ASEAN，2007a）。该计划的宏伟目标是到 2015 年形成东盟经济共同体，实现商品、服务、投资和熟练工人在区域内的自由流动，以及资本的"更自由"流动。东盟经济共同体的大致目的是让东盟各国能够享受统一大市场的规模经济所带来的好处，减少成员国之间的发展差距。该蓝图指出，在实践中，部分国家的发展将快于其他国家。自由化以自愿为基础，以"东盟减 X"方案为特征。在金融服务业，该蓝图的目标是到 2015 年实现第一轮自由化，其他子行业或模块到 2020 年实现自由化（ASEAN，2007b）。

该蓝图号召做到以下几点：

＊东盟在债务证券、信息披露和分配等方面进一步统一规则。

＊推动达成有关市场人才的资格、教育和工作经验跨界认证的互认安排或协议。

＊在证券发行的语言和法律要求方面增加灵活性。

＊为东盟投资者的债券发行尽可能完善代扣所得税结构。

＊以市场为导向，推动建立外汇和债券市场之间的联系，包括开展跨境融资活动（ASEAN，2007b：17）。

该蓝图进一步强调，资本流动自由化应遵循以下几点原则：

＊应在考虑成员国的国家议程和经济状况的基础上，确保资本账户自由化有序推进。

＊对自由化进程中产生的宏观经济不稳定和系统风险，可以采取充分的保护措施，包括有权采取必要措施确保宏观经济稳定。

＊确保所有东盟国家共享自由化带来的利益（ASEAN，2007b：17）

资本流动自由化。中国和印度的资本账户自由化，以及人民币和印度卢比的自由兑换，将是未来二十年区域金融一体化的重要发展方向。如下文所述，这些举措也将提高上海和孟买金融中心的地位。然而，中国和印度目前的资本账户仍然相对封闭。在中国，外国直接投资已经基本放开，但证券组合投资、贷款和衍生品交易仍然受到严格的控制。

中国采取了一系列措施用于缓解对资本流动的限制，这也是推动人民币国际化计划的一部分（表6.12）。这些措施主要针对银行存款、以人民币计价的债券发行和债券型基金。到目前为止，资本账户交易中人民币的境外使用自由化主要发生在中国香港。将这种自由化拓展到其他海外市场将是一个关键性的发展。

表 6.12　中国资本账户自由化措施

2004 年	中国香港银行可提供人民币存款业务
2005 年	外国多边银行可以在中国发行人民币债券（"熊猫债券"）
2007 年	中国金融机构可以在香港发行人民币债券（"点心债券"）
2008 年	中国金融机构可以在香港发行人民币债券
2009 年	中国银行香港分行可以在香港发行人民币债券
	香港发行人民币计价主权债券
	香港获许发行人民币保险产品
2010 年	银行间市场向部分境外人民币持有者开放
	外国公司可以在中国香港和大陆地区发行人民币债券
	外国公司可以在中国香港借（贷）款
	香港获许开展人民币结构性存款业务
	香港获许发行人民币债券基金

来源：HSBC（2010，2011）。

　　印度对外国直接投资管制较严，但对资本流动的管制较为宽松。印度的合格境外机构投资者登记制度与中国类似。然而，印度对这些投资者的资本流入没有总体配额限制。

　　统一法规和税收。正如上文所述，投资者认为相关法规是跨境投资中最常见的壁垒。在不同国家的债券市场，他们感受到的壁垒也截然不同。在自由化的方向下，统一税收规章制度可大幅提高交易量。其他障碍与贸易惯例相关。东盟经济共同体为此又一次提供了很好的示范。

　　亚洲货币单位（ACU）计价债券市场。对许多小型亚洲经济体而言，其债券市场不可能达到获得规模经济的规模，而这正是降低成本、吸引大量外资所必需的。因此，区域合作就变得十分必要。以某种区域性的一揽子货币计价方式发行债券，可以降低发行者的货币暴露风险，虽然不能完全解决这一问题，但仍是一种不错的选择（Spiegel，2009）。亚洲货币单位是这一共同市场的主要候选货币。发行亚洲货币单位计价债券也将促进其在其他交易中的推广使用。

　　区域结算机构。大力发展区域股票和债券交易，可以促进跨境证券投资。股票交叉上市也应受到鼓励。按照欧洲现有模式，成立区域性结算机构（如欧洲中央银行），能够促进区域内的证券交易。

　　区域金融中心。预计到 2030 年，孟买和上海有望同新加坡、中国香港一样，转变为重要的区域金融中心，并促进区域经济增长。但是，转变的关键在于印度和中国国际资本流动的自由化，一系列相应的国内金融改革，以及法规和税收政策的统一。因此，中印两国应为这一转变制定一个更为透明的时间表。

　　Cheung 和 Yeung（2007）、Leung 和 Unteroberdoerster（2008）曾对亚洲国际金融中心发展的影响因素作过研究。这些金融中心的显著特点是国际金融活动在总体业务中十分重要，其中包括国际金融机构的存在、高水平的跨境资本流动、财富管理服务，也许最重要的是高水平的金融服务出口。Leung 和 Unteroberdoerster（2008：11）认为："……金融服务出口为评估经济体内的国际金融活动提供了一种综合指标。"他们还认为，金融领域的外国直接投资流入可以使中心变得更具吸引力。

　　2008 年，Leung 和 Unteroberdoerster 发现，宏观经济和微观经济因素、金融市场的优势和效率对国际金融中心的形成至关重要。以对美国金融服务出口为因变量的回归方程中，Leung 和 Unteroberdoerste 发现，共同语言、经济自由政策和外国上市公司数量是金融服务出口的显著决定性因素。资本市场的开放程度与金融服务出口有很强的相关性。主要国际金融中心的Chinn – Ito 评分都很高（图 6.6）。

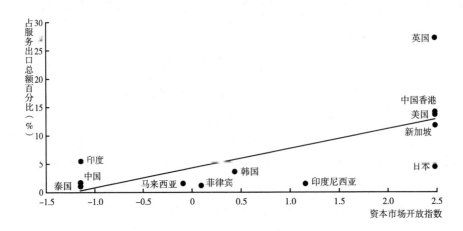

图 6.6　金融服务占服务出口总额百分比和 Chinn – Ito 指数（2009 年）

来源：CEIC 数据库，http：//www.ceicdata.com（2011 年 4 月 12 日）；Aizenman，Chinn，and Ito（2008）。

实现货币自由兑换，以及允许资本流动不受限制的资本账户自由化，都将是上海和孟买成为区域金融中心的严峻考验。其监管治理标准、税收和法律体系也必须达到发达国家的水平。最后，为了应对活跃的资本流动，它们还要加强宏观经济管理和调控以及对国内金融业的管控。

6.8.3　调动区域存储

基础设施投资基金。尽管一些 ACI 经济体已经投入了大量资金来提升基础设施，但是仍有一些经济体行动迟缓。这些投资改善了国家设施。然而，除非跨境基础设施准备就绪了，否则区域之间的互联互通只是纸上谈兵。亚洲目前的资金来源还不能满足该区域基础设施投资的庞大需求。Abidin（2010）提出建立东亚基础设施投资基金，一方面可作为调动资金的机制，另一方面可作为跨境基础设施项目的决策平台。东亚基础设施投资基金将与现有的东盟 +3 机制挂钩，领导人峰会是最高决策机构。最好通过亚洲基础设施投资基金这样的机构，也能够覆盖南亚地区。[①] 这个基金可成为国家之间协调国家基础设施发展的平台，并最终促进区域网络的建立。如此一来，政府在实现更大的区域目标的同时，对国家基础设施项目也负有责任和监管义务。合伙经营亚洲金融资源的提议，并不会取代现有的为区域基础设施项目融资的双边合作，例如日本官方发展援助、总额 100 亿美元的中国－东盟投资合作基金等。发展援助对基础设施项目的融资还是很有必要的，因为它们以非常合理的成本对欠发达国家提供了资金支持（Abidin, 2010）。

完善加强亚洲债券市场倡议（ABMI）、亚洲债券基金（ABF）、信用担保与投资基金（CGIF）。通过亚洲债券市场倡议和亚洲债券基金来促进区域债券市场的发展，可以帮助各国增加基础设施投资或其他私人投资。信用担保与投资基金是 2010 年 5 月成立的亚洲开发银行信托基金，启动资金 7 亿美元，其中亚洲开发银行投入 1.3 亿美元。信用担保与投资基金提供信用增级，使得区域发行机构可以发行本币债券，大型发行机构可以跨境发行，但不得超过主权信用上限。未来，信用担保与投资基金可能会发展为一个投资机构。这些努力正在亚洲债券市场倡议的范畴下向股票和衍生品拓展。

东盟＋3 国家的财政部长要对未来合作的三个领域开展研究，即基础设施融资、灾害风险保险以及在区域贸易中使用本币结算。2011 年 9 月的东盟＋3 工作小组会议上，各方讨论了基础设施融资的问题。日本财政部组织了关于灾害风险保险问题的讨论。2011 年在韩国举行了关于区域贸易结算问题的讨论。

6.9 促进区域合作

亚洲金融危机、全球金融危机、欧元区主权债务和银行业危机凸显了危机扩散方面的问题，以及为了恢复金融稳定所需的庞大资源。这表明区域性机构需要在金融监管、危机管理，包括在金融安全网建设中发挥更重要的作

---

① 东盟在 2011 年建立了一个总额为 4.5 亿～4.8 亿美元的东盟基础设施基金（AIF）（Jakarta Post, 2011）。AIF 有三个主要的发展目标：（1）帮助落实东盟互联互通总体规划；（2）为加强基础设施建设提供进一步的金融资源；（3）通过公私合作，提升私营部门在基础设施建设发展中的参与度（Kawai, 2013）。

用。类似机构也能帮助填补国家机构和全球机构（如国际货币基金组织和金融稳定委员会）之间的缺口。类似机构的发展是通往 2030 年目标的一个重要方面。以下举措旨在促进区域金融稳定。

亚洲金融稳定对话（AFSD）。区域合作最重要的一步就是进行更好的信息沟通和分析。这可以增进对亚洲金融业相互依存度的了解，以及选择处理相关挑战的最佳方式。为了在促进区域金融稳定方面取得实质进展，还需要有合适的驱动力。建立亚洲金融稳定对话机制的想法由亚行行长黑田东彦（Kuroda，2008）首次提出，Kawai（2011），Plummer（2010）和其他学者均对此表示支持。该对话机制可在区域内现有机构的基础上建立，比如经济监测与政策对话机制、东亚及太平洋地区中央银行行长会议组织（EMEAP）。其主体应该包括财政部、中央银行和金融市场监管机构。

亚洲金融稳定对话机制的结构与金融稳定委员会的全球目标密切相关。其雏形是金融稳定论坛，后者促进了对有关标准和规范的遵守。因此，亚洲金融稳定对话机制可视作增强区域金融稳定的第一步。一个是试图以大跃进方式实现紧密合作，却没有政治和群众支持的模式，一个是具有有限授权、能不断取得进展的机构，两者相比较，建立后者这样的机制显然更有意义。

东亚及太平洋地区中央银行行长会议组织。近几年，区域中央银行会议在帮助亚洲国家共同合作中扮演了越来越重要的角色。尽管将其打造为亚洲国际结算银行的目标或许过于宏伟（Plummer，2010），但不管如何，它也为增进合作提供了可能的组织基础。不过迄今为止，这个组织不仅没有一个完善的秘书处，而且与会中央银行还要为小组委员会和工作组提供服务。

清迈协议/亚洲货币基金。鉴于对国际货币基金组织在亚洲金融危机期间表现的不满，东盟 + 3（东盟 + 中国、日本和韩国）的财政部长于 2000 年 5 月在清迈达成一个区域合作融资安排，作为对国际货币基金组织资源的一种补充。这个所谓的清迈协议最初采取了双边货币互换协议的形式。然而，2007 年 5 月，为了联合经营由单一合同支配的储备，东盟 + 3 的成员国同意将双边协议改变为多边的自我管理机制，即清迈倡议多边化协议（CMIM）。这个协议的规模已经扩展到了 1200 亿美元，在不启动国际货币基金组织计划的情况下，可提取份额从 10% 增加到了

20%（Sussangkarn，2010）。2012 年，协议规模再次增加一倍，达到了2400 亿美元，在没有货币基金组织项目支持的情况下，借款限额的比例也增加了。

东盟 +3 宏观经济研究办公室（AMRO）在 2011 年 5 月建立，其作用是实行区域内监管。终极目标是结束对国际货币基金组织限制性条件的依赖，迄今为止，这些条件其实是影响成员国使用清迈协议多边化意愿的绊脚石。要使清迈协议多边化成为亚洲金融架构中的功能性金融安全网，消除国际货币基金组织的限制性条件是必要的一步。

为了使清迈协议多边化更有效率，还需要在其他方面作出改善。第一，如果不止一个国家遇到严重问题，这说明清迈协议多边化的借款限额可能仍然不够。到 2030 年 ACI 经济体规模要大得多，清迈协议多边化基金应该保持与之相当的规模。清迈协议多边化基金也可通过 ACI 经济体内其他国家的额外捐款获得补充。第二，除了从清迈协议多边化基金借款之外，各国也应该以与中央银行交换相似的方式，和清迈协议多边化作出货币互换安排。第三，应当引入新的工具，例如在面临危机时的预防性信贷工具等。[①] 第四，印度、澳大利亚、新西兰等东亚峰会的成员国，虽然不是东盟 +3 的成员，但也应该让他们参加清迈协议多边化的活动。第五，清迈协议多边化需要充足的资源和人事安排来支持亚洲货币基金的运转（Sussangkan，2010）。完成上述改善之后，清迈协议多边化才能成为成熟完善的亚洲货币基金。

与国际金融机构的关系。由于二十国集团一跃成为新兴经济体和发达经济体发声的首要国际论坛，国际经济和财政决策因此受到了鼓舞。然而，全球经济的有效治理也需要那些重要的全球性组织作出一些改变，例如国际货币基金组织、世界银行、世界贸易组织和金融稳定委员会，同时还需要在全球组织和区域性组织之间开展更加密切的合作。Kawai 和 Petri（2010）认为，应当建立全球性的联邦制，其方法在于为那些具有不同功能、所有权重叠的全球和区域性组织建立层次分明的机构。表 6.13 展示了宏观经济稳定、发展资金和金融系统稳定三个功能领域的框架。每个领域的应用方式描述如下：

---

① 2012 年 5 月，东盟 +3 国家财政部长和中央银行行长对此表示同意。

表 6.13　全球和亚洲经济治理机构

功能	全球机构	亚洲范例
宏观经济稳定	**国际货币基金组织** 监管，危机借贷，系统稳定	**亚洲货币基金** （从清迈协议多边机制演变而来的） 区域性监管、危机借贷、稳定性
发展资金	**世界银行** 全球公共物品：贫困、环境、食品和能源	**亚洲开发银行** 区域发展重点，区域基础设施贷款
金融系统稳定	**金融稳定委员会** 全球标准，大学监管机构	**亚洲金融稳定对话** （待建） 亚洲监管倡议

来源：根据 Kawai，Petri，and Sisli-Ciamarra（2010）编写。

国际货币基金组织和区域金融安全网之间合作的主要任务包括关系和交流安排制度化、协调监督以及协调贷款计划和条件（Lamberte and Morgan，2012）。一个关键的需求是加强亚洲区域决策，以支持区域金融安全网。

在发展金融方面，区域发展银行早已和世界银行共存许久。下一步是完善区域和全球组织之间的分工合作。理想的分工是世界银行关注全球目标和外部效应，例如千年发展目标、气候变化、食品和能源安全以及流行病。而区域发展银行则应该将工作集中在区域问题上，例如基础设施互联互通和环境保护。

在金融系统稳定方面，2008～2009 年全球金融危机凸显了建立国际框架的需要，该框架可对具有系统重要性的金融公司、产品以及交易的跨境活动发挥监控、约束和监督的作用。金融稳定委员会一直以建立这一框架为己任，并协调有关机构负责执行。在与国际货币基金组织的合作方面，金融稳定委员会还负责提供宏观经济和金融风险的预警并提出补救措施。上文提到的亚洲金融稳定对话在将金融稳定委员会的倡议转化为区域范围内的建议并帮助实施方面，发挥着宝贵的作用。

外汇管理与协调。汇率灵活性是可取的。然而，鉴于过度波动和失调以及对贸易和投资的不利影响等潜在因素，自由浮动汇率制度对于大多数东亚新兴经济体来说可能是不切实际的。一方面，由于许多 ACI 经济体相互竞争，因此为了防止不必要的资源再分配，最好保持汇率稳定。在保持对外部货币有足够灵活性的同时，ACI 需要一个框架来促进区域内汇率稳定。另一方面，该区域的经济环境、资本市场和汇率制度复杂多样，这就意味着正式的货币联盟无法正常运行，尤其是考虑到欧元区最近正面临的主权债务和银行业危机。为了促进亚洲货币协调发展，Kawai 和 Takagi（2011）提出了一个阶段性进程方案。

宏观经济政策协调。货币协调需要与加强区域内的宏观经济政策协调相结合，尤其是货币政策。亚洲金融稳定对话机制或清迈倡议多边化协议都可能举办这种合作论坛，尤其是一旦它们与东亚及太平洋地区中央银行行长会议组织相结合之后。

6.10　小结和政策建议

到 2030 年，许多 ACI 经济体预计会成为发达经济体。未来二十年，金融业将会成为维持该区域高速、可持续增长所需基础设施的关键部分。本节对我们在国家、次区域和区域层面所提出的政策建议作一个小结。

ACI 金融市场必须往深化、精细化方向发展，面向更多的公司和个人，创造社会财富、增加投资需求、扩大金融服务，从而支持经济发展。如果没有政策干预，那么包括公共物品（如基础设施、卫生、教育和绿色增长等）投资在内的投资需求，都无法依赖私人融资筹集足够的资本。此外，还必须完善金融业基础设施，以支持衍生产品市场、信用评级机构、政府债务管理，以及更为复杂的全球互联经济体等方面的需求。清算和结算体系也需要升级。提高金融包容性对于维持增长和改善收入分配至关重要。这包含了消费者、小企业、小额信贷和绿色金融的融资。

同时，ACI 经济体必须采取措施，加强金融稳定。它们必须完善微观审慎监管框架，使之符合《巴塞尔协议Ⅲ》的规则，并提高监管能力。他们应该审查其货币政策和宏观审慎政策框架，审查其顺周期性和危机管理，并在必要情况下加强审查力度。管理资本流动波动情况的框架应该是宏观经济和宏观审慎政策管理的一个重要组成部分。需要对规章制度进行扩充，以利于在保持金融稳定的前提下，支持金融包容性。

在这些领域，从国家层面采取措施是非常必要的，但是还远远不够。为实现区域融合和相关机构的合作与发展，需要制定措施作为补充。许多 ACI 市场都很小，无法形成规模经济，从而不能把交易成本降低到有吸引力的水平。对外汇和其他交易、税收和结算程序的管控既严格又不统一，这些都令外国投资者退却，并使市场保持较低水平。区域内的各种法规和税收政策都应该做到彼此统一。如有可能，应当发展以亚洲货币单位计价的债券市场。建立东盟经济共同体既是逻辑起点，也是示范。亚洲金融稳定对话能够提供一个界定协调措施的论坛。

一些 ACI 经济体缺少吸引所需公共投资的充足的财政资源。一项亚洲基础设施投资基金、"加强版"的亚洲债券市场倡议（包括亚洲资本市场计划拓展协议）以及亚洲债券基金能够使 ACI 在地区内的巨额储蓄资金循环流动起来，用于支持基础设施和其他项目的投资。实现人民币和印度卢比的自由兑换，以及将上海和孟买打造成区域金融中心，最终会促进区域金融一体化。

加强 ACI 区域内的金融协作就需要加强区域合作。清迈倡议多边化协议以及经济监测与政策对话机制的前景都十分值得期待。一旦该区域给予清迈倡议多边化协议足够的资源，并允许其监管区域经济以及制定独立的调整政策，那么该地区的各种借贷项目就能从国际货币基金组织中剥离开来。只有到那时，这个机构才能成为该地区一个独立的区域货币基金和金融安全网。

然而，还有很多工作待完成，例如区域内各国财政部长和中央银行行长还需要加强合作，金融监管和市场调控还需要加强协调。还必须参照对应的国际金融机构，对这些新成立机构的角色进行定位。地区决策过程也需要完善。提高亚洲货币单位作为参照的使用情况，有利于逐渐加强区域内的货币协调。

好消息是，据预测，即使是在不利情况下，到 2030 年 ACI 区域的金融资源也能满足其基本需求。亚洲地区不仅有过硬的技术专长，而且一直保持良好的管理记录，这些都是实现大转型的必需条件。眼下的挑战是如何促进区域市场和机构的发展，使其能确保 ACI 在未来二十年内实现强劲可持续的发展，从而提高民众生活水平，增加各种机会。

第七章

区域合作和全球合作

7.1 介绍

ACI 若要在 2030 年以前一直保持强劲发展势头，势必会遇到重重困难。解决其中一些严峻挑战的唯一方法就是开展区域内合作和全球性合作。区域内的经济体不断壮大，相互依存水平不断提高，就会愈加需要在一系列领域内相互沟通、相互合作。虽然中国、印度以及东盟（ASEAN）的 10 个成员国之间的利益分歧在某些地区会继续扩大，但是从全球角度来看，维持世界贸易的开放性、金融系统的稳定性和环境的可持续性与它们每一个国家都休戚相关、密不可分。ACI 的发展会带来更大的责任。不仅在处理这些挑战方面要负起更大责任，在制定规则的国际机构中也要发出更强的声音。

持续强劲的发展，本身就会给 ACI 经济体带来更大压力，迫使他们不得不求新求变，以开展愈加紧密的合作。发展虽然有益，但它也可能使亚洲各国与世界其他国家和地区之间的关系变得紧张。ACI 区域内部为争夺资源、外资、技术和市场准入而展开的竞争也可能加剧。此外，发达国家还会打着"创造公平竞争环境"的旗号，要求扩大 ACI 市场内的准入范围，而全然不顾它们在人均收入上仍然存在的巨大鸿沟。多边贸易秩序正在慢慢地向优惠贸易机制和不断升级的贸易保护主义转变。这一转变将限制 ACI 经济体在发达国家的货物和劳动力准入。如果 ACI 经济体内部或者 ACI 经济体与发达国家之间的地缘紧张关系恶化为冲突事件，投资者的信心、投资，以及区域增长都将遭受毁灭性打击。防范这一事件最有效的方法是坚定不移地进一步加强地区和全球的经济依存度，致力于集体发展，而不是单边行动。东盟的示范颇具启发性，值得推广。

正如一些研究所表明的那样，鉴于各种历史及社会经济等原因，要想实现泛亚一体化与合作是极具挑战性的（ADB, 2010b; Kohli, Sharma, and Sood, 2011）。一方面，亚洲人口众多、种族多样且缺乏组织。自然而然，正式的合作多停留在区域、次区域或双边层面。

另一方面，市场是强大的一体化力量。尤其是东亚各国通过贸易、资金流量和庞大的区域生产网络紧密相连。这一生产网络是出口欧洲及美国的中转站，也是外国直接投资的重要资源。尽管贸易是竞争、生产力和经济增长的重要驱动力，但南亚对生产网络的参与水平并没有东亚那么高。

尽管区域内存在地缘政治紧张，经济往来仍然增长快速。同样，虽然区域性机构对其支持仍然相对薄弱（尽管这些机构在数量上有所增加），但经济往来仍然变得日益密切。全球经济与安全机构为亚洲的崛起提供了重要的环境条件。除日本在某些方面有些许影响以外，亚洲大国在领导这类机构上并没有发挥积极作用。

无论如何，自1997～1998年亚洲金融危机以来，经济一体化已重塑了ACI经济体。正如本书前文指出的，一体化正迅速重塑ACI，到2030年一体化的势头很有可能变得更加强大。多种经济联系使得该区域的相互依存度不断提高。ACI区域交易和消费的货物将越来越多地由ACI经济体自己生产。鉴于其在全球市场的相对规模占全球GDP的一半（按2030年市场价格计算），发达国家市场对于ACI经济体仍将十分重要（Lin and Petri, 2012; Lawrence, 2011）。早期设想认为海洋亚洲的主要任务是给远方市场的终端消费者提供有效供给，随着全球经济活动中心转移至ACI地区，这一设想将会过时。然而，正如第六章所讨论的，跨境金融一体化目前在地区中并不突出。随着时间的推移，ACI区域的组合投资和直接投资也将越来越多地把目光投向区域资产。

经济关系的复杂网络及其增长速度，反过来又激发了建立各种机制的需求，以保证这些长期关系的稳定性和可预测性。如Zhang和Shen（2011）引用文献所示，这反过来又促成了大量的双边和区域贸易投资协定。ACI经济体参与的大量自由贸易协定是不断增长的软件基础设施的一部分，它有利于促进国际和地区内部的贸易投资流动。这些协定的成功需要更紧密的合作，最终可能包括区域内以及与其他地区的关键伙伴之间的全面自由贸易协定。

欧元区的单一货币和货币联盟模式在这个阶段不适合快速增长的亚洲经济体。然而，跨境一体化和宏观经济管理之间的确需要加强协调，尤其是为了防范危机蔓延或形成以邻为壑的汇率政策。除了货币的协调，加强金融监管机构之间更紧密的协调有助于创造一个更有利的环境，以更好地调动区域资金，用于关键基础设施的市场投资。东盟拥有良好的国际合作记录，可以作为连接东亚各国，以及印度和其他南亚国家的制度安排中心。

1997～1998年的亚洲金融危机是促进东盟＋3国家之间加强协调的重要动力，但到目前为止印度还没有参加主要的安全网络倡议，如清迈倡议多边化协议（CMIM）。欧元区债务危机表明，即使像欧盟那样具备良好的政治协调环境，但试图在各主权国家强制实施和执行相关制约条件，也会困难重重，甚至引发政治风险。欧元区危机也表明，在这个短期资本恐慌四处蔓延的世界，金融危机的传染性才是真正的风险。无论合理与否，市场感知可以产生严重的破坏性溢出效应。

虽然没有显而易见的神奇方案来解决这些问题，但ACI国家仍需要在官方和非官方层面，通过公开坦率的商讨来协调国家利益。20世纪60年代以来，公开协商已成为大西洋周边国家的制度，这一制度在二战经历、马歇尔计划及冷战压力的影响下形成。正如后文所讨论的，尽管海洋亚洲曾是这些冲突爆发的重要场所，但在制度上，它并没有产生具有同样创新性的结果。

在区域层面上，凭借在异质群体中促进安全和国际经济合作对话的良好记录，东盟国家日益成为连接东盟各国，以及东盟与其他东亚国家、澳大利亚、新西兰和印度的制度安排中心。然而，这个模板迄今最常用于商品贸易对话，假如较大的非东盟国家，特别是中国、韩国、印度及日本给予适当的支持，它便可能用于应对新的挑战。

尽管国际货币基金组织或经济合作与发展组织的经济监督可能会违反东盟不干涉成员内政的既定原则，但是即使在东盟内部，服务贸易和技术人员流动自由化仍然是敏感问题，国际货币基金组织的章程（尤其是第四条）制定了一个框架，规定政府的主权行为要受到独立人员的审查，独立人员代表那些假定受到不利影响的行业或群体。

国际货币基金组织正在编制二十国集团（G20）溢出效应报告，将系统重要性国家的政策对其他国家的影响进行量化。类似的考虑也是世界贸易组织纠纷解决相关条款的基础。这些国际准则是否需要在区域层面进行补充？

为什么要补充？如何补充？ACI 区域合作应通过区域结构的创建获得更好的支持，还是应对现有全球机制以更大的支持？这些都是问题。

区域合作很重要，它有利于防止 ACI 区域内污染和环境退化的显著溢出效应。而且它会变得越来越必要，因为它有利于确保 ACI 各国到 2030 年仍能获得安全和可靠的能源供应，以满足不断上升的国内需求。

2008 ~ 2009 年全球金融危机之后，亚洲大型新兴市场对全球经济增长的影响日益扩大，并且由于欧洲和日本人口老龄化的加剧，其影响还将继续增长。中国已经对全球贸易和金融业产生了影响，这与其较低的人均收入水平不相称。随着中国经济的持续增长，国际预期和国内需要之间的紧张关系或将加剧。到一定阶段，印度也会遇到同样的情形。由于这些共同利益，两国已经在气候变化、贸易和国际货币体系等领域开展了磋商与协调。

随着其比重在全球经济中的增长，ACI 国家必须准备好在全球性机构（如世界贸易组织、国际货币基金组织、世界银行、二十国集团以及环境和健康机构等）中发挥更多的领导作用，承担更多的责任，从而与其在全球经济中不断增加的重要性相匹配。ACI 重塑国际秩序的努力将会十分复杂，因为发达国家在全球机构中占支配地位，而且相互之间形成了完善的合作机制。但这种情况将会改变。

在 2012 年欧元区危机引发的全球经济放缓过程中，这种变化显而易见。2012 年 6 月和 7 月，全球金融市场似乎对欧元区的增长停滞漠不关心，也许这早就在预料之中，它们对中国和印度经济的增长放缓反倒更为关注。ACI 经济体不再是 2012 年全球经济增长的强有力火车头的前景使国际金融市场心慌意乱，并引发决策者的高度关注。哪怕是五年前，都不会发生这种情况。

一个有趣的问题是，ACI 区域的 12 个经济体是否会在第一时间分享共同利益？是否会形成一个特色鲜明的团结区域，为本区域利益发出清晰声音，并竭力维护本区域利益？亚洲已经存在多个重叠的大型国家群体，有的甚至包括美国、加拿大、澳大利亚和新西兰在内的其他太平洋沿岸国家。这些群体包括东盟 + 3、东盟 + 6、东盟 + 8（东亚峰会国家），① 还有由东盟与其对话伙伴组成的区域全面经济伙伴关系协定（RCEP），以及参与国家不断增多的跨太平洋伙伴关系协定（TPP）和亚太经济合作组织（APEC）等。

---

① 东盟 + 3 指 10 个东盟成员国加上中国、日本和韩国。ASEAN + 6 包括东盟 + 3，以及澳大利亚、新西兰和印度。东盟 + 8 或"东亚峰会"由东盟 + 6 加上美国和俄罗斯联邦构成。

亚洲和亚太之间的互动仍在不断发展。

在亚洲和整个亚太地区的互动机制不断发展的同时，其他地区的类似群体却往往为保护自身国家利益而存在，只是偶尔会处理集体行动的问题。事实上，很少有区域集团在领土以外的论坛中采取集体行动，来维护共同的经济利益。欧盟可能是个例外，但即使在欧盟，若要使广泛复杂的国家利益服从联盟的利益，也必须经过艰辛的讨价还价。

更普遍的是，通常的区域组织（比如非洲联盟、阿拉伯国家联盟、上海合作组织）密切关注安全问题。为数不多的几个群体会为共同的超国家利益而发声，但这类群体往往在本质上已不是区域性组织了。例如，七国集团峰会（G7）和金砖国家（BRICs）的财政部长和政府首脑会议。国家利益仍将是主要驱动因素，只有在追求集体行动的目标中，它才会慢慢退让。

加强 ACI 区域合作刻不容缓。一个原因是，若要到 2030 年维持强有力的同步增长，迫切需要创建一个更加牢固的区域合作制度框架。另一个原因是，全球经济活动重心已经转移到 ACI，这从第二章的经济预测中就能清楚看出，重心的转移也将会形成一个更加以亚洲为核心的全球经济治理机构。

鉴于 ACI 经济体的不同利益，也考虑到与区域以外的大国和全球机构之间的良好关系，没有哪种单一的合作方式将会成为主导。ACI 国家经常会发现，在国际舞台上不断变换的以问题为基础的联盟更符合他们的利益。但是该区域亟须摒弃双边或者自由贸易协定式的方法，转向新区域主义的合作模式，这一模式将以大型倡议为基础，尽管这些倡议有时会发生重叠。从长期来看，更深入的接触有助于建立选区和制度，从而缓解紧张的局势（Mohan，2011）。东盟一体化的案例和 1995 年越南的加入就已经在这方面有所体现。我们有理由乐观地认为这一进程也在开始缓解紧张关系，加强大国之间的关系，比如中国、印度、日本和韩国之间的关系。

7.2　ACI 区域自 1970 年以来的市场驱动型整合

20 世纪 60 年代以来亚洲经济的腾飞出人意料，史无前例。现代化浪潮汹涌而至。在很大程度上，这是由于发达国家不断发展壮大，全球经济出现强劲增长，国际市场不断扩大，亚洲发展中国家从中受益。紧随日本之后出现的第一波现代化国家和地区——韩国、新加坡、中国香港、中国台湾四个新兴工业化经济体——成功抓住了这一机遇，国际货币基金组织现在将它们归为"先进经济体"（advanced economies）。^① 日本和韩国分别在 1964 年和 1996 年加入了经济合作与发展组织（OECD）。

对东亚奇迹的研究表明，从 20 世纪 70 年代到 90 年代早期，有四个决定性政策因素可以解释东亚和东南亚部分地区的成功发展（世界银行 1993）。^② 这些因素很大程度上与出口导向的发展模式有关。他们采取鼓励出口的经济政策，专注教育，打造市场友好的政府，实行与外国直接投资相关的致力于技术追赶的开放政策。良好的人口结构、积极的宏观经济政策和灵活的劳动力市场有助于保持出口产品的汇率优势，专注于贸易和物流基础设施建设有助于这些国家实现其不断演变的比较优势。

Zhang 和 Shen（2011）在引述亚洲开发银行和其他学者的研究后，指出从 20 世纪 90 年代后期开始，不断加强的区域融合已经改变了东亚。正如第四章所讨论的，广泛的区域生产网络已经将制造业的流程和任务变得越来越专业化，有时在公司内、有时在几个经济体的不同公司间都会产生正常交易。

对外国直接投资开放促成了这股潮流，零部件和其他中间产品的行业内贸易出现了显著增长。零部件贸易所占东盟 + 3 国家以及中国香港、中国台湾和印度制造业贸易总额的比重已由 1999 年的 24.3% 增长到 2006 年的 29.4%，这一增速比该地区全球贸易增速要快出很多。同期中国零部件贸易占全球零部件贸易的比重几乎增加了一倍，达到了 24%。东亚区域内贸易的一个细节表明，其贸易主要是中间产品而不是最终产品（ADB，2008）。

总部位于日本、新型工业化经济体、欧洲和美国的跨国公司所带来的投资，对亚洲生产网络的发展起着至关重要的作用。在 1997～1998 年亚洲金融危机之前，每年大约四分之一的全球外国直接投资流入该地区。在经历急剧减少之后，2011 年，ACI 占全球海外直接投资的份额恢复到 18%（UNCTAD，2012）。尽管自 2010 年以来，东盟外国直接投资流入高达 1170 亿美元，与中国的 1240 亿美元旗鼓相当，但是在过去十年间，中国内地和中国香港仍然占亚洲外国直接投资流入总额的一半到三分之二（UNCTAD，

---

① 亚洲开发银行将这些经济体称作"发达经济体"（developed economies）。
② 这个分析并不包含中国和印度，他们那时还不是"表现出色的亚洲经济体"，但是却包含了 6 个东盟国家中的 4 个（新加坡、印度尼西亚、马来西亚和泰国）。

2012）。外资流入帮助中国成为亚洲中间产品出口和最终组装的最重要目的地之一。随着中国成为出口的主要目的地，东亚其他经济体对中国的出口成倍增加（表7.1）。从21世纪00年代中期开始，印度对华出口增速适中，但是其所占比重比东亚经济体低。

表7.1　亚洲主要经济体对华出口所占比重

单位：%

	亚洲	中国香港	印度	日本	韩国	中国台湾
1990 年	1.8	24.7	0.1	2.1	0.0	0.0
1995 年	2.7	33.3	0.9	4.9	7.0	0.3
2000 年	3.8	34.4	1.8	6.3	10.7	2.9
2005 年	8.1	45.0	6.6	13.4	21.7	22.0
2010 年	10.8	52.7	7.9	19.4	24.8	28.0

来源：ADB一体化指标数据库，http://aric.adb.org/indicator.php（2012年8月访问）。

当谈及成品贸易和区域内的组合资产持股时，东亚一体化的程度并不那么明显。尽管东盟各国和印度注意到了人民币和美元在制定本国货币和汇率政策中的外部价值，但是在正式的货币协调中鲜有尝试。就像在下面讨论中提到的，依照欧盟的标准来看，东盟+3一体化仍在进行之中。

通过深化和扩展东亚区域生产网络进一步加强区域贸易、市场和经济的融合，尤其在低收入东盟国家、印度以及其他南亚国家中的融合，可以实现ACI增长潜力的最大化。通过提高产品和市场在ACI区域内外的多样性，并将市场目标对准新兴亚洲中产阶级，这些经济体也能获得巨大的利益（Nag，Bhattacharyay，and De，2012）。

7.3　ACI区域一体化的制度

现阶段ACI经济体需要加强合作。他们积极参与全球多边机构，比如世界银行、国际货币基金组织和世界贸易组织，以及特定领域的倡议，如《联合国气候变化框架公约》。中国、印度和印度尼西亚不仅加入了区域外的组织，比如二十国集团，他们同时也参与各种各样的区域内组织，比如东盟+3、东盟+8、跨太平洋伙伴关系协定等。每一个ACI国家都与各自的伙伴签署了双边贸易投资伙伴关系协议。

在全球经济彼此高度依赖但日益不景气的背景下，各方对什么才是正确的合作模式存在争议。针对譬如金融失衡的全球问题开展有效合作，可能需要高级别的指导，例如 G20 峰会，以及允许 ACI 经济体就汇率政策等问题进行磋商的小范围论坛等。

欧洲长期关注这些议题并且秉持"辅助性原则"概念。这意味着各种政策应该尽可能以去中央化的方式来实行。贸易和竞争政策必须依照欧盟的标准来制定，因为这些活动涉及不止一个国家。但是国家层面还可以实行相关的商贸和税务政策，例如像世界贸易组织成员方一样，给外国公司提供国民待遇，但前提是不让外国公司处于不利地位。

进入 21 世纪以来，区域和双边协议已不是新鲜事物，但是其数量却急剧增加。尽管大部分 ACI 经济体早已参加了各种多边论坛，比如关税贸易总协定（GATT），世界贸易组织和国际货币基金组织，但多年以来，它们从来没有发挥过重要作用。从 21 世纪早期开始，情况发生了迅速变化。在各种级别的双边和次区域贸易协议中，ACI 经济体都发挥着积极的作用。正如下文所述，ACI 区域有计划加强这些协议。尽管没有一个像区域自由贸易协定那样的关于合作的正式描述，但是在 ACI 区域的多个次群体和泛亚群体内部，已经出现了一个重要的合作进程网络，出现了例如东盟＋6 和东盟＋8 这样的组织。

7.3.1 ACI 区域和全球经济管理

支撑现有国际经济秩序的主要机构大部分都是在二战后以美国为主导建立起来的。很显然这种国际秩序是为了确保二战后三十年的和平。它的主要支持来源是北大西洋，还有海洋亚洲，后者受到由美国主导的安保框架的保护。

尽管 ACI 经济体早些年显然没有什么影响力，但是随着全球体系的演变，一些 ACI 经济体（如印度和中国，特别是在它们加入世界贸易组织后①）已经成为贸易和其他论坛中的重要角色。但是，至今还没有在任何多边谈判中举行过一次 ACI 核心会议。尽管 ACI 经济体在全球经济中的比重不断提高，但是它们在国际货币基金组织中仍然没有获得应有的地位。计算

---

① 印度是关税贸易总协定（1947 年成立）和世界贸易组织（1995 年成立）的创始国之一，但是中国直到 2001 年才加入世界贸易组织。

配额的方法对于 ACI 经济体非常不利，而且任命欧洲人为国际货币基金组织主席、任命美国人为世界银行行长的传统表明，这些机构没有与时俱进。不过，国际货币基金组织和其他多边政府论坛正在慢慢转变，以给予 ACI 经济体更多相应的领导权和决策权。ACI 区域的影响力将会增强，同样它的责任也将加重。

全球贸易体系中的力量平衡已发生了改变。在多哈发展议程下试图扩大谈判范围来包含主要发展中国家，是导致 2001 年多哈会谈进展缓慢的重要原因。经济重心向"南"（发展中地区）转移意味着自 20 世纪 60 年代以来成功领导世界的国际机构需要作出改变。但是大问题是：改变多少？

2008 年二十国集团领导人峰会的创建旨在提供更好的政治指导。尽管迄今为止，结果并不令人鼓舞。如果二十国集团能达成共识，亚太地区将有一个明确的渠道，向世界传达自己的担忧。

7.3.2　ACI 区域内的跨境机构

除了参与全球和区域外的组织外，ACI 国家还积极参与各种区域合作协议，比如东盟＋3、东盟＋8，和以东盟为中心的区域全面经济伙伴关系（背景方框 7.1）以及跨太平洋伙伴关系。每一个 ACI 国家也都与各自的伙伴签署了双边贸易投资协议。利益问题是全球、区域外和区域内协议的最优混合，ACI 区域各国将会发现，推进本区域持久高效的一体化有益无害。

在高度相互依赖且日益不景气的全球经济大背景下，寻找主权国家之间经济政策协调的正确模式，已经成为一个日渐紧迫的全球性问题。而发达国家金融和经济危机的持续影响无疑使得这一问题变得更加紧迫、更加困难。针对譬如金融失衡的全球问题开展有效合作，可能需要高级别的指导，例如 G20 峰会以及允许 ACI 经济体就汇率政策等问题进行磋商的狭义论坛等。

《区域一体化制度》就什么是制度，作出了明确的定义："形成期望、利益和行为的稳定规则"（ADB，2010b：5）。本研究确定了深化亚洲区域一体化的四个关键主题：（1）生产一体化；（2）金融市场一体化；（3）宏观经济相互依存管理；（4）提高经济增长的包容性和可持续性。本研究阐明通过区域和次区域合作可以很好地解决各类挑战，同时也提出了有助于实现所需共识的具体机制。

背景方框7.1：完善巩固东盟自由贸易协定：
区域全面经济伙伴

自步入21世纪以来，东盟成员国便与亚洲和其他地区的合作伙伴积极推行自由贸易协定。到2012年末，在总计84份协议中（或已签署，或在谈判中，或已提出），同其他亚洲伙伴签署的协议有38份，同非亚洲经济体则有46份。已签署5份东盟+1协议（分别同澳大利亚–新西兰、中国、印度、日本和韩国签署），还跟欧盟、巴基斯坦签署了2份石油管道协议。十年前，算上东盟自贸区在内，亚洲只有3个生效的自由贸易协定。

2011年，为了使现有协议在更大体系趋于合理化，东盟提出了建立区域全面经济伙伴关系协定（RCEP）的倡议，并邀请其贸易伙伴一起加入。东盟提出的倡议面临着来自区域内和区域间的经济团体越来越大的压力，各方都期盼在更广泛框架下"巩固"现有的双边协定。同时，在创建跨太平洋伙伴合作关系协定（TPP）的谈判中，亚太经合组织（APEC）中由4个东盟成员国组成的小团体内部也出现了分歧。2012年11月在柬埔寨金边，东盟国家首脑同意与6个自贸区伙伴开启正式谈判。RCEP的目标是建立一个全面的协议，以支持区域内供应链的发展。它是一个开放的论坛，外部的经济合作伙伴也可以最终加入RCEP。

在经济增长缓慢的时代，RCEP有可能成为一个亚洲传统贸易伙伴之间非常强大的倡议。它着重于通过提高贸易和投资相互依存度，在亚洲经济体中建立起一种发展势头。其设计意图是提供一个包含现有协议的广泛框架，一方面加强其原则，另一方面深化、扩大其覆盖范围。一旦成功，RCEP将大大加强东盟作为亚洲一体化关键机构的核心作用。谈判开始于2013年初，并预计将在2015年年底前完成。RECP贸易集团的经济重要性十分惊人，它的人口占全球人口的49%，其GDP占全球GDP的29%，贸易量占世界贸易总额的27%（Wignaraja, 2014）。

一些专家认为RECP与跨太平洋伙伴关系协定之间存在竞争关系，并指出这两个谈判过程将出现某种对抗意味（Wu and Mealy,

2012)。然而，跨太平洋伙伴关系协定（TPP）要求按照最佳实践或黄金标准签署协议，这为成员参与制定了较高的标准。与之相比，RCEP 则更加灵活务实，因为它认识到各贸易和投资伙伴复杂多样、国情不同（Hawke，2012）。但其他成员也将 RCEP 和 TPP 视为两个相关的进程，而且两者可能合二为一，形成泛亚自由贸易协定（Kawai and Wignaraja，2013）。

　　RCEP 的成功将为东盟提供巨大的机遇。但它也提出了严峻的挑战，东盟秘书处本应领导谈判进程，但是它获得的资源十分有限，而且随着时间的推移，各国的观点也会出现分歧。为了应对这些挑战，并为 RCEP 带来成功，东盟必须作为一个单一的经济群体发出一致的声音。因此，迅速实施东盟经济共同体计划，并向前推进，这一点至关重要。RCEP 有潜力成为亚洲不断发展的经济结构中的关键支柱。

　　来源：作者依据东盟秘书处的多份公报和新闻报道而编写。

　　什么样的次区域、区域和多边混合机构最有可能满足 ACI 经济体在这四个领域的发展目标呢？由于历史和政治背景不同，欧盟的经验并不适用于 ACI 经济体。但欧盟会提供一些有趣的教训。

　　首要问题是：和其他团体相比，比如和发达经济体相比，为什么 ACI 经济体应该对彼此格外关注？研究 ACI 经济体的异质性十分重要。

　　尽管 ACI 区域的三极在未来预计都将取得令人瞩目的经济增长，但是中国仍将是区域经济的主导，并成为在贸易、经济和外交等所有领域具有全球经济影响力的大国（Subramanian，2011）。由于其庞大的经济规模和外向型发展模式，到 2030 年，中国将具备重塑全球经济管理模式的动机和能力，这一点毋庸置疑。它的行动和偏好将对它所选择参与的区域机构产生重大影响。在重塑全球机构以及增强区域与国际联系方面，它也可能发挥主导作用。中国的兴趣在于提高国家福利、部署力量，并提供更多的公共物品，从而从中获益。无论是在安全方面，还是在经济领域，一个全球大国都需要把握好地区与全球之间的平衡。中国越来越依赖于东盟、日本和韩国的中间生产投入。这可能就是 2012 年 5 月中国同意启动东北亚自由贸易区谈判的原因之一。中国同样依靠大量区域外供应商来满足其庞大的原材料需求。发达经济体是中国制成品最重要的市场，并对其财政状况有着至关重要的影响。因此，中国不仅要活跃于内陆地区，还要活跃于更广阔的海外世界，而且后者的重要性越来越大（Zhang and Shen，2011）。

中国的重要目标之一是确保其周边的军事安全。但是，鉴于其周边巨大的增长潜力和日益成熟的金融市场，中国会逐步发现它的亚洲伙伴是制成品需求和金融服务的重要来源。人民币资本账户自由化将是增进彼此关系的黏合剂。

和二战后的美国不同，中国将要和其他大型的、更成熟、更富有的经济强国一起跻身于多边国际秩序之中。要想实现这一目标，中国需要增强说服力，加强联合。与此同时，在全球和区域公共物品提供方面，中国还需要展示和发挥自己设定和实施议程的领导作用。

印度的情况更加复杂和模糊。正如第二章所述，按实际汇率计算，到2030年，印度国内生产总值占全球份额仅为中国目前水平一半多。虽然美国和欧洲仍是其服务贸易的更大市场（服务贸易是印度日益重要的产业），但是中国已经成为印度最重要的商品贸易伙伴。美国、欧洲、俄罗斯和以色列是科技和军备的重要来源，中东拥有大量印度侨民，也是印度海外汇款的一个主要来源。在安全问题上，虽然印度在印度洋拥有广泛的海洋权益，但是从阿富汗到缅甸的宽广的南亚弧线将仍是中心焦点（Mohan，2011）。

在未来的几十年里，中国所关心的问题会越来越国际化，而印度则仍然停留在区域内。在接下来的二十年里，虽然印度不会成为真正的全球经济和军事大国，在南亚、东亚、中亚、非洲印度洋沿岸和中东，预计印度仍将是一个值得戒备的大国。但是东盟和中国对印度来说却可能变得越来越重要。一方面是因为发展中的亚洲会成为低成本、中等技术货物和服务需求的最快增长来源，目前印度在这个领域具有竞争优势且占据地理优势。另一方面是因为东盟和中国具有完善的、具有国际竞争力的制造业生产网络。通过参与该生产网络，印度可以增强制造业竞争力，并且获得重要的原材料和资金来源。印度快速增长的中产阶级对地区的公司来说也具有强大的吸引力。

中国在中东和印度洋地区拥有巨大的商业利益，并且与印度还存在边境问题，这一方面为两国创造了潜在的合作机会，但另一方面也可能导致误解。积极参与国际和地区组织，有利于两国促进双边交流和对话，并增加解决问题的机会。

两国需要采取高超的双边外交政策来促进深入、平衡的经济往来。尽管挑战很大程度上是双边的，但是正如下文所述，区域和多边机构也可以介入其中。由更深入的经济接触产生的透明度和信任感有助于缓和紧张的安全局势，这也是两国目前所采取的方法。

对东盟国家而言，主要的挑战是如何既能从中印两国崛起带来的机会中获益，同时又能免于陷入战略、文化和经济的泥潭。正如第二章中提到的，2010 ~ 2030 年，东盟 GDP 占全球比重预计将会提高差不多 50%，但仍然只有全球总额的 4%，低于印度的 5.4%，更远远小于中国的 18%。东盟与美国、日本和澳大利亚的经济和安全传统联系在保持平衡中会起到重要的作用。如果中印两国一体化出现显著加强的势头，东盟将很难在区域融合中保持其关键地位，不过其成员国缅甸的重要性有可能会增强。由于劳动力成本的增加，轻工制造业开始从中国沿海省份撤离（这一过程早已开始），东盟中的人口大国（印度尼西亚，菲律宾和越南）也将从中获得比印度更多的好处。在南亚，孟加拉国优越的地理位置也使其能够从 ACI 区域深度合作和融合中受益。

尽管每个 ACI 经济体都有理由投入更大的精力深化区域融合，但由于中印两国规模和实力不平衡，两国关系存在安全问题，因此局限于 ACI 国家的机构不可能成为最有效的经济合作方式。印度早前曾做过一些努力，试图将地理上相邻的南亚和东盟打造成一个团体，比如孟加拉湾多部门技术经济合作计划（BIMSTEC），但它远不如东盟 + 3 成功。① 这反映出参与国家的经济融合十分表面化，尽管东盟同印度和中国都分别签订了自由贸易协定。

在审视了各国的潜在经济与安全利益之后，下一个问题就是如何构建跨境机构，使其既能为 ACI 成员国的国家利益服务，又能保证其放弃一部分自治权和主权。目前东盟已有经济和战略层面的制度化合作，而且没有任何一个单一国家可以主导其外交利益。这在东盟 + 3，亚欧会议（ASEM）、APEC 和东亚峰会等机构中已经有所体现，它们支持东盟保留和保护其成员国战略自治权。

跨境机构可以帮助各国保持经济增长，并深化融合。它们可以为 ACI 内外私营公司提供法规和透明的争端解决机制，还可以为重大、潜在的"溢出效应"或外部性提供应对机制，因为一旦任由它们发展，将会削弱市

---

① BIMSTEC 包含孟加拉国、不丹、印度、缅甸、尼泊尔、斯里兰卡和泰国。从 2005 年开始，亚洲开发银行（ADB）就已成为其发展伙伴。

场信心，导致恶性竞争和"逐底竞争"。此外，这些机构还能提高公私部门行为的客观性和透明度，从而为签署国增进理解、建立互信提供彼此认可的事实依据（ABD，2010b）。

通过签署自由贸易协定和投资协议之类的双边协定，可以享受这些好处。这些安排的优点是可以让两个谈判伙伴将精力集中在它们共同感兴趣的事情上。对于成员来说，团体成员越多，就越难找到共同之处，比如拥有157个成员的世界贸易组织。然而，由于潜在的贸易和投资多样性及在谈判过程中的不对称性，双边安排可能稍逊于区域性和全球性协议。

基于这些原因，跨境协议往往受到富有活力的、中等规模的国家欢迎，这些国家寻找跟自己思维相近的国家，与其联合并形成"力量增倍器"，目的是实现他们的国家目标。欧盟中的法国，二十国集团中的澳大利亚和韩国就是很好的例子。制定规则约束他国，却为它自身提供法律或者实际上的行为自由，这才是真正的全球大国的目标。同样，处于支配地位的区域大国，譬如印度，就不太愿意为小国创建一个团体，让小国联合起来提出不利于它们的要求，除非这样的团体有利于它们提高力量部署的能力。到2030年，这样的战略考量将会促进ACI经济体的制度结构建设。

区域论坛不是解决这种大问题的唯一途径。从更加简单、野心更小的领域开始是有道理的。在近期贸易和气候变化谈判中，这一点日益明显，发达国家很可能会向发展中亚洲国家发难，要求他们做得更多，强迫他们单独或集体表达立场。在ACI区域内，中国通过东盟+1和东盟+3进程已经同东盟展开了深入合作。同样，建立金融安全网也一直是清迈协议的中心任务。尽管与东盟已签署自由贸易协定，但是印度在东南亚依然是一个次要角色，在所有三边论坛中也将继续充当地位较低的伙伴角色。

20世纪90年代中期，全球金融危机爆发，随后中国加入世界贸易组织，这一期间东盟和中国的关系快速发展。1997～1998年的亚洲金融危机给印度尼西亚、泰国、马来西亚，以及菲律宾、韩国和中国香港产生了严重影响。鉴于政策外部性在本次危机中十分明显，亚洲各经济体希望增强合作的动机更加强烈了。

在东盟各国以及"东盟+"的框架下，本次危机更加坚定了迈向贸易一体化的决心。其中最重要的合作努力要数2007年创建东盟经济共同体（AEC）的决定，该决定提出要在2015年之前实现货物、服务、外国直接投资、熟练工人在东盟内部的自由流动以及资本流动的自由化。Petri，

Plummer 和 Zhai（2012）判断，即便在相对保守的假设下，AEC 也能将区域福利在基准 GDP 上提高 5.3%，维护 AEC 的外向型发展模式，并确保 AEC 妥善嵌入亚太地区的其他区域性协议中。

AEC 是一项雄心勃勃的计划，它需要东盟决策者和东盟秘书处具有强大的领导力。创建一个现代的、无边界的东盟对东盟秘书处提出了要求，在实施 AEC 蓝图所绘制的政策措施中，秘书处发挥着关键作用。为了有效推进这一工作，秘书处需要获得明显更多的资源。东盟不需要类似欧盟委员会的机构，但它需要强有力的制度，从而确保东盟领导人建设统一市场和生产基地的目标得以实现。

"东盟 +"协议包括与多个国家之间的双边协议，例如中国、印度，以及日本、韩国、澳大利亚和新西兰。在金融和货币合作方面，东盟 +3 协议包括清迈倡议多边化协议（CMIM）和东盟 + 3 宏观经济研究办公室（AMRO）。

这些发展将深化东盟与中国在贸易和投资方面的关系，贸易和投资因为生产网络而得到支撑，也因为基础设施和贸易物流的改善而获得便利。尽管印度、东盟和中国之间的贸易联系在不断增强，但是至今还没有在东盟主要国家和中国之间达到生产分散化和劳动力分工的程度，印度较少参与区域机构有很多原因，但其中重要的一个原因在于它没有融入区域生产网络。

但是，这只是过去十年的故事。未来会更有意思。如前文所述，假如存在强大的政治领导力可以挽回那些可能会失去的特殊利益，增强东盟与印度之间的关系就可以给双方带来巨大的经济利益和安全好处。这一点并非总是那么显而易见。尤其是印度对待外国直接投资和贸易自由化的态度比东亚国家一贯都要保守得多。印度外国直接投资流入水平相对较低，正是印度这一态度的明证。

经济一体化带来更大挑战。由于中国劳动力成本增加，以及中国经济从投资出口发展模式向消费型经济转型，到 2030 年之前，东亚区域生产网络可能获得重大改造。在生产网络的改造中，跨国公司——包括那些总部位于亚洲的跨国公司——预计将在其中发挥重要的媒介作用，这一点看似合情合理。对印度而言，潜在的回报相当惊人。通过成为全球制造业大国，印度可以为数量庞大而且不断增加的劳动力创造就业岗位，仅靠农业和服务业他们是不可能实现完全就业的（Lemoine and Unal-Kesenci, 2007）。印度也希望积极参与东盟的商业、金融和信息技术服务市场，因为印度这些领域极具竞争力。它一直试图扩大与东盟的贸易协定，将服务和货物纳入其中，可惜遭到一些带有同样想法的东盟国家的反对。同样，尽管新加坡和印度所签署的双边贸易协定都主张向对方开放金融服务，但是出于监管和谨慎的考虑，两国都对后续工作持谨慎态度。为了实现深化 ACI 区域融合的伟大前景，必须克服这种战略和经济抵制的主要源头。

最后，开展环境合作十分重要。正如第五章所述，随着 ACI 区域增长的加速，环境保护至关重要。许多环境问题与全球生态系统问题相关，因此密切合作十分必要。即使有些环境问题不产生跨境影响，但是通过经验分享、对话和信息共享，各国也能收获益处。由于环境问题让 ACI 经济体痛苦不堪，环境问题将越来越制约经济增长，而且生态环境对于社会福利至为关键，因此创建环保制度理所当然。

尽管大多数 ACI 经济体已经日益明确环境保护的必要性，但是在控制排放、节约水资源、森林种植、提倡可再生能源等方面，各国仍缺乏一致行动。尽管东盟内部已有一些环保倡议，但是 ACI 区域的任何环保合作往往都是临时性的（见第五章）。除了设立专门小组讨论区域环境合作、提出处理环境问题的联合战略之外，集中资源投入大规模环境项目也能产生非常高的效益。例如，通过设立亚洲环境基金和类似亚洲开发银行这样的机构，即可实现这一目标。通过减少行业不确定性和确保其可预测性，区域公共投资可带动私人投资。ACI 可以考虑建立一个类似《联合国气候变化框架公约》的区域性碳交易方法和减排进程。

7.4 "新区域主义"的新兴架构

地缘优势对国际贸易的重要性已在众多计量经济学研究中得到实证证明。① 多数双边和区域性的自由贸易协定都依地缘而签订，这就这意味着地理位置的重要性已经成为决策者不可忽视的因素。但是亚洲区域生产网络的崛起，催生了对深化区域经济合作和协调的需求。这是在该地区推动更广泛自由贸易协定的一个关键原因。

截至 2012 年 1 月，已签订并生效的自由贸易协定，中国、印度、东盟

---

① 这是计量经济学"引力模型"的一个标准结果，该模型已经成为国际贸易实证研究的标准主力。例如参见 Anderson（2011）在引力模型进展的相关文献中所作的一项调查。

及其成员国分别有 12 个、13 个和 35 个（ADB，2012c）。还有许多双边和区域自由贸易协定正在协商中。对比之下，2000 年协议的数量屈指可数。Zhang 和 Shen（2011）把自由贸易协定在亚洲大型贸易经济体间的迅速增加归功于四个因素：（1）美国和欧盟把目光转向了达成区域协定；（2）多哈回合谈判缺乏进展；（3）APEC 工业化成员在 1994 年"茂物目标"① 中所作的自由化承诺缺乏进展；（4）1997～1998 年的亚洲金融危机。因为这些经济体高度一体化，这次危机创造了一种共同经济身份的氛围（Kawai，2005）。因此，建立本区域的经济管理自救机制，成为亚洲国家的共识。

由此看来，亚洲的自由贸易协定似乎只是对其他地区消极趋势和缺陷的反应。但有一个更为强大的经济动机，即亚洲私营部门和跨国公司看到了该区域全方位、深层次一体化的巨大优势，包括可以扩大采购机会，提高竞争力，还可以带来规模经济的好处。这些要求与该地区大部分政府的外向型发展战略相一致。

虽然战略和政治动机一直发挥着作用，但是这些优先战略表明，经济动机才是区域主义在亚洲盛行的背后驱动力。事实上，亚洲和其他地区在双边和区域协定上的区别在于是否以经济为中心。从煤钢共同体和欧洲经济共同体开始，欧洲早期的一体化倡议都隐含着强烈的政治动机，比如在二战和冷战后实现法国和德国的一体化。即便是欧盟的货币联盟，也要归功于冷战后的政治原因，比如为促进东德和西德的政治统一。北美自由贸易协定在很大程度上也是出于政治和安全因素的考量。几乎没有人能预料到中国、韩国和日本竟然能坐下来商谈自由贸易协定，并明显改善关系。的确，亚洲经济一体化的需求正帮助克服区域合作中一些最艰难的障碍。然而这正是他们在 2012 年 5 月的峰会上所承诺要做的事情。

如果亚洲地区主义的基础是经济合作，那么区域协定将是比双边自由贸易协定更行之有效的方案。大多数关于亚洲双边自由贸易协定的实证研究表明，这些协定已经或将会对签署国的福利产生积极影响，而对世界其他地区的贸易转移产生较小的负面影响。然而，这些协定存在重大缺陷。其中一点是，由于官僚主义盛行、规则重叠以及潜在的投资转移，双边协定的原产地

---

① 1994 年在印度尼西亚茂物召开的 APEC 峰会上，各国领导人承诺发达国家在 2010 年前、发展中国家在 2020 年前实现贸易和投资的自由化。

规则将不利于贸易和投资。如果经济规模和实力不对称，且如果一些国家特殊利益集团活跃，将导致经济失衡。特别是在官僚主义严重的情况下，规模较小的双边自由贸易协定的利用率可能非常低。

作为推动国际和区域生产网络发展的一种方式，仅仅依靠双边自由贸易协定是不够的。为了优化区域生产网络，还需要创建区域自由贸易协定，外向型区域自由贸易协定能最大限度地减少对非合作伙伴的歧视，可采取累计原产地规则，并能开放会员条款，促进国际生产网络的发展。创建区域机构，将推动该地区的一体化进程，到 2030 年及以后，这仍将是大多数 ACI 决策者的重要议题。

7.4.1 区域自由贸易协定和亚洲"新区域主义"

继 20 世纪下半叶多边主义和 21 世纪头十年的双边主义盛行之后，亚洲现在已开始走上所谓的"新区域主义"道路（Plummer，2012）。未来二十年，"新区域主义"将会成为亚洲的主要焦点。

2004 年，当东盟各国和中国、日本和韩国三国的财政部长委托开展一项关于东亚自由贸易协定（EAFTA）的可行性研究时，亚洲的新区域主义就已经基本成型了。2006 年 9 月，专家向东盟 + 3 的财政部长提出建议，认为应当扩大 EAFTA 的范围，提高其标准，并将其作为单一任务进行协商和施行。他们建议东盟 + 3 各国首先要建立一个自由贸易区，然后将其扩展到该区域其他国家（Joint Expert Group for Feasibility Study on EAFTA，2006）。东盟 + 3 国家领导人并没有立即采取此建议。2009 年的后续研究（Joint Expert Group on EAFTA Phase Ⅱ Study，2009）提出了一个更渐进的方式，首先将现有的双边自由贸易协定整合为一个区域性自由贸易协定，并创建统一的原产地规则体系。制定实施具体的贸易和投资便利措施十分重要，这有助于其成员充分认识东亚自由贸易协定带来的益处。

日本提出了一个备选方案。该方案提倡在东亚峰会框架的基础上建立全面的经济伙伴关系，即东亚全面经济伙伴关系（CEPEA）。2006 年，东亚峰会的领导人同意开展 CEPEA 的可行性研究。2008 年 7 月，一个专家组完成了该报告，并在东亚峰会部长会议上作了汇报。该报告建议 CEPEA 应该为区域融合提供一个更加宽广的框架。并指出应当优先以自由贸易协定为核心开展经济合作，合作范围涵盖投资便利化、贸易自由化、环境、能源、信息和通信技术等方面（CEPEA Phase I Study Group，

2008）。随后的 CEPEA 二期研究报告（East Asia Summit，2009）指出，如果将印度吸收进来，建立更全面的区域经济伙伴关系，将比其他区域架构带来更多的好处。二期研究提出了 CEPEA 的发展目标，即通过经济合作、贸易和投资自由化以及制度发展来深化经济一体化，缩小发展差距，实现可持续发展。

东亚自由贸易区的讨论已经被其他项目所取代。一种新的安排已经出现，这就是区域全面经济伙伴关系协定（RCEP）。RCEP 成员国包括十个东盟成员国以及东盟的六个对话伙伴国（澳大利亚、中国、印度、日本、韩国和新西兰）（背景方框 7.1）。2013 年这十六国开始协商，并计划于 2015 年完成该谈判。

跨太平洋伙伴关系协定（TPP）自 2008 年 10 月启动后，就一直保持良好态势。TPP 的前身是 P4（跨太平洋战略经济伙伴协定），由新西兰、新加坡、智利和文莱四个开放的小型经济体发起。随着 TPP 的发展，参与国由原来的四国增为九国，新增了美国、澳大利亚、马来西亚、越南和秘鲁。其后，2012 年 10 月，加拿大和墨西哥正式加入 TPP 协商谈判，2013 年 6 月，日本也正式加入。

TPP 特色鲜明，这不仅仅表现在成员国发展水平的巨大差异上，它既有秘鲁和越南这类中低收入的发展中国家，也有美国和加拿大这类高收入、发达的经济合作与发展组织成员国。而且还表现在其雄心上，TPP 希望成为 21 世纪的全面协定，涉及领域不仅包括货物、服务、贸易、科学技术，还包括中小型企业政策。此外，它还包括一些难以谈判的条款和边境措施。跨太平洋伙伴关系协定成员国对所有 APEC 成员开放。事实上，它的终极目标是建立一个包含所有 APEC 成员方的亚太自由贸易区（FTAAP）。APEC 领导人在 2010 年横滨峰会上表示，将充分利用东亚自由贸易协定（EAFTA）和跨太平洋伙伴关系协定（TPP），推动亚太自由贸易区（FTAAP）建设。RCEP 和 TPP 有很多共同成员国。

为估算出亚洲轨道和 TPP 作为创建跨太平洋贸易区的途径所产生的经济影响，Petri，Plummer 和 Zhai（2011）使用了一项高级的可计算的一般均衡（CGE）建模方法。亚洲轨道假设中国、日本和韩国在 2012 年达成东亚自由贸易协定，2015 年达成自由贸易协定（东盟 +3）。至于跨太平洋轨道，他们假设在 2012 年达成 TPP9 协定，到 2015 年时，日本、韩国、加拿大和墨西哥也已加入其中。他们设想这两个轨道将会在 2020 年促成亚太自由贸易协定。这两个轨道都将给世界经济带来收益，尽管初期收益较小，但是到2025 年，TPP 轨道每年的福利收益将会增加到 1040 亿美元，两个轨道的总收益将达到 3030 亿美元，亚太自由贸易协定的收益将达到 8620 亿美元。有趣的是，两个轨道合并时，最大收益产生累积效应。从本质上看，这一结果是由于中国和美国都加入了同一协定。

未来十年内，TPP 和 RCEP 发展前景十分可观。如果这些轨道都能尽快实施，亚太自由贸易协定的中期目标就能更快实现。不过，中美贸易关系仍然是主要障碍。但是值得强调的是，中国和美国将会是亚太自由贸易协定情境下最大的赢家。两国将不断在外交和政治目标上达成共识。

印度应如何融入亚洲新区域主义，这一点值得深思。如上所述，印度是亚欧会议（ASEM）、区域全面经济伙伴关系协定（RCEP）和东亚峰会（EAS）的成员之一，并且已经同一些区域全面经济伙伴关系协定的经济体签署了双边贸易协定。但是它既不是 APCE 成员方，也不是东盟 + 3 的成员国。如果印度希望加入这些轨道，美国将会欢迎，它是 TPP 进程的领导者；中国和日本也会十分欢迎，两国是亚洲轨道的领导者。两个协定都以"开放的区域主义"为理念，所有成员方都支持志同道合的国家和地区加入进来。更难的问题在于印度是否会接受这些轨道的法律框架。深层次的境内问题——尤其在跨太平洋伙伴关系协定内——可能会触动印度的政治神经。另外，在加入跨太平洋伙伴关系协定或者亚太自由贸易协定之前，印度可能首先会加入亚太经合组织。

印度是一个特例。印度经济已经从大幅削减工业关税中收获了巨大利益。但是在市场准入的谈判中，它仍然固守特殊的差别待遇原则。印度反对农业贸易实现自由化，并回避原来包含在多哈发展议程内的其他新的境内壁垒问题，例如政府采购透明化和竞争政策。印度拒绝将劳工和环境标准纳入贸易协定，认为这是对发达国家的变相保护。此外，印度还拒绝更加深化的知识产权条款和金融服务自由化。其中一些问题已经纳入 RCEP 的讨论议题范围，所有问题都将在 TPP 谈判中进行协商。

印度加入 RCEP 表明其在区域融合方面已经采取了积极的态度。然而，要使当地企业从区域融合中获益，印度政府还需要作出更多努力。政府需要在改革和基础设施建设方面加大投资，支持并帮助当地企业在更加国际化的环境中蓬勃发展。同时，印度企业也需要在新技术和体制方面加大投入，增强全球竞争力。

7.4.2 金融合作机构的雏形

与金融安排相比，亚洲正式贸易协定不仅数量更多，发展程度也更加先进，同时实体经济和金融业的合作也一直在发展。在其他领域，正常的次序也是贸易合作深化居先，金融合作随后。在某种程度上，这一不同途径不仅反映了亚洲区域主义在亚洲金融危机爆发之后快速发展的事实，还反映了各国普遍认同金融合作的重要作用——它既能提高实体经济竞争力，又能促进经济增长。

1997~1998 年亚洲金融危机之后，东亚国家建立了货币互换机制，这是一个重大进展。互换安排开始于日本和其他国家开展的双边互换协议，随后演变为众所周知的清迈协议。2009 年 5 月在清迈协议多边化机制下，这一协议开始了多边化扩张。目前多边互换协议的价值已经以亚洲基金的形式增加到了 1800 亿美元。2012 年，各国领导人提出将这一基金增加一倍，达到 3600 亿美元。该区域还建立了亚洲债券基金，这一基金的管理得到了国际清算银行、多国财政部长和中央银行集团的支持。2011 年，东盟 +3 在新加坡建立了东盟 +3 宏观经济研究办公室（AMRO），以此作为东盟 +3 的秘书处。随着该秘书处的出现，清迈协议多边化机制开始具备了亚洲货币基金的特征，而成立亚洲货币基金的主张最早由日本在 1998 年亚洲金融危机期间提出。

一些论坛致力于推动亚太地区对话、信息交流和技术互动，尽管在为应用金融合作提供具体措施方面，它们比清迈协议略显逊色。东亚及太平洋地区中央银行行长会议是一个区域性中央银行论坛，也是重要的机构。其他区域合作集团还有东盟 +3 财政部长会议和 APEC 财政部长会议进程。东盟 +3 财政部长会议创建于亚洲金融危机期间，主要关注金融业合作、资本流动监管和政策对话。经济监测与政策对话机制的建立主要是为了加强区域监管，促进区域和全球性经济发展对话。2005 年 5 月，东盟 +3 财政部长将经济监测与政策对话机制和清迈协议框架进行了整合并完善。

关于东盟内部合作，东盟经济共同体蓝图①划定了四个主要领域：（1）建立单一市场和生产基地；（2）提高本区域的经济竞争力；（3）创造均富发展；（4）加强全球经济融合。资本市场相关的措施包含在"单一市场和产

---

① 2007 年 11 月 20 日，东盟各国领导人正式批准东盟经济共同体蓝图（ASEAN，2007b）。

品基地"以及"资本自由流动"的承诺中。事实上，最具体的措施与培育国内资本市场有关，而不是区域性一体化市场。这个蓝图包括制定一致的标准，有关拓宽东盟债券发行基础的措施和一些方面的相互认同，如对区域内专业人才的互认。然而，这一方法十分谨慎。该蓝图指出应维护经济稳定，采取充分的保障措施并稳妥推进金融自由化。

1997~1998 亚洲金融危机期间，亚洲开发银行就与受金融危机影响的经济体一起建立了东盟监督进程（ASP），该进程旨在监控东盟国家的基本经济要素，提供早期预警机制。亚洲开发银行在监督进程方面进行了巨大投入，例如提高财政部和中央银行员工的能力。亚洲开发银行还建立了亚洲债券监测机制，这一监测机制不仅能够追踪亚洲债券市场的活动，而且也能够追踪影响该活动的基本经济因素。

2008 年 9 月，亚洲开发银行行长黑田东彦提出建立亚洲金融稳定对话（AFSD）。这一对话将会成为区域金融稳定委员会的补充，它包括来自财政部门和中央银行的官员、财政监管者，以及市场参与者。扩大、深化东盟监督进程的活动，并将其活动嵌入更加全面的亚洲金融稳定对话中，有很多用途。第一，它将有效实现该区域财政部和中央银行之间的信息共享，并促进其讨论。这将有助于制定宏观经济规划，尤其是有利于应对潜在的不利活动。第二，一个有效的监控系统将会提高透明度、减少市场的不确定性。第三，对于那些需要解决潜在的宏观经济问题的经济体，它可以被用于施加同行压力。第四，它有助于该区域形成一致立场，减少外部失衡。第五，在出现经济冲击和危机时，它有助于政府对刺激计划和其他应对措施作出调整。第五，亚洲金融稳定对话对于加强区域金融一体化是一个重要媒介。

7.4.3 ACI、新区域主义和欧债危机

欧债危机正在影响 ACI 地区的经济增长率。总体来看，欧盟是世界上最大的经济区域，十七个欧元区国家构成了欧盟经济最大的份额。欧盟占中国出口总额的 19%，印度出口总额的 21%，东盟则是 11%，三者都高于美国市场的对应份额（ADB，2011a）。欧盟是重要的全球金融中心，它为大量的亚洲储蓄发挥金融中介的作用。另外，欧盟也是世界上重要的私人贸易融资来源（尤其是法国诸银行）。

理论上，欧债危机可能会对亚洲的合作势头产生不利影响，其中至少在两方面对 ACI 经济体有影响。第一，鉴于经济和政治原因，贸易自由化在

危机中发展艰难。加强贸易保护主义、以邻为壑的政策在经济放缓时期极具诱惑力，1930 年美国的斯穆特 – 霍利关税法加重了大萧条就是一例。自从 2008 年全球金融危机爆发以来，消除这一诱惑就成为参加各大国际会议领导者的重要目标，例如八国集团、二十国集团和世界贸易组织成员方的领导人，以及经济合作与发展组织的各国部长。这一努力已经取得成功。

第二，可能更为重要的是，欧债危机已经被错误地视为经济合作危机。这一危机被描绘成欧洲一体化因不堪重负而瓦解的标志，其未来前景将是逐步分裂，而非一体化。果真如此的话，难道 ACI 不会尽力避免自身陷入双边和区域合作的陷阱吗？

这种看法混淆了很多问题。最重要的是，通过单一市场推动的欧盟实体经济融合已经取得了巨大的成功，欧洲的问题起源于金融。欧元产生了许多"道德风险"问题。为解决这一危机，专家们提出了许多处理措施，其中之一就是发行欧元区债券。然而，仅有这些措施是远远不够的。换言之，欧债危机的核心不是过度合作，而是经济合作和制度建设不充分，以至于在应对货币联盟问题时捉襟见肘。

尽管有一些关于在东盟或东盟 + 3 建立货币联盟的提议，但 ACI 领导人从未设想统一货币，至少在近期或中期不会，很明显欧债危机将会进一步推迟这一考虑。然而，如第六章所讨论的，这并不意味着各国应该放弃某些形式的货币和金融合作。即使没有建立统一货币的想法，或者固执地坚持统一货币是最后的步骤，各国仍然可以在很多领域开展金融和货币合作。

此外，欧洲共同市场的成功证明了实体经济合作能够带来潜在益处。到目前为止，ACI 区域正式合作中最普遍的建议就是开展自由贸易协定的双边、次区域和区域合作，涉及几乎全部实体经济领域。东盟经济共同体还牢牢根植于实体经济合作中。关于金融合作的设想还不成熟，比如在增加跨境债券发行和帮助成员国促进金融发展的措施等方面。

因此，欧洲经济合作为亚洲进行合作作了积极示范。然而，还有一个问题是，长期的经济放缓如何影响该区域的合作趋势？Plummer（2009）通过将全球危机对经济合作的潜在影响进行分类解决了这一问题。他指出，更紧密合作而导致失业的政治问题虽然会使这一进程放缓，但危机期间经济增长率仍然非常高，这有效降低了这一影响。而且，亚洲区域主义由市场驱动，而且有助于增强竞争，这实际上预示了未来的合作安排。

7.5 迈向一体化的 ACI

全球经济的进一步融合以及 ACI 经济体之间更深层次的相互依存，突显了在贸易、投资、金融和环境等领域展开更紧密合作的重要性。要将本区域丰富多彩的文化同经济优势相结合，实现完全融合，的确很难。在很多关键领域，亚洲发展中经济体的利益各不相同，有些现有的经济关系已经形成了几十年。但是，上文我们提到，ACI 经济体之间加强合作可带来巨大的经济和战略利益。

一体化将会带来巨大的收益，这种收益会催生大转型。在统一的法规下，货物、资金、知识和人员的自由流动能够使工业和金融市场达到规模效应，从而极大提高效率，增强全球竞争力。ACI 拥有大量熟练和非熟练劳工。因此，当发达经济体不断致力于提供高价值的服务和创造知识产权时，我们有充分的理由相信该地区预计仍将是全球制造中心，向全球提供广泛的贸易货物和服务。从大众消费的产品到技术先进的生产资料，ACI 仍将在所有产品上具有竞争力。国际生产网络是 ACI 各国经济互动的支柱，服务业在连接国际生产网络方面发挥着日益重要的作用。而该区域也在各种服务领域颇具竞争力。

在全球和区域贸易协商方面，这些大趋势为 ACI 经济体的往来带来了一些影响。为了积极参与全球治理，为本区域创造更大收益，并与其在全球经济中日益凸显的重要性相称，ACI 应当在以下国际金融机构中发挥更重要的作用，如国际货币基金组织与世界银行，以及二十国集团与金融稳定委员会等相关咨询论坛。另外，鉴于建立一个平等的、规范的、无歧视的国际贸易体系的重要性，强化世界贸易组织并重启多哈发展议程，符合所有 ACI 经济体的利益。ACI 将积极参与世界贸易组织进程中可能出现的协定，例如服务多边协定等。如果没有强大的世界贸易组织，区域主义将会对国际贸易体系的完整性带来威胁，所以强调这一点十分重要。

ACI 一体化无疑会带来创新、创业，促进文化发展，这将会使 ACI 在未来几十年保持经济活力，为区域内大多数人口带来繁荣。在应对区域普遍的经济、环境和社会挑战时，ACI 也将更加得心应手。

在没有强大机构的情况下，迄今 ACI 地区已经成功地促进了经济增长。但是，如果该区域要达到预期目标，未来可能需要更加一致的努力。当然，这些机构的结构会发生变化，因为构成 ACI 的国家是多种多样的。但是，彼此合作的空间仍然很大。ACI 经济体将在有关贸易和金融的国际机构中发挥强大的作用，从而与其在全球经济中的地位相称。

本章在通过完善各类机构来加强合作方面提供了一些具体的建议。并强调新区域主义对 ACI 经济体的重要性，并指出亚洲轨道将深化东盟 +6 自由贸易协定，吸容所有 ACI 经济体，从而产生重大的经济效益，促进和提高各个层次的经济互动。另外，鉴于金融对 ACI 各国经济发展的重要性，因此必须完善并扩大一般金融领域内的合作论坛和其他机构，例如清迈协议多边化机制（CMIM）、东盟 +3 宏观经济研究办公室（AMRO）、亚洲金融稳定对话（AFSD）和东亚及太平洋地区中央银行行长会议（EMEAP）。另外，对这一区域而言，环境问题变得日益重要。但是解决这些问题的区域机构一直进展很慢。我们强调，对区域内大型环境项目进行投资十分重要，这些项目可由亚洲环境基金支持，并可利用其他金融渠道获得支持，如亚洲开发银行。

未来增长和发展的前景可能会取决于是否主动参与创新。在全球和区域层面建立这些机构的动机十分强大，区域决策者也将应对自如，我们对此保持乐观。ACI 区域也将成为维护全球安全稳定和促进繁荣的强大力量。

第八章

---❧❦❧---

结论和建议

8.1 介绍

经过五十年的显著增长，东盟十国、中国和印度（三者合称为 ACI 经济体）正处于大转型的关键时期，一旦转型成功，它们将成为全球经济中心。这十二个充满活力、发展迅速的发展中国家正在通过贸易、投资和基础设施建设实现融合，直至 2030 年，其融合进程可能会一直加快。如何确保经济增长的弹性、平衡性以及可持续性，这是一个挑战。

本研究认为，大转型具有吸引力，也可能实现，但不是必然的。本研究经确认和分析认为，中期所要面临的风险和挑战不仅包括如何保持快速增长，而且包括如何将这种增长转化为该区域大多数人口更好的生活质量。

尽管 ACI 经济体遭受了 2008～2009 年全球金融危机，但在危机过后，该区域经济仍然快速恢复，并保持稳定。该地区避免了流动性危机，保持了经济增长，这得益于该地区实施的一系列有效措施，例如对基础设施建设进行大规模财政刺激，实行宽松的货币政策和信贷政策，为银行存款提供充足的政府担保等。

尽管 ACI 国家的短期审慎政策值得赞许，但是，中期来看，他们必须抓紧投资、推动改革，从而进一步推动经济发展。他们必须加快提高生产率、在人力资本和科技领域进行投资，刺激国内需求。做出正确调整的 ACI 国家，未来几十年将能保持经济强劲增长；未能作出及时调整的国家，将可能陷入中等收入陷阱。在欧洲，债务危机引起的经济不确定性再次威胁全球的经济增长，世界正翘首以盼 ACI 充当经济增长的引擎。因此，在这个时候研究 ACI 经济体及其未来前景至关重要。

一项关于亚洲崛起的研究表明，到 2050 年，亚洲主要新兴经济体可以达到发达国家现在的繁荣程度，各国可充满信心地以此为发展目标。为此，亚洲需要管理多种风险，应对多种挑战（Kohli, Sharma, and Sood, 2011）。

8.2 主要发现

到 2030 年，ACI 预计会实现强劲的经济增长。那时的 ACI 会使数亿人民摆脱赤困，提高基本生活水平，进一步实现区域内的经济、金融和社会融合。全球经济重心转向 ACI 意味着大转型将会影响整个世界。作为消费者、投资者和各类全球机构的积极参与者，ACI 经济体将日益形成货物和服务的全球市场，并对能源、金融稳定和安全方面面临的挑战率先作出回应。

然而，要发挥它的潜力，ACI 经济体仅仅保持高经济增长是不够的。经济增长的质量，以及该区域人口在多大程度上能享受到经济增长所带来的利益和机会，这具有更加重要的意义。ACI 也必须安然度过经济、社会和政治稳定所面临的诸多巨大挑战和潜在威胁。

这些挑战包括一系列风险，如贸易保护主义、生产率增长放缓、区域主要出口市场衰退、货币冲突、自然资源匮乏、内部不稳定以及环境和气候恶化等。本研究总结认为，ACI 经济体拥有相当的资源、专业技术和政治意愿来共同应对这些挑战，但是它需要 ACI 经济体同世界其他地区加强合作，增加伙伴关系。本研究发现，由于规模庞大、增长率异常之高以及依存程度日益紧密，未来二十年，通过实现向包容、绿色和知识导向型经济增长模式的转变，有效处理主要挑战和风险，ACI 经济体有机会彻底改变 30 亿居民的生活。

背景方框 8.1 总结了本研究的主要发现。

背景方框 8.1：主要发现——2030 年的 ACI

1. ACI 经济体准备在提高人民生活质量上获得空前的进步。这会转化为购买力的提高以及更好的基础服务，如教育、健康、水、电和医疗卫生服务。6 亿人即将摆脱极端贫困（按照每天 1.25 美元或更少的收入算），赤贫人口数量占总人口的比例将减少至不足 1%。在印度，64%的人口将步入中产阶级，日收入达 10 美元到 100 美元不等（按购买力平价计算）。在东盟，这一比例将达到 69%，中国将达到79%。

2. 除非经济增长更具包容性，否则收入差距、社会排斥和基础服务准入不平等现象还会继续存在，并破坏社会团结和稳定。由此引发的冲突会给 ACI 区域内外的国家带来严重后果。

3. ACI 经济体正在朝世界领先的消费者、生产者、储蓄者、投资者和金融家之路迈进。

◇ 中国预计会成为一个高收入国家，其人均收入将达到约26000 美元（按照 2005 年购买力平价计算）。印度和东盟将会接近高收入国家水平，其人均收入将分别达到约 11000 美元和 12000 美元（按照 2005 年购买力平价计算）。

4. ACI 各国国内生产总值之和将会翻两番，按购买力平价计算，将占世界产出的 40%（2010 年为 24%），按市场价格计算，将占世界产出的 28%（2010 年为 15%）。这要比美国和欧盟加起来的产出还要多。

◇ 占世界投资的份额预计会从 2010 年的 24% 提高至 38%。按市场价格计算，占全球消耗份额将从 11% 攀升到 27%。

5. ACI 对于水和能源的需求预计也会出现惊人的增长。

◇ 同 2009 年相比，ACI 对初级能源的需求将会翻一番。与2010 年相比，中国的需求将翻一番，然而印度的需求将增长近 2 倍，东盟将增加 1.5 倍。

◇ 中国的缺水量（按需求的百分比计算）预计将达 25%（1990 亿立方米）。印度的缺水量将达到需求量的 50%（7540 亿立方米）。

6. 二氧化碳排放量将增加 1 倍，是发达国家排放量的 2 倍。除非解决这一问题，否则这些趋势将会加剧全球环境风险和地缘政治压力。

7. 面临的严峻挑战和风险会破坏 ACI 的转型。

◇ 不利的情境包括中等收入陷阱、ACI 和发达经济体的生产率增长明显放缓、食品和商品价格上涨、排放增加、分配问题增多以及 ACI 主要出口市场的贸易保护主义等。

◇ 在不利的全球政治或经济局势下，生产率、食品、能源和环境共同产生的冲击可能会使 ACI 的经济增长降低到 4.4%，比基线估算的 6.9% 低 2.5 个百分点。

8. 通过贸易协定推动自由化，深化区域和全球经济一体化将在基线水平上增加 5~10 个百分点的区域收入。全球贸易自由化将使世界收入增加 7%，ACI 区域收入增加 10%。世界贸易将增加 19%，印度的贸易总额将增加 66%，中国增加 37%，东盟增加 21%。区域和全球贸易协定对增长率的影响将分别超过基线 0.12 个百分点和 0.50 个百分点。

9. 但是大转型也需要更加复杂、更具包容性的金融业，以支持实体经济发展，满足基础设施发展需要。

◇ 2010 年，ACI 银行储蓄占世界总额的 24%，到 2030 年，这一比例预计将增加约 1 倍，达到世界总额的 44%。

◇ 同 2010 年 17% 的份额相比，ACI 在全球私人银行信贷和股市资本化的份额也将增加约 1 倍，占全球份额的 33%。

◇ 对于长期投资来说，ACI 私人债券市场十分关键，其比例将从 2010 年不足世界总额的 4% 提高到 14%，增加 2 倍多。

◇ ACI 区域的主要货币，尤其是人民币，将被广泛持有并交易。

来源：作者编写。

8.3 主要的发展挑战

到 2030 年，ACI 区域持续的经济增长将会使一系列的挑战恶化，这些挑战将会破坏社会经济发展。尽管这些风险普遍存在于整个区域，但是东盟、中国和印度所面临的主要挑战和政策优先选项各有不同（表 8.1）。本研究着重指出了如下几项重大挑战：

减少收入不平衡和社会排斥。ACI 之间的贫富差距正在拉大，区域内大部分人口仍旧生活在极端贫困的状态，基础设施（水、电和交通等）、医疗服务和教育基础服务供应十分匮乏或根本没有。社会不平等和排斥现象仍然是十分严重的问题。如果不妥善解决这些问题，社会收入群体之间以及城乡之间差距将会拉大，出现经济潜力受挫、政治环境恶化、社会凝聚力下降，从而导致社会冲突，对经济稳定造成严重威胁。

提高生产率和增长新引擎。20 世纪 90 年代以来驱动 ACI 经济迅速增长的动力在接下来的几十年里可能不复存在。到 2030 年，一些国家，如中国、新加坡和马来西亚的人口红利期（年轻劳动力占很大比例的时期）将结束，继而这些国家将面临适龄工作人群减少的新挑战。由于全球经济可能衰退，经济全球化的速度可能会减缓，多边贸易谈判也可能陷入僵局。为达到长期经济增长目标，ACI 经济体必须极力加快生产率增长、培养新增长引擎以替代那些失去全球竞争力的增长引擎。提高投资效率也至关重要，尤其是对中国而言。

管理资源和环境管理。在 ACI 地区，对生活质量和可持续发展造成最严重威胁的一些因素是能源和淡水供应不足、可耕地减少以及污染日益加重。多数 ACI 经济体在全球能效标准方面排名十分落后，他们是全球最大的温室气体排放源。这一地区已经达到缺水警戒，有 8000 万人缺乏淡水供应，而且未来的消耗需求还会远远超出供给。工业活动不断攀升的需求、不断增加的人口和愈来愈多全球气候变化的证据，等等，迫使政府更加迫切地寻找有效的途径，以对资源和环境进行有效管理。能源和水资源安全对食品安全也具有深远的意义。空气和水污染恶化会对健康造成不利影响。ACI 经济体必须转向绿色发展战略，即更加依赖可再生清洁能源、更加高效使用自然资源。

加强并改革金融业。如果 ACI 经济体要将其庞大的储蓄池更加有效地调动到生产性投资中，进而保持经济强劲增长并达到更高的生活标准，那么更深层次、更复杂的金融市场和资本市场是必不可少的。金融体系必须通过扩大当地私有货币债券市场、增加创新型金融工具的使用、减少对银行贷款的依赖。要使金融服务更加广泛更加经济实惠地惠及小企业和消费者，则需要进行改革。而要满足区域内日益增加的中产阶级的投资需求，就需要进一步的金融服务。要使整个区域在全球金融危机期间更加具有弹性，需要更加有力的资本市场监管。推进以市场为基础的改革和融合，使 ACI 资本市场达到所需的规模，从而降低交易成本、减少市场扭曲、提高资源配置、保持稳定，加强区域合作也十分必要。

加强区域合作与融合。ACI 经济体的集体行动十分关键，因为它们经济活力的很多方面都依靠区域联系。维持和建设亲密无间的区域经济体，则需要在商业、基础设施、环境和安全挑战等领域开展政府间合作与支持。同样，为了规范竞争、化解纠纷和避免对抗，建立共同的规则和程序将十分必要。

尽管 ACI 的市场越来越一体化，然而就实质问题开展合作的正式机构却寥寥无几。同时，ACI 经济体在有关贸易、金融、环境和健康等领域的主要全球性机构中一直处在旁观的位置。随着 ACI 经济体在全球经济中的地位提升，经济相互依赖程度加深，应对共同挑战更加紧迫，这就要求在该区域内以及在全球机构中开展更深层次的区域合作。该地区还必须在供应公共产品上扮演更积极的角色。积极推动货物和服务自由贸易发展符合 ACI 经济体的自身利益，因为它既要开拓新市场，又要满足越来越富裕的消费者需求。

加强政府治理和提高制度质量。为了有效应对上述挑战，ACI 各国须加强政府治理、完善责任制度，并提高效率。必须根除腐败以实现经济快速、包容性增长，并有效改善民生。2010 年政府治理指标表明，ACI 经济体需要在话语权和问责制、政治稳定、个人安全、监管质量、法治及政府效率等方面改善治理。

8.4 应对 ACI 所面临的主要挑战

到 2030 年，ACI 区域需要具有成熟且创新的政策以应对各种挑战和风险。有效应对这些挑战也需要稳定的经济和金融、强大的社会凝聚力和高层次的合作。

本书建议从国家和地区层面出发，明确政策、策略及发展重点来应对这些挑战。它提供了一个解决方案，通过区域和全球一体化形成风险管理的有效协作方法。ACI 地区参与本研究的学者和专家，厘清了东盟、中国和印度共同面临的重大特殊挑战。表 8.1 对这些挑战进行总结。《东盟 2030》（ADBI，2014）对东盟各国面临的不同挑战作了一一陈述。

表8.1 ACI 经济体面临的共同挑战及特殊挑战

<table>
<tr>
<td rowspan="3">共同
挑战</td>
<td colspan="6">
· 减少经济、社会不平等和排斥
· 提高生产率、增强技术开发和创新
· 管理资源安全和环境
· 加强并改革金融业以及宏观经济合作
· 加强区域和全球合作一体化
· 加强治理、责任和制度有效性
</td>
</tr>
</table>

<table>
<tr>
<td rowspan="4">特殊
挑战</td>
<td></td>
<td colspan="3">主要挑战</td>
<td colspan="2">次要挑战</td>
</tr>
<tr>
<td>中国</td>
<td>管理资源安全和环境可持续性</td>
<td>减轻对外部需求的过度依赖</td>
<td>加强治理、责任和制度有效性</td>
<td>提高生产率，增强创新、技术开发和投资效率</td>
<td>减少经济、社会不平等和排斥</td>
<td>加强并改革金融业以及宏观经济合作</td>
</tr>
<tr>
<td>印度</td>
<td>减少经济、社会不平等和排斥</td>
<td>管理资源安全和环境可持续性</td>
<td>促进软件（尤其是人力资本开发）和硬件基础设施开发及互联互通</td>
<td>加强治理、责任和制度有效性</td>
<td>提高生产率、技术开发和创新</td>
<td>加强并改革金融业以及宏观经济合作</td>
</tr>
<tr>
<td>东盟</td>
<td>建立竞争性和创新性的区域</td>
<td>促进经济收敛及公平的经济增长</td>
<td>培育自然资源及环境可持续发展</td>
<td>管理宏观经济，促进金融稳定</td>
<td>发展人力资本，改善劳动力市场状况</td>
<td>提高制度效率，改善治理</td>
</tr>
</table>

来源：参与本研究学者的反馈。

8.5 国家和区域政策优先选项

针对如何应对解决各国和区域所面临的上述重大挑战，本节介绍了相关的关键政策优先选项（表8.2）。

表8.2 国家和地区政策优先选项

	东盟	中国	印度	ACI 地区
包容性增长和生活质量	加强教育和提升技能 缩小经济体内外部发展差距	发展城市基础设施 优先发展卫生和教育事业 加强安全网建设 为人口老龄化作准备	消除赤贫 扩大教育和其他基础服务 把农村和偏远地区与经济增长中心相连 加强城市基础设施建设	促进交流和流动性 分享政策经验和地区发展最佳实践

	东盟	中国	印度	ACI 地区
生产率	创建一个无国界的经济共同体 加强生产网络建设 促进技术发展	提升科技能力 改进治理方案以提高竞争性的创业市场	发展必要的基础设施 亚洲生产网络一体化 消除 ACI 贸易壁垒	促进自由贸易和经济一体化 筹划区域互联互通项目,资助相关倡议
资源和环境	解决土地退化 促进能效和节能	降低能耗 减少对煤炭的高度依赖 发展绿色产业 改善水资源管理 提高能源效率和节能	发展新能源 节约能源和水资源 减少对煤炭的高度依赖 提高能源效率和节能	协调区域内能源和水资源安全措施 促进技术和管理技能的交流 减缓气候变化
金融和宏观经济	创建区域金融市场一体化 加强宏观经济合作 加强审慎监管	放宽并深化金融市场 制定有效的宏观和微观审慎监管 实现人民币可兑换性 包括不能获得服务的公司和个人	增加国内储蓄和投资 强化财政纪律 包括不能获得服务的公司和个人	加强宏观经济对话 协调宏观和微观审慎调控监管以维护稳定 加强区域金融安全网 发展区域资本市场

来源:作者编写。

8.5.1 提高生活质量

为了控制甚至缩小地区间越来越大的收入和社会差距,ACI 各国发展战略应优先采用包容性增长框架。这种包容性增长框架应该基于三大政策支柱:

* 通过高速、广泛、可持续的增长,创造生产性就业机会。

* 通过对教育、技能发展、医疗保健的投资,扩大机会均等。

* 建立社会保障体系,防止赤贫,降低经济的脆弱性。

目前,某些特定地区的特殊群体正受到经济排斥,ACI 经济体需要针对他们的需求制定相应的策略。成功实施包容性增长政策,还需要加强管理、提升机构质量以及加强公共和私营部门之间的合作。政府可以通过提高人民特别是低收入劳动者的跨国流动性来提高凝聚力、增强包容性,以及改善生活水平。政府还可加强人际间、公民社会以及不同文化之间的交流。投资互联互通基础设施，改革那些不利于人们工作和生活的政策，这也都是必要的。政府可以分享成功的政策经验和区域最佳做法，特别是那些微型和中小型企业发展的经验和做法。这样的发展方式将有助于 ACI 国家把经济收益用来改善人民生活质量，从而增强人民凝聚力。

优先发展选项

中国把提高生活质量作为优先政策，其政策包括发展城市基础设施，提升健康和教育的质量和可及性，减少社会和收入不平等。中国必须加强社会安全网建设，为亿万收入偏低的人提供保障。中国也必须为人口老龄化作准备。印度的当务之急是减少全国大部分地区的极端贫困。印度必须扩大教育和其他基本服务（尤其是农村地区），此外还要加强基础设施建设，把偏远地区人口连接到经济增长中心。印度还必须改善社会服务机构的治理，提升其效力。东盟的优先战略是加强教育和技能培训，以获得更好的经济机会，并通过包容性增长缩小成员国内部及相互间的发展差距。同时，加强治理和问责制，提高制度效率。

8.5.2 强化生产效率和新的经济增长引擎

要实现经济增长、挖掘发展潜力，ACI 必须显著提高现有行业的劳动效率，增强技术研发和创新，并开发新的高价值的经济增长行业。

本研究发现，区域生产网络及其供应链的扩展和深化将成为生产率增长的强大动力。区域生产网络可以通过增加贸易机会、重新平衡该地区的经济增长，使之转向增加国内消费，从而缩小 ACI 经济体内部及相互间的发展差距。通过加入亚洲供应链，那些尚未成为主要制造出口国的经济体，比如印度和低收入的东盟国家，可以吸引那些需要廉价劳动力和其他投入的行业。日本、欧洲和美国的跨国公司对中国和东南亚国家成为主要出口大国至为重要，中国和印度的跨国公司分别在制造业和服务业有很强的实力，两国可以在低收入的 ACI 国家发展供应链。

在食品价格上涨的时代，农业也可以成为增长引擎。在研究和开发、基础设施和运输环节的投资可以提高生产效率，增加农民收入，加强粮食安全。

为了促进交通、通信和绿色能源方面的地域连通性，ACI 这三方面的硬件基础设施投资需求巨大。这些基础设施将加速生产率发展，为新兴产业的出现奠定基础。并将刺激新技术的开发，成为一个强有力的增长催化剂。世界一流的基础设施建设也将大大加强 ACI 和整个地区不同群体间的无缝连接，提高熟练劳动力的流动性，加速知识、最佳实践和资本的传播。联系并不紧密的国家和次区域，如缅甸、东盟岛国和印度的部分地区，将从中获得巨大收益。加强东亚生产者之间的互联互通，也将有利于东亚各国成为区域生产网络的组成节点。

大部分 ACI 区域正处在模仿向创新转变的拐点。但是实现该转变，需要在研究开发和人力资本等多个领域进行投资。这也需要建设完善的生态系统以支持私有企业蓬勃发展。就这一点而言，软件基础设施，如自由透明且有效的管理制度、法律制度、官僚机构和税收制度，与物质基础设施同样重要。在 ACI 区域内，如果允许熟练和非熟练劳动力适时转移到所需地区，生产率将得到大幅度提高。实现从模仿者到创新者的转变——正如韩国在20世纪80年代那样，对中国和东南亚国家（如马来西亚和泰国）而言至关重要，这些地区正在失去传统的低成本劳动力优势。

最后，将 ACI 经济体的巨大市场连接在一起可推动生产率的发展。这一战略需要消除贸易和投资一体化所面临的残余壁垒。通过使公司参与更激烈的竞争，鼓励外国投资，加快产业集群、知识和最佳实践的传播，可推动生产力水平和创新的发展。

优先发展选项

印度最紧迫的发展选项包括发展和完善软硬件基础设施，这对于培育具有全球竞争力的行业、强化区域生产网络和机构的融合具有重要作用。东盟应着眼于建立统一市场，尽快完成东盟经济共同体建设。东盟国家也应巩固自己在区域生产网络和技术升级中的地位。中国的优先发展战略包括提升科技能力，使国内企业能够从模仿者转变为创新者。中国还必须完善政府治理，培育更加激烈的企业市场竞争环境并鼓励私营部门的发展。

8.5.3 资源和环境管理

作为世界上最大的能源消费者和温室气体排放源，ACI 区域可以通过能源的可持续发展，为子孙后代和世界其他地区提供更好的生活质量。因此必须走低碳、资源节约型的发展道路。

为确保能源安全、减少供给冲击，该地区需要加强区域内能源贸易，减少对石油进口的依赖，探索开发清洁能源，提高能源利用效率，加强资源管理。也就是说，要实施鼓励低碳能源发展的政策，比如价格补贴、税收优惠、清洁能源补助或贷款以及生态友好型基础设施投资，这也需要给排放和污染定价。设立碳排放税等政策的代价是昂贵的；然而，有些政策可能是有益的，因为节能可以节约成本，而非增加。在发展新兴绿色产业这场竞争中，从可替代燃料到电动汽车和低碳天然气储备，赢家将会获得丰厚的回报。

为了缓解未来水资源短缺和相关后果（如食品和能源安全）所带来的问题，ACI 需要加强跨国水资源共享中的区域合作，在国家和区域间促进水资源的有效管理。由于不同 ACI 经济体在资源的监管框架和执行机制方面存在差距，因此有必要积极采取区域性政策措施，在提高能力、实施政策和开展项目上对发展中 ACI 经济体给予支持。

ACI 在减缓全球气候变化中必须起到更积极的领导作用。总之，ACI 国家尤其是中国和印度，需要通过多种途径减少二氧化碳排放，例如促进可再生能源发展，建立区域碳交易市场，并在价格、税收、监管以及制定能源和碳交易标准等领域加强区域间合作与协调。该地区应制定技术、最佳实践和管理技能的共享计划。

优先发展选项

中国的当务之急是降低产业的能源密度及其对煤炭发电的高度依赖。中国必须投资绿色产业，改善水资源管理。印度的优先发展选项包括开发新的清洁能源，减少对煤炭的依赖，保护稀缺资源，特别是能源和水资源。东盟应着力解决土地退化问题，提高能效和提倡节能。

8.5.4 为转型提供资金

发展 ACI 的金融业需要全面的努力。这项议程是为了显著提升金融市场的深度、多样性、成熟度，扩大金融市场以支持大型项目投资需求，也让更多的个人和小型企业不仅能享有正规优质的金融服务，也能负担得起这一支出。为调动产业和基础设施等大规模投资所需要的资金，金融业也需要具有创新的工具，强大的国内和区域机构，有效的融资机制，从而更好地为 ACI 庞大的储蓄起到媒介作用。

从系统的角度来看，诸如加强监管、完善监管制度和金融基础设施建设等问题仍有待解决。不健全的金融政策、薄弱的监督管理和轻率的行为会对实体经济产生严重的负面影响。

随着需求变得更大且更复杂，ACI 需要更先进的金融基础设施。吸引信用评级机构更大程度的参与，涵盖更复杂的区域资本市场，包括证券、外汇和衍生品市场等。要改善政府债务管理，升级清算和结算体系。

该区域金融一体化落后于贸易一体化。但是它处于增长态势。要使资本在该区域流通，还需要进一步的努力，例如允许资本跨境流动、协调相关规则和标准，以及排除剩余障碍等。然而随着金融相互依赖程度持续增强，加强合作对维系稳定至关重要。鉴于危机蔓延的风险和持续上升的不确定性，必须尽快加强区域安全网络建设。

由于 ACI 金融市场已经更加一体化和自由化，且外部宏观经济和金融动荡递增，需要建立一个均衡的改革议程，把金融崩溃的风险最小化。ACI 经济体必须改善自身的微观审慎监管、货币政策和宏观审慎政策框架。必须加强监管框架，建设有效的区域金融安全网，如深化和拓展清迈倡议多边化协议。目前，东盟 + 3（东盟加上中国、日本和韩国）的经济金融合作是在东盟 + 3 宏观经济研究办公室（AMRO）协调下进行的。该地区的金融当局应进一步加强此类对话与合作，尤其是要通过扩大和加强 AMRO，来促进宏观经济、汇率以及货币政策领域的对话与合作。

由于中国和印度成为主要贸易伙伴，这就需要两国货币国际化和资本账户自由化，以刺激区域内贸易和投资。为了促进地区和国际金融一体化，增加在 ACI 内部以及与全球其他国家的跨境投资，需要把上海和孟买等主要金融中心打造成地区和国际金融中心。

优先发展选项

东盟的优先发展战略是创建统一的区域金融市场，为地区储蓄更好地发挥金融媒介作用，并加强审慎监管的稳定性。印度亟须的是提高国内储蓄利率，为其庞大的基础设施和工业发展提供资本。目前印度的个人和小型企业只能依靠非正式货币市场或小额信贷机构获取金融服务，为此印度也必须扩大金融服务的可及性。印度也应实现卢比的完全自由兑换。印度需要通过减轻其财政赤字膨胀来维持经济快速增长，吸引外国直接投资，遏制高通胀。中国国有银行主要贷款对象是国有企业，为降低金融体系对其的依赖，中国的首要任务是开放和深化金融市场。中国也必须在全国范围内制定更有效的宏观和微观审慎监管。中国应努力实现人民币完全可兑换，确保那些未得到应有金融服务的公司和个人获取到正规金融服务。

8.6 区域和全球合作的作用

到 2030 年，为了应对关键性的共同挑战和不断加深的 ACI 经济体一体化，需要将双边性、区域性和全球性合作提高到新的水平。对中国和印度这两个新兴超级大国来说，更是如此。

到目前为止，ACI 经济一体化的主导是市场和企业，而不是地区性或全球性机构。的确，与世界其他的国家团体相比，该区域确实是"机构薄弱"。ACI 必须巩固区域性机构，并创建新的机构。各国需要在贸易、金融、资源与环境管理、基础设施建设、能源、水资源和食品安全方面进行协作。背景方框 8.2 展示了六个关键区域性机构提议。但是建设这些机构，未来还有很艰难的工作要做。

该区域的合作架构建立在一个新型的重要范例的基础上，即东盟模式，它已经从一个区域性政治与安全的小型论坛成长为发展中国家最雄心勃勃的一体化计划。下一步就是建成紧密联系的东盟经济共同体（AEC）。AEC 一旦成功，将使东盟比中印两国更具竞争力，而且东盟也能从这两个经济大国的崛起所带来的机遇中受益。

背景方框 8.2：关键的区域性机构

1. 东盟 +6 自由贸易协定或区域全面经济伙伴关系：

东盟 +6 的成员国包括东盟（ASEAN）、中国和印度（统称为 ACI），以及其他的主要经济体，如澳大利亚、日本、韩国和新西兰；建立东盟 +6 深入而全面的自由贸易协定，或是包括东盟 +6 成员国在内的开放的区域全面经济伙伴关系协定（RCEP），可以通过整合现有的双边和多边协议实现，减少由于贸易倡议重叠而导致的混乱；确保该地区能够发挥生产、贸易和投资全球中心的作用。

2. 亚洲环境基金：

由于面临环境与气候变化的挑战，ACI 需要加强合作，并进行大规模投资。新的亚洲环境基金可以为该地区的大规模调整计划的资金募集进行协调。

---

3. 亚洲金融稳定对话：

可以建立一个亚洲金融稳定对话，促进协调、监测区域金融稳定，并提高监管效率和成员国能力。

4. 亚洲货币基金：

亚洲货币基金通过开展区域监测、区域安全网协调以及危机期间的金融和技术援助，来维护区域宏观经济稳定。这样的机构可以以提高现有区域机构和倡议的效率为基础，如清迈倡议多边化、东盟＋3宏观经济研究办公室、经济监测与政策对话机制。

5. 亚洲区域基础设施基金：

提高 ACI 区域的生产率，将其人口与经济活动的主要中心相连，对于能源安全与互联互通十分重要。亚洲区域基础设施基金能满足巨大的区域基础设施需求，促进成员国之间复杂决策过程的完成。

6. 授权并改良的东盟秘书处：

东盟秘书处应得到授权和加强，获得更多的金融和人力资源，承担更多的责任和义务，从而有利于落实东盟内部、ACI 和东盟＋6 的一体化议程。

来源：作者编写。

"东盟模式"可指引 ACI 走向多功能、全区域合作模式，这正是 ACI 区域经济增长所必需的。优先战略包括成功实施东盟－中国服务贸易协议，进一步扩大和深化东盟－印度自由贸易协定（包括服务业在内）。此外，还可以通过深化与亚洲邻国的关系，如日本和韩国，来增强东盟一体化进程。例如，东盟＋3 的金融、汇率和货币合作进程将促进宏观经济相互依存的有效管理并培养互相之间的信任。扩大经济监测与政策对话可以促进这一过程。

在双边自由贸易协定谈判、区域自由贸易协定与多边贸易平台的协调整合中，ACI 可发挥建设性作用。东盟可以协调东盟＋1 自由贸易协定以及其他倡议，这样诸多倡议可以合而为一，从而有利于形成统一区域并创建共同市场。这将有益于 ACI 重新平衡该地区的经济增长，减少过度依赖欧洲和美国而引起的外部冲击。作为高度相互依存的邻国，ACI 各国将创建新的更强大的区域机构，推进经济一体化，并通过区域合作协调贸易、金融、基础设施、环境、能源、水资源和粮食安全等方面的共同利益。

开发并分享消耗资源较少的环保技术，对提高资源利用率和实现绿色增长是至关重要的。由于 ACI 各国气候和地形迥异，开展资源安全和环境可持续的合作研究对所有国家都是有百利而无一害的。

该地区还必须深化与全球机构的关系。由于在全球经济中的作用不断提高，ACI 各国政府必须承担与其经济实力相称的全球领导者的责任。尽管二十国集团已经将亚洲领导人提升到进行全球决策的中央委员会之中，在各类国际机构中，如世界贸易组织、国际货币基金组织、世界银行、二十国集团、联合国和世界卫生组织等，ACI 也必须表现得更加积极主动。ACI 经济体也应努力提高环境可持续性，并减缓气候变化。在需要通过双边、区域和国际对话解决的地缘政治冲突方面，ACI 要与领导人联合起来，确保和平解决。

在代表亚洲的决策过程中，中国和印度需要发挥积极的领导作用。ACI 经济体应该利用中国和印度的谈判实力，在国际平台进行环境和气候变化议程谈判。由于在世界经济中的作用不断提高，该地区也要在决策中承担相应的责任。ACI 经济体有望成为解决地区和全球性问题的领导力量，并提供公共物品、知识和资金帮助。

8.7　为大转型导航

大转型正在进行。关键问题在于经济增长的规模、质量、幅度，以及对副效应的管理。大转型既迎来无限机遇，也面临艰巨挑战。

发掘 ACI 的潜力需要有远见卓识，领导能力，高效的机构，质量管理以及双边性、区域性和全球性的精诚合作。管理和克服关键挑战和风险，需要向包容、绿色和知识型增长范式转变。这将需要在国家和地区层面实施创新、强大且精细的应对政策。

ACI 经济体可以相互借鉴，或向亚洲发达国家学习，如日本和韩国。除此之外，还可向其他地区的发达和新兴经济体学习。针对各自的国情和多样性，每个 ACI 经济体都需要依据自身需求制定政策和制度。从根本上说，持续而快速的改革需要妥善管理并缓解各种风险和挑战，而这需要通过增加经济弹性、完善金融和社会体系、提高国家内部和国家之间的社会凝聚力才能实现。这还需要在区域和全球范围内加强合作协同，建立伙伴关系，制定高效的政策和制度，从而管理深层次的相互依赖，防止冲突。

本研究所述之议程既雄心勃勃，又充满风险。本书对 ACI 面临的重大挑战作了一一阐述，一是如何提高生活质量、发展生产力；二是如何管理资源治理和环境；三是如何升级金融系统；四是如何将区域性和全球性合作制度化。ACI 应对这四个挑战的表现，将决定其是否可以一直到 2030 年都保持自身强劲、平衡、有弹性且持续性的增长。ACI 经济体的成功将会泽及后代。

在亚洲创造经济奇迹的时代，政府都在其中发挥了积极、有利、微妙的作用。亚洲各国政府普遍为经济活动提供了稳定的市场环境。同时，一旦市场失灵，他们必须解决协调性问题，引导经济主体承担正反外部效应，从而保证自己在提供公共产品方面起带头作用。ACI 应培养一种制定、实施、监测弹性和平衡增长所需政策的能力。

ACI 的转型与各国政府所发挥的关键却有限的作用有关，一方面在于回顾并利用成功经济体的经验教训，另一方面在于评估未来的经济环境。各国政府需要创造适宜的商业环境，以利于私营部门在主要工业领域中发挥领导作用。

令人欣慰的是，ACI 有丰富的金融资源、经济领导、企业家和人才来实现这一议程。在此之前，从没有哪个经济体拥有如此丰富的资源，这就是为什么 ACI 经济体的成功所带来的预期回报会如此丰厚。

该地区也受益于前所未有的良好发展势头。即使 ACI 无法达到本书预期的发展程度，在 2030 年，他们也会比之前繁荣富强得多。他们将使数以亿计的人口从贫困状态一举跃入中产阶级，甚至更高阶层。鉴于发达国家经济的放缓，为了建设和平、繁荣、稳定、和谐的亚洲和世界，是时候由中国、印度和东盟等亚洲主要新兴经济体在区域和全球经济中发挥领导作用了。

附　录

ACI 研究背景文献

主旨问题背景文献	作者
Achieving Social Inclusion in ACI Economies with a Special Reference to India	Partha Gangopadhay and Biswa Nath Bhattacharyay
Agriculture and Food Security in ACI	Kym Anderson and Anna Strutt
Asia's Wicked Environmental Problems: Challenges and Solutions for ACI	Stephen Howes and Paul Wyrwoll
Deepening and Expanding Manufacturing Production Networks in ACI	Shujiro Urata
Demographics and Labor Mobility and Productivity in ACI	Edgar Wilson, Reetu Verma, and Kankesu Jayanthakumaran
Developing Infrastructure Networks across ACI	Manmohan Parkash and Biswa Nath Bhattacharyay
Emerging Trends in Geopolitical Situation and Security in ACI	C. Raja Mohan
Energy and Water Security Outlook for a Green and Sustainable ACI	Ying Fan and Biswa Nath Bhattacharyay
Financial Inclusion and Access in ACI	Noritaka Akamatsu and Qifeng Zhang
Financial Infrastructure in ACI	Peter J. Morgan and Mario B. Lamberte
Impact and Implications of ACI Growth	Robert Z. Lawrence

主旨问题背景文献	作者
Impact of Production Linkages on Industrial Upgrading in ACI Countries	Tomohiro Machikita and Yasushi Ueki
Improving the Quality of Life in ACI	Juzhong Zhuang and Yoko Niimi
Infrastructure Connectivity through Transport/Economic Corridors in ACI	Atsushi Masuda and Biswa Nath Bhattacharyay
Integrating India to Asian Production Network: Prospects and Challenges for ACI	Biswajit Nag, Biswa Nath Bhattacharyay, and Debdeep Dey
Knowledge, Innovation, and Technology in ACI	Albert Guangzhou Hu
Managing Energy Resources and the Environment in ACI	Sa y a Aftab and Jörn Brömmelhörster
Navigating in a Changing World: Quantitative Scenarios of ACI through 2030	Peter A. Petri and Fan Zhai
Patterns of Trade, Comparative Advantage, and Productivity in ACI	Miaojie Yu
Forging Closer International and Regional Cooperation—A Chinese Perspective	Yunling Zhang and Shen Minghui
Services as a New Engine of Growth for ACI	Ben Shepherd and Gloria Pasadilla
The Role of Production Networks in ACI's Economic Development	Willem Thorbecke and Biswa Nath Bhattacharyay
The Role of Technology in Asian Electronics Production Networks: Firm-Level Analysis of ACI	Ganeshan Wignaraja
Vision of ACI in 2030	Justin Yifu Lin and Peter A. Petri

参考文献[*]

Abidin, M. Z. 2010. Fiscal Policy Coordination in Asia: East Asian Infrastructure Investment Fund. ADBI Working Paper 232. Tokyo: Asian Development Bank Institute.

Adams, C. 2010. The Role of the State in Managing and Forestalling Systemic Financial Crises: Some Issues and Perspectives. ADBI Working Paper 242. Tokyo: Asian Development Bank Institute.

Aizenman, J., M. Chinn, and H. Ito. 2008. Assessing the Emerging Global Financial Architecture: Measuring the Trilemma's Configurations over Time. NBER Working Paper Series No. 14533. Cambridge, MA: National Bureau of Economic Research.

Ali, I., and J. Zhuang. 2007. Inclusive Growth toward a Prosperous Asia: Policy Implications. ERD Working Paper Series No. 97. Manila: Asian Development Bank.

Anbumozhi, V. 2008. Energy Efficiency Solutions for Sustainable Future. A White Paper on Climate Change in Asia. Prepared for the G8 Environment Ministers' Meeting. Kobe, Japan. 24-26 May.

Anbumozhi, V., and M. Kawai. 2009. Towards a Low Carbon Asia: Challenges of Economic Development, Western Economic Association International 8th Pacific Rim Conference. Kyoto, Japan. 24-27 March.

Anbumozhi, V., M. Kimura, and K. Isono. 2010. Leveraging Environment and Climate Change Initiatives for Corporate Excellence. ADBI Working Paper 335. Tokyo: Asian Development Bank Institute.

Anbumozhi, V., and A. Patunru. 2010. Fiscal Policies for Promoting Low Carbon Green Growth. APEC Study on Green Finance for Green Growth.

Anbumozhi, V., and J. Radhakrishnan. 2005. Effects of Agriculture Free Trade on Environmental Quality: Exploring Linkages and Research Perspectives. *Outlook on Agriculture*. (34) 2: 91-36.

Anbumozhi, V., E. Yamaji, and M. Islam. 2002. Intrinsic Effects of Land and Water Resources Development in Asia. *World Resources Review*. 14: 266-281.

---

[*] 亚洲开发银行承认中国即中华人民共和国。

Anderson, J. E. 2011. The Gravity Model. *Annual Review of Economics*. 3: 133–160.

Anderson, K., and A. Strutt. 2012. Agriculture and Food Security in Asia by 2030. ADBI Working Paper 368. Tokyo: Asian Development Bank Institute.

Andritzky, J., J. Kiff, L. Kodres, P. Madrid, A. Maechler, A. Narain, N. Sacasa, and J. Scarlata. 2009. Policies to Mitigate Procyclicality. IMF Staff Position Note SPN/09/09. Washington, DC: International Monetary Fund.

Arnold, J., B. Javorcik, M. Lipscomb, and A. Mattoo. 2010. Services Reform and Manufacturing Performance: Evidence from India. CEPR Discussion Paper No. 8011. Centre for Economic Policy Research.

Arnold, J., A. Mattoo, and G. Narciso. 2008. Services Inputs and Firm Productivity in Sub-Saharan Africa: Evidence from Firm-level Data. *Journal of African Economies*. 17 (4): 578–599.

Arnold, L. 2008. Deforestation in Decentralised Indonesia: What's Law Got to Do with It? *Law, Environment and Development Journal*. 4 (2): 75–101.

Arvis, J.-F., M. Mustra, L. Ojala, B. Shepherd, and D. Saslavsky. 2010. *Connecting to Compete 2010: Trade Logistics in the Global Economy*. Washington, DC: World Bank.

Asia-Pacific Economic Cooperation (APEC). 2009. Measures Affecting Cross Border Exchange and Investment in Higher Education in the APEC Region. Human Resources Development Working Group Report. Singapore: APEC Secretariat.

Asia Pacific Energy Research Centre (APERC). 2009. *APEC Energy Demand and Supply Outlook 2009*. Tokyo: Asia Pacific Energy Research Centre.

Asian Development Bank (ADB). 2006. *Social Protection Index for Committed Poverty Reduction*. Manila: Asian Development Bank.

————. 2007a. *Key Indicators 2007: Inequality in Asia*. Manila: Asian Development Bank.

————. 2007b. Nepal: West Seti Hydroelectric—Environmental Assessment Report. http://www2.adb.org/documents/environment/nep/40919-nep-seia.pdf

————. 2008. *Emerging Asian Regionalism: A Partnership for Shared Prosperity*. Manila: Asian Development Bank.

_____. 2009. Enterprises in Asia: Fostering Dynamism in SMEs. In *Key Indicators for Asia and the Pacific 2009*. Manila: Asian Development Bank.

_____. 2010a. ABMI Group of Experts Final Report. Part III: Barriers to Cross-border Investment and Settlement in the ASEAN+3 Bond Markets. Manila: Asian Development Bank.

_____. 2010b. *Institutions for Regional Integration: Toward an Asian Economic Community*. Manila: Asian Development Bank.

_____. 2011a. *Asian Development Outlook 2011*. Manila: Asian Development Bank.

_____. 2011b. Background Note. World Water Week: Eye on Asia. Stockholm. 23 August. http://www.adb.org/news/events/world-water-week-eye-asia-2011.

_____. 2011c. Framework of Inclusive Growth Indicators 2011. In *Key Indicators for Asia and the Pacific 2011*. Special Supplement. Manila: Asian Development Bank.

_____. 2011d. *Global Food Price Inflation and Developing Asia*. Manila: Asian Development Bank.

_____. 2011e. *The Revised Social Protection Index: Methodology and Handbook*. Manila: Asian Development Bank.

_____. 2012a. *Asian Development Outlook 2012: Confronting Rising Inequality in Asia*. Manila: Asian Development Bank.

_____. 2012b. Asia Regional Integration Center (ARIC). Integration Indicators Database. http://aric.adb.org/indicator.php

_____. 2012c. Nam Theun 2 Hydroelectric Project Infosheet. http://www2.adb.org/projects/namtheun2/nt2-infosheet.pdf

_____. 2012d. Turkmenistan–Afghanistan–Pakistan–India Natural Gas Pipeline Project. Phase 3 Project Data Sheet. http://www.adb.org/projects/44463-013/details

_____. 2014. *Asian Development Outlook 2014*. Manila: Asian Development Bank.

Asian Development Bank and Asian Development Bank Institute (ADB and ADBI). 2009. *Infrastructure for a Seamless Asia*. Tokyo: Asian Development Bank Institute.

_____. 2013. *Low-Carbon Green Growth in Asia: Policies and Practices*. Tokyo: Asian Development Bank Institute.

Asian Development Bank and Department for International Development (ADB and DFID). 2006. *Energy Efficiency and Climate Change Considerations for On-road Transport in Asia.* Manila: Asian Development Bank.

Asian Development Bank Institute (ADBI). 2011. Measuring Asia's Progress towards Tackling Climate Change and Accelerating Green Growth. Proceedings of the Workshop for the ADB and ADBI Study on *Climate Change and Green Asia.* New Delhi. September.

_____. 2012a. *ASEAN 2030: Toward a Borderless Economic Community. Draft Highlights.* Tokyo: Asian Development Bank Institute.

_____. 2012b. Policies and Practices for Low Carbon Green Growth. Highlights prepared for the ADB and ADBI Study on *Climate Change and Green Asia.*

_____. 2014. *ASEAN 2030: Toward a Borderless Economic Community.* Tokyo: Asian Development Bank Institute.

Association of Southeast Asian Nations (ASEAN). 2007a. *ASEAN Economic Community Blueprint.* http://www.aseansec.org/21083.pdf

_____. 2007b. *Declaration on the ASEAN Economic Community Blueprint.* 20 November. http://www.aseansec.org/21081.htm

_____. 2008. *ASEAN Economic Community Blueprint.* Jakarta: ASEAN Secretariat.

_____. 2009. *ASEAN Plan of Action on Energy Cooperation.* www.aseansec. org/pdf/APAEC0409.pdf

_____. 2010. *Master Plan on ASEAN Connectivity.* http://www.aseansec. org/documents/MPAC.pdf.

_____. 2012a. *ASEAN Economic Community Scorecard.* Jakarta: ASEANASEAN Secretariat. http://www.asean.org/resources/ publications/asean-publications/item/asean-economic-community-scorecard-3?category_id=382

_____. 2012b. Joint Media Statement. The 44th ASEAN Economic Minister's Meeting. August. http://www.eria.org/Joint%20 Media%20Statement_44th%20ASEAN%20Economic%20 Ministers%20Meeting.pdf

_____. Sustainable Management of Peatlands Forests in Southeast Asia website. http://www.aseanpeat.net/index.cfm?&menuid=9

Baldwin, R. and M. Kawai. 2008. Multilateralizing Asian Regionalism. Paper presented at the ADBI Conference on Multilateralizing Asian Regionalism. 18–19 September.

Bank for International Settlements (BIS). 2012. *BIS Quarterly Review.* September.

Bardhan, P. 2010. *Awakening the Giants: Feet of Clay.* Princeton, NJ: Princeton University Press.

Basel Committee on Banking Supervision. 2010. *The Basel Committee's Response to the Financial Crisis: Report to the G20.* Basel, Switzerland: Bank for International Settlements.

Batten, J., W. P. Hogan, and P. Szilagyi. 2009. Foreign Bond Markets and Financial Market Development: International Perspectives. ADBI Working Paper 173. Tokyo: Asian Development Bank Institute.

Beck, T., R. Levine, and N. V. Loayza. 2000. Finance and the Sources of Growth. *Journal of Financial Economics.* 58 (1-2): 261–300.

Beck, T., and A. Demirguc Kunt. 2009. Financial Institutions and Markets across Countries and over Time-Data and Analysis. Policy Research Working Paper. 4943. Washington, DC: World Bank.

Becker, R. F. J. 2009. *International Branch Campuses: Markets and Strategies.* London: The Observatory on Borderless Higher Education.

Behrman, J. and J. Hoddinott. 2000. An Evaluation of the Impact of PROGRESA on Pre-school Child Height. Report Submitted to PROGRESA. Washington, DC: International Food Policy Research Institute.

Bhagwati, J. 1998. Why Free Capital Mobility May be Hazardous to Your Health: Lessons from the Latest Financial Crisis. NBER Conference on Capital Controls. Cambridge, MA. 7 November.

Bhandari, R., R. Belyavina, and R. Gutierrez. 2011. *Student Mobility and the Internationalization of Higher Education: National Policies and Strategies from Six World Regions.* New York: Institute of International Education.

Blyde, J., and N. Sinyavskaya. 2007. The Impact of Liberalization of Trade in Services on Trade in Goods: An Empirical Investigation. *Review of Development Economics.* 11 (3): 566–583.

Borchert, I., and A. Mattoo. 2009. The Crisis Resilience of Services Trade. Policy Research Working Paper No. 4917. World Bank.

British Broadcasting Corporation (BBC). 2010. *Russia and China Sign Series of Energy Agreements.* 27 September. http://www.bbc.co.uk/news/business-11417781

Broich, M., M. Hansen, F. Stolle, P. Potapov, B. A. Margono, and B. Adusei. 2011. Remotely Sensed Forest Cover Loss Shows High Spatial and Temporal Variation across Sumatra and Kalimantan, Indonesia 2000-2008. *Environmental Research Letters.* 6: 1-9.

Brooks, D. H., R. Hasan, J. W. Lee, H. H. Son, and J. Zhuang. 2010. Closing Development Gaps: Challenges and Policy Options. ADB Economics Working Paper Series No. 209. Manila: Asian Development Bank.

Canlas, D., M. E. Khan, and J. Zhuang, eds. 2009. *Diagnosing the Philippine Economy.* London: Anthem Press and Asian Development Bank.

Capannelli, G., J. W. Lee, and P. Petri. 2009. Developing Indicators for Regional Economic Integration and Cooperation. ADB Working Paper Series on Regional Economic Integration No. 33. Manila: Asian Development Bank.

Chaudhuri, S., and M. Ravallion. 2007. Partially Awakened Giants: Uncover Growth in China and India. In L. Alan Winters, and S. Yusuf, eds. *Dancing With Giants: China, India, and the Global Economy.* Washington, DC: World Bank. pp. 175-210.

Chellany, B. 2012. Asia's Worsening Water Crisis. *Survival: Global Politics and Strategy.* 54 (2): 143-156.

Cheung, L., and V. Yeung. 2007. Hong Kong as an International Financial Centre: Measuring its Position and Determinants. HKMA Working Paper No. 14/2007. Hong Kong, China: Hong Kong Monetary Authority. http://www.info.gov.hk/hkma/eng/research/working/pdf/HKMAWP07_14_full.pdf

Chia, S. Y. 2009. Trade and Investment Policies and Regional Economic Integration in East Asia. Paper presented at the ADBI and ADB Conference on Asian Architecture and Global Governance. 29 October.

Chinn, M., and H. Ito. 2008. A New Measure of Financial Openness. *Journal of Comparative Policy Analysis.* 3: 309-322.

Cho, Y. J. 2010. The Role of State Intervention in the Financial Sector: Crisis Prevention, Containment, and Resolution. ADBI Working Paper 196. Tokyo: Asian Development Bank Institute.

Chotichanathawewong, Q. 2011. Development Trajectories, Emission Profiles and Policy Actions: Thailand. Background paper prepared for the ADB and ADBI study on *Climate Change and Green Asia.*

Clean Air Initiative (CAI). 2010. *Air Quality in Asia: Status and Trends 2010 Edition.* http://cleanairinitiative.org/portal/sites/default/files/documents/AQ_in_Asia.pdf.

Cline, W. R. 2007. *Global Warming and Agriculture: Impact Estimates by Country.* Washington, DC: Peterson Institute.

Cohen, A. J., H. Ross Anderson, B. Ostro, K. D. Pandey, M. Krzyzanowski, N. Künzli, K. Gutschmidt, A. Pope, I. Romieu, J. M. Samet, and K. Smith. 2005. The Global Burden of Disease Due to Outdoor Air Pollution. *Journal of Toxicology and Environmental Health.* Part A (68): 1-7.

Deaton, A., and A. Heston. 2010. Understanding PPPs and PPP-based National Accounts. *American Economic Journal: Macroeconomics.* 2 (4): 1 35.

Demurger, S., H. Yuanzhao, and Y. Weiyong. 2007. Forest Management Policies and Resource Balance in China: An Assessment of the Current Situation. *The Journal of Environment Development.* 18 (1): 17-41.

Deng, P., and G. Jefferson. 2011. Explaining Spatial Convergence of China's Industrial Productivity. Brandeis University. Unpublished.

Dervi , K., A. Jones, K. Kornbluh, and S. Puritz. 2009. *Climate Crisis, Credit Crisis: The Quest for Green Growth—Brookings Blum Roundtable 2009.* Washington, DC: Brookings Institution.

Dev, M. 2011. Rising Food Prices and Food Security in South and South West Asia: Policy Options. Presented at the UNESCAP Conference. 15-16 December. New Delhi.

Doshi, T. 2011. Development Trajectories, Emission Profiles and Policy Actions: Singapore. Background paper prepared for the ADB and ADBI study on *Climate Change and Green Asia.*

Drysdale, P. 2011. Securing China's Energy Supplies. East Asia Forum. 5 December. http://www.eastasiaforum.org/2011/12/05/securing-chinas-energy-supplies/

Duflo, E. 2004. Scaling Up and Evaluation. In F. Bourguignon and B. Pleskovic, eds. *Annual World Bank Conference on Development Economics 2004.* Washington, DC: World Bank. pp. 342-367.

East Asia Summit. 2009. Phase II Report of the Track Two Study Group on Comprehensive Economic Partnership in East Asia (CEPEA). http://www.meti.go.jp/meti_lib/report/2010fy01/E003994.pdf

Easterly, W., J. Ritzen, and M. Woolcock. 2000. On "Good" Politicians and "Bad" Policies—Social Cohesion, Institutions, and Growth. Policy Research Working Paper Series 2448. Washington, DC: World Bank.

Economic Intelligence Center (EIC). 2012. Business Opportunities for Services Sector under the AEC. *Insight.* January–June. http://www.scbeic.com/stocks/extra/3077_20120625111934.pdf?bcsi_scan_a6e52909b20efec8=0&bcsi_scan_filename=3077_20120625111934.pdf

The Economist. 2009. *Stopping Climate Change.* 5–11 December.

————. 2010. *On Deaf Ears: Does India's Government Pay Any Heed to Its Economic Advisers?* 6 March: 83.

————. 2011. *Education in Malaysia: A Reverse Brain Drain: Ambitious Plans to Become an Asian Hub for Western Education.* 5 May.

Eichengreen, B., D. Park, and K. Shin. 2011. When Fast Growing Economies Slow Down: International Evidence and Implications for China. Working Paper 16919. Cambridge, MA: National Bureau of Economic Research.

Energy Conservation Centre (ECC). 2011. *Handbook of Energy and Economics Statistics.* Tokyo: Energy Conservation Centre.

Energy Information Administration (EIA). 2012. *International Energy Statistics.* http://www.eia.gov/cfapps/ipdbproject/IEDIndex3.cfm

Energy Data and Modeling Centre (EDMC) 2011. APEC Energy Database. Energy Data and Modeling Centre, Institute of Energy Economics, Tokyo, Japan.

Fan, Y., and B. N. Bhattacharyay. 2012. ACI Energy Security Outlook for a Green and Sustainable Asia. Background paper prepared for the ADB and ADBI study *Role of Key Emerging Economies—ASEAN, the People's Republic of China, and India for a Balanced, Sustainable, and Resilient Asia.*

Felipe, J. 2010. *Inclusive Growth, Full Employment, and Structural Change.* London: Anthem Press and Asian Development Bank.

Fernando, N. A. 2009. The State of Financial Inclusion in Asia: An Overview. Presentation at the AFI Global Policy Forum. Nairobi. 14 September. http://www.afi-global.org/sites/default/files/GPF_Nimal_Fernando.pdf

Financial Times. 2010. *Beijing Reviews High-speed Rail Plans.* 7 November. http://www.ft.com/cms/s/0/2a109764-eaa8-11df-b28d-00144feab49a.html#axzz14rVT0ars

Fink, C., and M. Molinuevo. 2007. East Asian Free Trade Agreements in Services: Roaring Tigers or Timid Pandas? Working Paper. Washington, DC: World Bank.

————. 2008. East Asian Free Trade Agreements in Services: Key Architectural Elements. *Journal of International Economic Law.* 11 (2): 263-311.

Fitzherbert, E. B., M. J. Struebig, A. Morel, F. Danielsen, C. A. Bruhl, P. F. Donald, and B. Phalan. 2008. How Will Oil Palm Expansion Affect Biodiversity? *Trends in Ecology and Evolution.* 23 (10): 538-545.

Fleurbaey, M. 2009. Beyond GDP: The Quest for a Measure of Social Welfare. *Journal of Economic Literature.* 47 (4): 1029-1075.

Food and Agriculture Organization (FAO). 2011a. *State of the World's Forests 2011.* Rome: Food and Agriculture Organization.

————. 2011b. FAOSTAT. Statistical Database of the Food and Agriculture Organization of the United Nations. http://faostat.fao.org/default. aspx

Fujii, M. 2010. Securitized Products, Financial Regulation, and Systemic Risk. ADBI Working Paper 203. Tokyo: Asian Development Bank Institute.

Gallup. 2010. Gallup World Poll Database. www.gallup.com.

Gangopadhyay, P., and B. N. Bhattacharyay. 2012. Achieving Social Inclusion in ACI Economies with a Special Reference to India. Background paper prepared for the ADB and ADBI study *Role of Key Emerging Economies—ASEAN, the People's Republic of China, and India—for a Balanced, Sustainable and Resilient Asia.*

Genberg, H., and A. Filardo. 2010. Monetary Policy Frameworks in Asia. ADBI Working Paper 203. Tokyo: Asian Development Bank Institute.

Gereffi, G. 1994. The Organisation of Buyer-Driven Global Commodity Chains: How US Retailers Shape Overseas Production Networks. In G. Gereffi and M. Korzeniewicz, eds. *Commodity Chains and Global Capitalism.* Westport: Praeger. pp. 95-122.

Gertler, P. J. 2000. Final Report: The Impact of PROGRESA on Health. Report Submitted to PROGRESA. Washington, DC: International Food Policy Research Institute.

Gill, I., and H. Kharas. 2007. *An East Asian Renaissance.* Washington, DC: World Bank.

Goldman Sachs. 2003. Dreaming with BRICs: the Path to 2050. Global
  Economics Paper No. 99. New York: Goldman Sachs.

Government of Cambodia. 2010. *National Strategic Development Plan Update
  2009-2013*. Phnom Penh.

Government of the People's Republic of China (PRC). 2006. *The 11th Five
  Year Plan of National Economy and Social Development of People's
  Republic of China 2006-2010*. Beijing.

————. 2011. *The 12th Five Year Plan of National Economy and Social
  Development of People's Republic of China 2011-2015*. Beijing.

Government of India. Planning Commission. 2006. *Towards Faster and More
  Inclusive Growth: An Approach to the 11th Five Year Plan*. New
  Delhi.

————. Ministry of Environment and Forests. 2009. State of *Environment
  Report for India, 2009*.

Government of Indonesia. Ministry of National Development and Planning.
  2010. *Regulation of the President of the Republic of Indonesia
  Number 5 of 2010 Regarding the National Medium-Term
  Development Plan (RPJMN) 2010-2014*. Jakarta.

Government of Japan. Ministry of Economy, Trade and Industry. (METI).
  2011. *White Paper on International Trade*. Tokyo: METI.

Government of the Lao People's Democratic Republic. Ministry of Planning
  and Investment. 2011. *The Seventh Five-year National Socio-
  Economic Development Plan (2011-2015)*. Vientiane.

Government of Malaysia. Economic Planning Unit. 2010. *Tenth Malaysia Plan
  2011-2015*. Kuala Lumpur.

Government of the Philippines. National Economic and Development
  Authority. 2011. *Philippine Development Plan 2011-2016*. Manila.

Government of Thailand. National Economic and Social Development Board.
  2011. *Summary of the Eleventh National Economic and Social
  Development Plan (2011-2016)*. Bangkok. http://thailandtoday.
  org/economy/elibrary/article/582.

Government of Viet Nam. Ministry of Planning and Investment. 2011. *Draft
  Five-Year Socio-Economic Development Plan 2011-2015. Extract of
  SEDP 2011-2015*. Unofficial Translation. Ha Noi.

HSBC. 2010. *RMB Offshore Bonds: Developments, Dynamics and Outlook*.
  Hong Kong, China: HSBC.

————. 2011. *Offshore RMB: What's Next? Four Trends to Watch*. Hong
  Kong, China: HSBC.

Hausmann, R., D. Rodrik, and A. Velasco. 2008. Growth Diagnostics. In
    N. Serra and Joseph E. Stiglitz, eds. *The Washington Consensus
    Reconsidered: Towards a New Global Governance.* Oxford, UK:
    Oxford University Press. pp. 324-355.

Hawke, G. 2012. Regional Economic Integration: More Than One Way to
    Skin a Cat. *NZIER Insight.* 38. http://nzier.org.nz/publications/
    regional-economic-integration-more-than-one-way-to-skin-a-cat-
    nzier-insight-38

Health Effects Institute (HEI). 2010. Outdoor Air Pollution and Health in
    the Developing Countries of Asia: A Comprehensive Review. HEI
    International Scientific Oversight Committee. Special Report
    18. http://ehs.sph.berkeley.edu/krsmith/publications/2011/
    heiaslareview.pdf

Herawati, H., and H. Santoso. 2011. Tropical Forest Susceptibility to and Risk
    of Fire under Changing Climate: A Review of Fire Nature, Policy
    and Institutions in Indonesia. *Forest Policy and Economics.* 13 (4):
    227-33.

Hoekman, B., and F. Eschenbach. 2005. Services Policy Reform and Economic
    Growth in Transition Economies. 1990-2004. Policy Research
    Working Paper No. 3663. Washington, DC: World Bank.

Hoekstra, A.Y. 2003. *Virtual Water Trade.* http://www.waterfootprint.org/
    Reports/Report12.pdf

Hongo, T. 2012. Mobilizing Private Capital for Low Carbon Green Growth.
    Background paper prepared for the ADB and ADBI study on
    Climate Change and Green Asia.

Howes, S., and P. Wyrwoll. 2012a. Asia's Wicked Environmental Problems.
    ADBI Working Paper 348. Tokyo: Asian Development Bank
    Institute.

_____. 2012b. Climate Change Mitigation and Green Growth in Developing
    Asia. Background paper prepared for the ADB and ADBI study on
    Climate Change and Green Asia.

Hu, A. G. 2012. Knowledge, Innovation and Technology in ACI. Background
    paper prepared for the ADB and ADBI study *Role of Key Emerging
    Economies—ASEAN, the People's Republic of China, and India—for
    a Balanced, Sustainable, and Resilient Asia.*

Huang, Y. 2010. China's Great Ascendancy and Structural Risks: Consequences of Asymmetric Market Liberalization. *Asian-Pacific Economic Literature.* 24: 65–85.

Ianchovichina, E., and S. Lundstrom. 2009. What Is Inclusive Growth? A Note Supporting the Diagnostic Facility for Shared Growth. http://siteresources.worldbank.org/INTDEBTDEPT/Resources/468980-1218567884549/WhatIsInclusiveGrowth20081230.pdf

Intergovernmental Panel on Climate Change (IPCC). 2007. *Climate Change 2007—Impacts, Adaptation and Vulnerability: Contribution of Working Group II to the Fourth Assessment Report of the IPCC.* Cambridge, UK: Cambridge University Press.

International Energy Agency (IEA). 2009a. *CO2 Emissions from Fuel Combustion.* Paris: International Energy Agency.

————. 2009b. *World Energy Outlook 2009.* Paris: International Energy Agency.

————. 2010. *World Energy Outlook 2010.* Paris: International Energy Agency.

————. 2011a. *World Energy Outlook 2011.* Paris: International Energy Agency.

————. 2011b. Energy Database: 1971–2008. Paris: International Energy Agency. http://www.iea.org/

International Labour Organization (ILO). 2008. Can Low-Income Countries Afford Basic Social Security? Social Security Policy Briefings. Paper 3. Geneva: International Labour Organization.

————. 2012. *ILO Global Employment Trends.* Geneva: International Labour Organization.

International Monetary Fund (IMF). 2003. Coordinated Portfolio Investment Survey Database. http://cpis.imf.org/

————. 2008. *Annual Report on Exchange Arrangements and Exchange Restrictions.* Washington, DC: International Monetary Fund.

————. 2010. *Global Financial Stability Report: Meeting New Challenges to Stability and Building a Safer System.* April. Washington, DC: International Monetary Fund.

————. 2014. *World Economic Outlook. April.* Washington, DC: International Monetary Fund.

Jakarta Post. 2011. *ASEAN to Launch Infrastructure Fund this Year.* 5 August.
http://www.thejakartapost.com/news/2011/04/08/asean-launch-
infrastructure-fund-year.html

Japan Bank for International Cooperation (JBIC). 2010. *Survey Report
on Overseas Business Operations by Japanese Manufacturing
Companies.* Tokyo: Japan Bank for International Cooperation.
http://www.jbic.go.jp/en/about/press/2010/1203-01/
eibunn_120224.pdf

Jiang, G., and R. McCauley. 2004. Asian Local Currency Bond Markets. *BIS
Quarterly Review.* Basel: Bank for International Settlements. June.

Joint Expert Group for Feasibility Study on EAFTA. 2006. Towards an East
Asia FTA: Modality and Road Map. July. http://www.thaifta.com/
thaifta/Portals/0/eafta_report.pdf

Joint Expert Group on EAFTA Phase II Study. 2009. Desirable and Feasible
Option for an East Asia FTA. June. mimeo. http://www.thaifta.
com/thaifta/Portals/0/eafta_phase2.pdf

Kakwani, N., and E. M. Pernia. 2000. What Is Pro-Poor Growth? *Asian
Development Review.* 18 (1): 1–16.

Kalirajan, K. 2012. Regional Cooperation: Trade and Investment (2012).
Background paper prepared for the ADB and ADBI study on
Climate Change and Green Asia.

Kawai, M. 2005. East Asian Economic Regionalism: Progress and Challenges.
Journal of Asian Economics. 16 (1): 29–55.

————. 2011. G20 Financial Reforms and Emerging Asia's Challenges. In
K. Dervi , M. Kawai, and D. Lombardi, eds. *Asia and Policymaking
for the Global Economy.* Washington, DC: ADBI and Brookings
Institution. pp. 105–150.

————. 2013. Financing Development Cooperation in Northeast Asia. ADBI
Working Paper 407. Tokyo: Asian Development Bank Institute.

Kawai, M., and M. B. Lamberte. 2010. Managing Capital Flows: Emerging
Asia's Experiences, Policy Issues and Challenges. In M. Kawai and
M. B. Lamberte, eds. *Managing Capital Flows: The Search for a
Framework.* Cheltenham, UK and Northampton, MA: ADBI and
Edward Elgar Publishing. pp. 9–45.

Kawai, M., M. B. Lamberte, and S. Takagi. 2012. *Managing Capital Flows:
Lessons from the Recent Experiences of Emerging Asian Economies.*
Paris: Organisation for Economic Co-operation and Development.
http://www.oecd.org/dataoecd/7/17/49700468.pdf

Kawai, M., and P. A. Petri. 2010. Asia's Role in the Global Economic
    Architecture. ADBI Working Paper 235. Tokyo: Asian Development
    Bank Institute.

Kawai, M., P. A. Petri, and E. Sisli-Ciamarra. 2010. Asia in Global Governance:
    A Case for Decentralized Institutions. In M. Kawai, J.-W. Lee, and
    P. A. Petri, eds. *Asian Regionalism in the World Economy: Engine
    for Dynamism and Stability.* Cheltenham, UK: Edward Elgar. pp.
    446-475.

Kawai, M., and S. Takagi. 2008. A Survey of the Literature on Managing
    Capital Inflows. ADBI Discussion Paper No. 100. Tokyo: Asian
    Development Bank Institute.

_____. 2011. A Proposal for Exchange Rate Policy Coordination in East
    Asia. In M. Kawai, S. Takagi, and P. J. Morgan, eds. *Monetary and
    Currency Policy Issues for Asia: Implications of the Global Financial
    Crisis.* Cheltenham, UK: Edward Elgar. pp. 263-293.

Kawai, M., and G. Wignaraja. 2009. The Asian "Noodle Bowl": Is It Serious for
    Business? ADBI Working Paper 136. Tokyo: Asian Development
    Bank Institute.

_____. 2013. Patterns of Free Trade Areas in Asia. East-West Center,
    Policy Studies 65. http://www.eastwestcenter.org/sites/default/
    files/private/ps065.pdf

Kawai, M., and F. Zhai. 2010. Asia's Post-Global Financial Crisis Adjustment:
    A Model-Based Dynamic Scenario Analysis. *Asian Development
    Review.* 27 (2): 122-151.

Khan, M.S.,and A. Senhadji. 2000. Financial Development and Economic
    Growth: an Overview. IMF Working Paper No. 00/209. Washington,
    DC: International Monetary Fund.

Kharas, H. 2009. *China's Transition to A High Income Economy: Escaping the
    Middle Income Trap.* Washington, DC: Brookings Institution.

Kim, J. T. 2011. Financing Green Growth. APEC Study on Green Finance.

Kindleberger, C. 1978. *Manias, Panics, and Crashes: A History of Financial
    Crises.* New York, US: Wiley Investment Classics.

King, R. G., and R. Levine. 1993. Finance and Growth: Schumpeter Might be
    Right. Policy Research Working Paper Series 1083. Washington,
    DC: World Bank.

Kohli, H. S., A. Sharma, and A. Sood, eds. 2011. *Asia 2050: Realizing the Asian
    Century.* New Delhi: Sage Publications.

Kotera, A. 2006. Enhancing the Quality of Investment Treaties (BITs). Unpublished. Tokyo: Research Institute of Economy, Trade and Industry.

Kuroda, H. 2008. Asia's Contribution to Global Development and Stability. Closing Remarks at the ADBI Annual Conference. Tokyo. 5 December. http://www.adbi.org/speeches/2008/12/05/2760. closing.remarks.kuroda.asia.global.financial.crisis.conference/

Lamberte, M. B., and P. J. Morgan. 2012. Regional and Global Monetary Cooperation. ADBI Working Paper 346. Tokyo: Asian Development Bank Institute.

Lane, P., and G. Milesi-Ferretti. 2006. The External Wealth of Nations Mark II: Revised and Extended Estimates of Foreign Assets and Liabilities, 1970–2004. IMF Working Paper 06/69. Washington, DC: International Monetary Fund.

Lawrence, R. Z. 2011. Impact and Implications of ACI Growth. Background paper prepared for the ADB and ADBI study *Role of Key Emerging Economies—ASEAN, the People's Republic of China, and India—for a Balanced, Sustainable, and Resilient Asia.*

Lee, J. 2008. Patterns and Determinants of Cross-border Financial Asset Holdings in East Asia. ADB Working Paper Series on Regional Economic Integration No. 13. Manila: Asian Development Bank.

Lee, J. W., and K. Hong. 2010. Economic Growth in Asia: Determinants and Prospects. ADB Economics Working Paper Series No. 220. Manila: Asian Development Bank.

Lemoine, F., and D. Unal-Kesenci. 2007. China and India in International Trade: From Laggards to Leaders? CEPII Working Paper No. 2007-19. November.

Leung, C., and O. Unteroberdoerster. 2008. [Hong Kong, China] as a Financial Center for Asia: Trends and Implications. IMF Working Paper No. WP/08/57. Washington, DC: International Monetary Fund. http://www.imf.org/external/pubs/ft/wp/2008/wp0857.pdf

Levine, R. 2005. Finance and Growth: Theory and Evidence. In P. Aghion and S. Durlauf, eds. *Handbook of Economic Growth.* Amsterdam: Elsevier Science.

Levine, P., E. Lotti., J. Pearlman, and R. Pierse. 2010. Growth and Welfare Effects of World Migration. *Scottish Journal of Political Economy.* 57 (5): 615–643.

Lin, J. Y. 2011a. How to Seize the 85 Million Jobs Bonanza. Let's Talk Development (Blog hosted by World Bank's Chief Economist). 27 July. http://blogs.worldbank.org/developmenttalk/how-to-seize-the-85-million-jobs-bonanza

_____.2011b. New Structural Economics: A Framework for Rethinking Development. *World Bank Research Observer*. 26 (2): 193-221.

Lin, J. Y., and C. Monga. 2011. Growth Identification and Facilitation: The Role of the State in the Dynamics of Structural Change. *Development Policy Review*. 29 (3): 264-290.

Lin, J. Y., and P.A. Petri. 2011. Vision of ACI in 2030. Background paper prepared for the ADB and ADBI study *Role of Key Emerging Economies—ASEAN, the People's Republic of China, and India—for a Balanced, Sustainable and Resilient Asia.*

Liu, J., and P. H. Raven. 2010. China's Environmental Challenges and Implications for the World. *Critical Reviews in Environmental Science and Technology*. 40: 823-51.

Machikita, T., and Y. Ueki. 2012. Impact of Production Linkages on Industrial Upgrading in ACI Countries. Background paper prepared for the ADB and ADBI study *Role of Key Emerging Economies—ASEAN, the People's Republic of China, and India—for a Balanced, Sustainable, and Resilient Asia.*

Maddison, A. 2008. The West and the Rest in the World Economy: 1000-2030. *World Economics*. 9 (4): 75-99.

Mathur, R. 2011. Development Trajectories, Emission Profiles and Policy Actions: India. Background paper prepared for the ADB and ADBI study on *Climate Change and Green Asia.*

Matus, K., K. M. Nam, N. E. Selin, L. N. Lamsal, J. M. Reilly, and S. Paltsev. 2011. Health Damages from Air Pollution in China. *Global Environmental Change*. 22 (1): 55-66.

McKinsey & Co. 2011. *New Frontiers of Growth: 2011 Annual Chinese Consumer Study*. Shanghai: McKinsey & Co.

McKinsey Global Institute. 2009. *Preparing for China's Urban Billion*. Shanghai: McKinsey Global Institute. March.

_____. 2011a. Resource Revolution: *Meeting the World's Energy, Materials, Food, and Water Needs*. Seoul: McKinsey Global Institute.

_____. 2011b. *Urban World: Mapping the Economic Power of Cities*. McKinsey Global Institute. March.

_____. 2012. *Urban World: Cities and the Rise of the Consuming Class.* McKinsey Global Institute. June.

Meyfroidt, P., T. K. Rudel, and E. F. Lambin. 2010. Forest Transitions, Trade, and the Global Displacement of Land Use. *Proceedings of the National Academy of Sciences.* http://www.pnas.org/cgi/doi/10.1073/pnas.1014773107.

Minsky, H. 1974. The Modeling of Financial Instability: An Introduction. Modeling and Simulation. Proceedings of the Fifth Annual Pittsburgh Conference.

Miroudot, S., J. Sauvage, and B. Shepherd. 2010. Measuring the Cost of International Trade in Services. Working Paper. GEM-Sciences Po. http://gem.sciences-po.fr/content/publications/pdf/Miroudot_Sauvage_Shepherd_costofservices04102010.pdf

Mohan, C. R. 2011. Emerging Trends in Geopolitical Situation and Security in ACI. Background paper prepared for the ADB and ADBI study *Role of Key Emerging Economic —ASEAN, the People's Republic of China, and India—for a Balanced, Sustainable and Resilient Asia.*

Mohan, R., and M. Kapur. 2009. Liberalization and Regulation of Capital Flows: Lessons for Emerging Market Economies. ADBI Working Paper 182. Tokyo: Asian Development Bank Institute.

Mohanty, B. 2011. Life Style Choices and Societal Behavior Changes as Local Climate Strategy. Background paper prepared for the ADB and ADBI study on *Climate Change and Green Asia.*

Morgan, P.J. 2009. Unregulated Entities, Products, and Markets: Challenges for Monitoring and Regulation. ADBI Research Policy Brief 30. Tokyo: Asian Development Bank Institute.

Morgan, P.J., and M. B. Lamberte. 2012. Strengthening Financial Infrastructure. Strengthening Financial Infrastructure. ADBI Working Paper 345. Tokyo: Asian Development Bank Institute. http://www.adbi.org/working-paper/2012/02/17/5003.strengthening.financial.infrastructure/

Morley, B. 2006. Causality between Economic Growth and Immigration: An ARDL Bounds Testing Approach. *Economics Letters.* 90: 72-76.

Nag, B., B. N. Bhattacharyay, and D. De. 2012. Integrating India to Asian Production Network: Prospects and Challenges for ACI. Background paper prepared for the ADB and ADBI study *Role of Key Emerging Economies—ASEAN, the People's Republic of China, and India—for a Balanced, Sustainable, and Resilient Asia.*

Nam Theun 2 Power Company (NTPC). 2012. http://www.namtheun2.com/.

Niimi, Y., and J. Zhuang. 2011. Measuring Quality of Life in Asia. Background paper prepared for the ADB and ADBI study *Role of Key Emerging Economies—ASEAN, the People's Republic of China, and India—for a Balanced, Sustainable and Resilient Asia.*

Nishizawa, T. 2011. Changes in Development Finance in Asia: Trends, Challenges, and Policy Implications. *Asian Economic Policy Review.* 6 (2): 225–244.

OECD. 2010. *Education at a Glance 2010: OECD Indicators.* Paris: OECD.

Ortiz, I., and J. Yablonski. 2010. Investing in People: Social Protection for All. In S. W. Handayani, ed. *Enhancing Social Protection in Asia and the Pacific: Proceedings of the Regional Workshop.* Manila: Asian Development Bank. pp. 36–56.

Outlook Business. 2008. Grab for Resources. 9 February. New Delhi: Outlook Business.

Patunru, A. 2011. Development Trajectories, Emission Profiles and Policy Actions: PRC. Background paper prepared for the ADB and ADBI study on *Climate Change and Green Asia.*

People's Daily Online. 2013. *Rail Spending to Rise 3% in 2013.* 18 January. http://english.peopledaily.com.cn/90778/8096959.html

Petri, P. A. 2008. Financing Asian Growth. In M. Kawai and S. F. Stone, eds. *A Decade of Developments.* Tokyo: Asian Development Bank Institute. pp. 23–44.

Petri, P. A., M. G. Plummer, and F. Zhai. 2011. The Trans-Pacific Partnership: A Quantitative Assessment, East-West Center Working Paper No. 119. 24 October. http://www.eastwestcenter.org/sites/default/files/private/econwp119_2.pdf

————. 2012. The ASEAN Economic Community: A General Equilibrium Analysis. *Asian Economic Journal.* 26 (2): 93–118.

Petri, P. A., and F. Zhai. 2012. Navigating a Changing World Economy: ASEAN, the PRC, and India, 2010–2030. Background paper for this study.

Peura, S., and E. Jokivuolle. 2003. Simulation-Based Stress Testing of Banks' Regulatory Capital Adequacy. Bank of Finland Discussion Paper 04/2003. Helsinki: Bank of Finland.

Plummer, M. G. 2009. The Global Economic Crisis and Its Implications for Asian Economic Cooperation. East-West Center Policy Studies No. 55. Honolulu and Singapore: East-West Center and ISEAS.

_____. 2010. Regional Monitoring of Capital Flows and Coordination of Financial Regulation: Stakes and Options for Asia. ADBI Working Paper 201. Tokyo: Asian Development Bank Institute.

_____. 2012. The Emerging Post-Doha Agenda and the New Regionalism in the Asia-Pacific. Paper prepared for the RSIS and ADBI Conference. The Evolving Global Architecture: From a Centralized to a Decentralized System. 26-27 March 2012. Singapore.

Polanyi, K.1944. *The Great Transformation: The Political and Social Origins of Our Time.* New York: Rinehart.

Pollin, R., J. Heintz, and H. Garrett-Peltier. 2009. *The Economic Benefits of Investing in Clean Energy.* Political Economy Research Institute. University of Massachusetts, Amherst.

Quah, E., and T. L. Boon. 2003. The Economic Cost of Particulate Air Pollution on Health in Singapore. *Journal of Asian Economics.* 14: 73-90.

Quinn, D. 2003. Capital Account Liberalization and Financial Globalization, 1890-1999: A Synoptic View. *International Journal of Finance and Economics.* 8 (3): 189-204.

Rajan, R. 2005. Has Financial Development Made the World Riskier? NBER Working Paper No. 11728.

_____. 2010. *Fault Lines: How Hidden Fractures Still Threaten the World Economy.* Princeton, NJ: Princeton University Press.

Rajan, R., and L. Zingales. 1998. Financial Dependence and Growth. *American Economic Review.* 88 (3): 559-586

Ramanathan, K. 2011a. Eco-Innovation and Technology Transfer for Low Carbon Green Growth. Background paper prepared for the ADB and ADBI study on *Climate Change and Green Asia.*

_____. 2011b. Sustainable Energy Future: India's Challenges & Responses. Presentation made at the ADB and ADBI Technical Workshop on the Role of Key Emerging Economies—ASEAN, PRC, and India—for a Balanced, Sustainable, and Resilient Asia. 18-19 August. New Delhi.

Ravallion, M., and S. Chen. 2003. Measuring Pro-Poor Growth. *Economics Letters.* 78 (1): 93-99.

Reddy, V. R, Y. A. Pachekpy, and A Marani. 1997. Carbon Portioning in Cotton and Soybean Crops in Asia under Climate Change Conditions. *World Resources Review.* 7. 359-371.

Rehfuess, E. A., N. G. Bruce, and K. R. Smith. 2011. Solid Fuel Use: Health Effect. *Encyclopaedia of Environmental Health.* 5: 150-61.

Reuters. 2010. *Pollution Makes Quarter of China's Water Unusable: Ministry.* July 26. http://www.reuters.com/article/2010/07/26/us-china-environment-water-idUSTRE66P39H20100726

Rodrik, D. 1999. Where Did All the Growth Go? External Shocks, Social Conflict and Growth Collapses. *Journal of Economic Growth.* 4: 385-412.

————. 2008a. A Practical Approach to Formulating Growth Strategies. In J. Stiglitz and N. Serra, eds. *The Washington Consensus Reconsidered: Towards a New Global Governance.* New York: Oxford University Press. pp. 356-366.

————. 2008b. Thinking about Governance. In *Governance, Growth, and Development Decision-Making—Reflections by Douglass North, Daron Acemoglu, Francis Fukuyama, and Dani Rodrik.* Washington, DC: World Bank. pp. 17-24.

Roemer, J. E. 1996. *Theories of Redistributive Justice.* Cambridge, MA: Harvard University Press.

Roland-Holst, D., J. P. Verbiest, and F. Zhai. 2005. Growth and Trade Horizons for Asia: Long-term Forecasts for Regional Integration. ERD Working Paper No. 74. Manila: Asian Development Bank.

Ros, J. 2005. Divergence and Growth Collapses: Theory and Empirical Evidence. In J.-A. Ocampo, ed. *Beyond Reforms: Structural Dynamics and Macroeconomic Vulnerability.* Palo Alto, CA: Stanford University Press. pp. 211-232.

Saslavsky, D., and B. Shepherd. 2012. Facilitating International Production Networks: The Role of Trade Logistics. World Bank Policy Research Working Paper 6224. Washington, DC: World Bank.

Schularick, M., and T. Steger. 2010. Financial Integration, Investment, and Economic Growth: Evidence from Two Eras of Financial Globalization. *The Review of Economics and Statistics.* 92 (4): 756-768.

Schultz, T. P. 2000. Final Report: The Impact of PROGRESA on School Enrollments. Report Submitted to PROGRESA. Washington, DC: International Food Policy Research Institute.

Sen, A. K. 2011. Quality of Life: China vs. India. *The New York Review of Books.* 12 May. http://www.nybooks.com/articles/archives/2011/may/12/quality-life-india-vs-china/

Shepherd, B., and G. Pasadilla. 2012. Services as a New Engine of Growth for ASEAN, the People's Republic of China, and India. ADBI Working Paper 349. Tokyo: Asian Development Bank Institute.

Skoufias, E. 2001. *PROGRESA and its Impact on Human Capital and Welfare of Households in Rural Mexico: A Synthesis of the Results of an Evaluation by IFPRI.* Washington, DC: International Food Policy Research Institute.

Soares, F. V., S. Soares, M. Medeiros, and R. G. Osório. 2006. Cash Transfer Programmes in Brazil: Impacts on Poverty and Inequality. IPC Working Paper No. 21. Brasilia: International Poverty Centre.

Soesastro, H. 2008. Implementing the ASEAN Economic Community (AEC) Blueprint. In H. Soesastro, ed. *Deepening Economic Integration in East Asia: The ASEAN Economic Community and Beyond.* ERIA Research Project Report 2007. No.1–2, March: 47–59.

Spiegel, M. 2009. Developing Asian Local Currency Bond Markets: Why and How? ADBI Working Paper 182. Tokyo: Asian Development Bank Institute.

Stiglitz, J. E., A. Sen, and J. Fitoussi. 2009. *Report by the Commission on the Measurement of Economic Performance and Social Progress.* Paris.

Subramanian, A. 2011. *Eclipse: Living in the Shadow of China's Economic Dominance.* Washington, DC: Peterson Institute Press.

Sun, X. 2007. *Call for Return to Green Accounting.* China Daily. 19 April. http://www.chinadaily.com.cn/china/2007-04/19/content_853917.htm

Sussangkarn, C. 2010. The Chiang Mai Initiative Multilateralization: Origin, Development, and Outlook. ADBI Working Paper 230. Tokyo: Asian Development Bank Institute.

Sustainable Europe Research Institute (SERI). 2010. Technical Report on the Compilation of the Material Flow Database. Vienna: Sustainable Europe Research Institute. www.materialflows.net.

Tacconi, L., F. Jotzo, and R. Q. Grafton. 2008. Local Causes, Regional Co-operation and Global Financing for Environmental Problems: the Case of Southeast Asian Haze pollution. *International Environmental Agreements.* 8: 1–16.

Thapan, A. 2010. Opening Remarks at the Water: Crisis and Choices. ADB and Partners Conference 2010. http://www.adb.org/news/events/water-crisis-and-choices-adb-and-partners-conference-2010.

Tian, J. 2011. Presentation made at the Policy Dialogue on Climate Change and Green Asia. Hong Kong, China. March.

Toan, P. H. 2011. Development Trajectories, Emission Profiles and Policy Actions: Viet Nam. Background paper prepared for the ADB and ADBI study on Climate Change and Green Asia.

United Nations (UN). 2007. Development in an Ageing World: World Economic and Social Survey 2007. New York: United Nations.

_____. 2009. Resilient People Resilient Planet. The Report of the United Nations Secretary-General's High Level Panel on Climate Change. New York: United Nations.

_____. 2012. World Urbanization Prospects: The 2011 Revision. New York: United Nations.

United Nations Conference on Trade and Development (UNCTAD). 2012. World Investment Report 2012. Geneva: United Nations Conference on Trade and Development.

United Nations Development Programme (UNDP). 2007. Human Development Report 2007/2008: Fighting Climate Change: Human Solidarity in a Divided World. http://hdr.undp.org/en/reports/global/hdr2007-2008/

United Nations Economic and Social Commission for Asia and the Pacific (UNESCAP). 2010. UNESCAP Transport Division Website. http://www.unescap.org/ttdw/index.asp

United Nations Economic and Social Commission for Asia and the Pacific, Asian Development Bank, and United Nations Development Programme (UNESCAP, ADB, and UNDP). 2012. Accelerating Equitable Achievement of the MDGs: Closing Gaps in Health and Nutrition Outcomes. Asia-Pacific Regional MDG Report 2011/12. Bangkok: ESCAP, ADB, and UNDP.

United Nations Economic and Social Commission for Asia and the Pacific, Asian Development Bank, and United Nations Environment Programme (UNESCAP, ADB, and UNEP). 2012. Green Growth, Resources and Resilience. Environmental Sustainability in Asia and the Pacific. http://www.unescap.org/esd/environment/flagpubs/GGRAP/documents/Green%20Growth-16Sept%20(Final).pdf

United Nations Environment Programme (UNEP) and Bloomberg New Energy
　　Finance 2010. Global Trends in Sustainable Energy Investment
　　2010: Analysis of Trends and Issues in the Financing of Renewable
　　Energy and Energy Efficiency. Paris and London: UNEP and
　　Bloomberg New Energy Finance. http://fs-unep-centre.org/sites/
　　default/files/media/unepgtr2010_0.pdf

United Nations Framework Convention on Climate Change (UNFCCC). 2010a.
　　Nationally Appropriate Mitigation Actions of Developing Country
　　Parties. Bonn: United Nations Framework Convention on Climate
　　Change. http://unfccc.int/meetings/cop_15/copenhagen_accord/
　　items/5265.php

_____. 2010b. Quantified Economy-wide Emissions Targets for 2020.
　　Bonn. United Nations Framework Convention on Climate Change.
　　http://unfccc.int/meetings/ copenhagen_dec_2009/items/5264.
　　php

United Nations Human Settlements Programme (UN-HABITAT). 2011. Cities
　　and Climate Change: Global Report on Human Settlements.
　　Washington, DC: Earthscan.

United Nations (UN), World Bank, and National Development and Reform
　　Commission. 2004. Lao Hydropower Potential and Policy in the
　　GMS Context. http://www.un.org/esa/sustdev/sdissues/energy/
　　op/hydro_phonekeoLaoPDR.pdf

United States Patent and Trademark Office (USPTO). http://www.uspto.gov/

van der Mensbrugghe, D. 2010. Climate Change Policy Options for Asian
　　Economies: Findings from an Integrated Assessment Model. Asian
　　Economic Policy Reviews. 5 (1): 63-83.

Verchot, L., E. Petkova, K. Obidzinski, S. Atmadja, E. Yuliani, A. Dermawan, D.
　　Murdiyarso, and A. Salwa. 2010. Reducing Forestry Emissions in
　　Indonesia. Centre for International Forestry Research. http://www.
　　cifor.cgiar.org/publications/pdf_files/Books/BVerchot0101.pdf.

Wang, X., F. Chen, E. Hasi, and J. Li. 2008. Desertification in China: An
　　Assessment. Earth-Science Reviews. 88: 188-206.

Water Resources Group. 2009. Charting Our Water Future:
　　Economic Frameworks to Inform Decision-Making. http://
　　www.2030waterresourcesgroup.com/water_full/Charting_Our_
　　Water_Future_Final.pdf

Wignaraja, G. 2011. Economic Reforms, Regionalism, and Exports: Comparing China and India. East-West Center, Policy Studies 60. http://www.eastwestcenter.org/sites/default/files/private/ps060.pdf

_____. 2012a. The Role of Technology in Asian Electronics Production Networks: Firm-Level Analysis of ACI. Background paper prepared for the ADB and ADBI study *Role of Key Emerging Economies—ASEAN, the People's Republic of China, and India—for a Balanced, Sustainable, and Resilient Asia.*

_____. 2012b. Innovation, Learning and Exporting in China: Does R&D or a Technology Index Matter? *Journal of Asian Economics.* 23 (3): 224-233.

_____. 2013. Understanding Innovation in Production Networks in East Asia. ADBI Working Paper No.410. Tokyo: Asian Development Bank Institute. http://www.adbi.org/files/2013.03.01.wp410.understanding.innovation.prod.networks.east.asia.pdf

_____. 2014. The Regional Comprehensive Economic Partnership. In T. Guoqiang and P. A. Petri, eds. *New Directions in Asia-Pacific Economic Integration.* Honolulu: East-West Center. pp. 86-98.

Wilson, E., R. Verma, and K. Jaynthakumaran. 2012. Demographics and Labor Mobility and Productivity in ACI. Background paper prepared for the ADB and ADBI study *Role of Key Emerging Economies—ASEAN, the People's Republic of China, and India—for a Balanced, Sustainable, and Resilient Asia.*

Wooldridge, P. 2009. Regulatory Framework for Hedge Funds and Private Equity. Presentation at OECD–ADBI 10th Roundtable on Capital Market Reform in Asia. Tokyo. 3 March. http://www.oecd.org/dataoecd/11/3/42550739.pdf

World Bank. 1993. *East Asian Miracle: Economic Growth and Public Policy.* Washington, DC: World Bank.

_____. 2006. Equity and Development. In *World Development Report 2006.* Washington, DC: World Bank.

_____. 2010a. *The Costs to Developing Countries of Adapting to Climate Change: New Methods and Estimates.* Washington, DC: World Bank.

_____. 2010b. *World Development Report 2010: Development and Climate Change.* Washington, DC: World Bank.

————. 2011a. World Development Indicators 2011 Database. http://data.worldbank.org/data-catalog/world-development-indicators. (accessed 2011).

————. 2011b. Worldwide Governance Indicators website. http://info.worldbank.org/governance/wgi/index.asp (accessed 15 April 2011).

————. 2012. World Development Indicators 2012 Database. http://data.worldbank.org/data-catalog/world-development-indicators (accessed July 2012).

World Bank and Development Research Center of the State Council, the People's Republic of China. 2012. *China 2030: Building a Modern, Harmonious, and Creative High Income Society.* Washington, DC: World Bank.

World Economic Forum (WEF). 2000. *Global Competitiveness Report 2000–2001.* Geneva: World Economic Forum.

————. 2010. *Global Competitiveness Report 2010–2011.* Geneva: World Economic Forum.

————. 2011a. *Global Competitiveness Report 2011–2012.* Geneva: World Economic Forum.

————. 2011b. *The Financial Development Report 2010.* Geneva: World Economic Forum.

World Health Organization (WHO). 2006. *Air Quality. Global Update 2000.* Geneva: World Health Organization.

————. 2009. *National Statistics for Indoor Air Pollution—Burden of Disease.* http://www.who.int/indoorair/health_impacts/burden_national/en/index.html

————. 2011. Air Quality and Health Fact Sheet. http://www.who.int/mediacentre/factsheets/fs313/en/index.html

————. Outdoor Air Pollution in Cities Database. http://www.who.int/phe/health_topics/outdoorair/databases/en/ (accessed 9 August 2012).

WHO and UNICEF. 2008. *Progress on Sanitation and Drinking Water: 2008 Update.* Joint Monitoring Programme for Water Supply and Sanitation. http://www.wssinfo.org/data-estimates/introduction/.

World Intellectual Property Organization (WIPO). http://www.wipo.int/portal/index.html.en

Wyes, H. W. 2011. Institutions and Governance Systems for Low Carbon Green Growth. Background paper prepared for the ADB and ADBI study on *Climate Change and Green Asia.*

Wu, D., and M. Mealy. 2012. Explaining "Competing" Visions: ASEAN–RCEP, TPP, FTAAP. *Pac Net* No. 40. Center for Strategic and International Studies. 26 June.

Yu, D., and A. Pugliese. 2012. Majority of Chinese Prioritize Environment Over Economy. 8 June. www.gallup.com (accessed 12 June 2012).

Zakaria, S., and S. Leitner. 2011. Southeast Asia: Water Security. Background paper prepared for the ADB and ADBI study *Role of Key Emerging Economies—ASEAN, the People's Republic of China, and India—for a Balanced, Sustainable, and Resilient Asia.*

Zhai, F. 2008. Armington Meets Melitz: Introducing Firm Heterogeneity in a Global CGE Model of Trade. *Journal of Economic Integration.* 23 (3) September: 575-604.

Zhang, Y. 2011. Development Trajectories, Emission Profiles and Policy Actions: PRC. Background paper prepared for the ADB and ADBI study on *Climate Change and Green Asia.*

Zhang, Y., and M. Shen. 2011. Regional and Global Cooperation in ACI. Background paper prepared for the ADB and ADBI study *Role of Key Emerging Economies—ASEAN, the People's Republic of China, and India—for a Balanced, Sustainable and Resilient Asia.*

Zhuang, J. 2012. ASEAN, PRC, and India Growth Projections 2010-2030. Unpublished. Manila: Asian Development Bank.

Zhuang, J., and I. Ali. 2010. Poverty, Inequality, and Inclusive Growth in Asia. In J. Zhuang, ed. *Poverty, Inequality, and Inclusive Growth in Asia: Measurement, Policy Issues, and Country Studies.* London and Manila: Anthem Press and Asian Development Bank. pp. 1-32.

Zhuang, J., E. de Dios, and A. Lagman-Martin. 2010. Governance and Institutional Quality and the Links with Growth and Inequality: How Asia Fares. In J. Zhuang, ed. *Poverty, Inequality, and Inclusive Growth in Asia: Measurement, Policy, Issues, and Country Studies.* London and Manila: Anthem Press and Asian Development Bank. pp. 268-320.

Zhuang, J., P. Vandenberg, and Y. Huang. 2011. *Growing beyond the Low-Cost Advantage: How the People's Republic of China Can Avoid the Middle-Income Trap.* Manila: Asian Development Bank.

关于亚洲开发银行（ADB）

　　亚洲开发银行的愿景是让亚太地区消除贫困。其使命是帮助其发展中成员消除贫困，提高民众生活质量。尽管 ACI 国家取得了许多成功，但是该地区依然生活着世界上大约三分之二的贫困人口：16 亿人日均消费不足 2 美元，7.33 亿人日均消费不足 1.25 美元。亚行致力于通过包容性经济发展、环境可持续发展和区域融合等途径消除贫困。

　　亚行总部位于马尼拉，拥有 67 个成员，其中 48 个来自亚太地区。其帮助发展中成员的主要方式有：政策对话、贷款、股权投资、担保、赠款和技术援助等。

亚洲开发银行

菲律宾大马尼拉曼达卢永市亚行大道 6 号

邮编：1550

电话： + 632 632 4444

邮箱：adbpub@ adb. org

网址：www. adb. org

关于亚洲开发银行研究院（ADBI）

　　亚洲开发银行研究院位于东京，是亚洲开发银行的智囊团。ADBI 的使命是探寻有效的发展战略，改善亚洲开发银行发展中成员方的发展管理。ADBI 在亚太地区和全球建立了广泛的合作伙伴网络。ADBI 的行动与亚洲开发银行的战略重点保持一致，这其中包括减少贫困、包容性经济增长、环境保护、区域合作与融合、基础设施发展、中等收入国家发展、私营部门发展与运营等。

亚洲开发银行研究院

日本东京都千代田区霞关 3 - 2 - 5，霞关大厦 8 楼

邮编：100 - 6008

电话：+813 3593 5500

邮箱：adbpub@ adb. org

网址：www. adb. org

图书在版编目（CIP）数据

东盟、中国与印度：大转型/亚洲开发银行/亚洲
开发银行研究院编；张成智译. -- 北京：社会科学文
献出版社，2016.7
　（亚洲研究丛书）
　书名原文：ASEAN，PRC，and India：The Great
Transformation
　ISBN 978 - 7 - 5097 - 9038 - 0

　Ⅰ.①东…　Ⅱ.①亚…②张…　Ⅲ.①区域经济合作
－国际合作－东南亚国家联盟、中国、印度　Ⅳ.
①F114.46

　中国版本图书馆 CIP 数据核字（2016）第 086623 号

亚洲研究丛书

东盟、中国与印度：大转型

编　　者 / 亚洲开发银行
　　　　　亚洲开发银行研究院
译　　者 / 张成智

出 版 人 / 谢寿光
项目统筹 / 祝得彬
责任编辑 / 仇　扬　安　静

出　　版 / 社会科学文献出版社·当代世界出版分社（010）59367004
　　　　　地址：北京市北三环中路甲 29 号院华龙大厦　邮编：100029
　　　　　网址：www.ssap.com.cn
发　　行 / 市场营销中心（010）59367081　59367018
印　　装 / 北京季蜂印刷有限公司

规　　格 / 开　本：787mm×1092mm　1/16
　　　　　印　张：19　字　数：328 千字
版　　次 / 2016 年 7 月第 1 版　2016 年 7 月第 1 次印刷
书　　号 / ISBN 978 - 7 - 5097 - 9038 - 0
著作权合同
　　　　　/ 图字 01 - 2015 - 6232 号
登 记 号
定　　价 / 79.00 元